Advanced Social Research

先端社会研究

Kwansei Gakuin University 21st Century COE Program

第6号

特 集

調査倫理

関西学院大学出版会

目　次

特集「調査倫理」

論　文

「調査倫理」問題の現状と課題
　　――特集のことばに代えて ………………………………… 高坂　健次　　1

質的社会調査とプライヴァシー
　　――質的調査、モラリティのまなざし、社会の物語 ……… 阪本　俊生　 23

「答えたくない質問には
お答えいただかなくて構いません」？ ……………………… 長谷川計二　 49

人びとの"生"に埋め込まれた
"公共的なるもの"を志向する倫理 ………………………… 好井　裕明　 65

ライフストーリー研究における倫理的ディレンマ …………… 桜井　　厚　 87

「問いかけに気づき、応えること」をめざして
　　――病者・被害者・事件当事者に関する聞き取り調査から ……… 蘭　由岐子　115

マイノリティのための社会調査
　　――当事者の現実に接近する方法をめざして ……………… 豊島慎一郎　143

アメリカ合衆国における「IRB 制度」の構造的特徴と問題点
　　――日本の社会科学研究における
　　　研究対象者保護制度の構築に向けて ……………………… 藤本　加代　165

社会調査と倫理
　　——日本社会学会の対応と今後の課題 …………………………… 長谷川公一　189

統計的調査と記述的調査における倫理問題
　　——研究指針の作成をとおして ……………………………………… 森岡　清志　213

社会調査活動を支えるもの ……………………………………………… 原　　純輔　235

投稿論文

音楽聴取における「いま・ここ」性
　　——音楽配信サービスの可能態について ………………………… 井手口彰典　251

規約・投稿規定
編集後記

Special Feature:
Ethics in Social Research

Articles

Current Status and Tasks of Ethical Problems in Social Research:
  A Note for the Special Feature ·· Kenji Kosaka   1

Social research and privacy, qualitative survey,
the eyes of morality and the narrative of society ··············· Toshio Sakamoto   23

"If there are any questions that you wouldn't answer,
you do not have to answer them"? ·································· Keiji Hasegawa   49

On the focus in social research ethics on the "public"
embedded in one's private and everyday life worlds ············ Hiroaki Yoshii   65

Ethical Dilemmas in Life Story Research ·························· Atsushi Sakurai   87

To be responsive to the interviewee's narratives ················ Yukiko Araragi   115

Social Research for Minorities:
  Aiming for an approach to address the realities
  of minorities in social surveys ···························· Shin'ichiro Toyoshima   143

The Framework of the IRB System in the United States
and its Problems:
  Towards Establishing a System of Research
  Participant Protections in the Japanese Social Sciences ··· Kayo Fujimoto   165

Social Research and Its Ethics:
 A Case of the Japan Sociological Society ················ Koichi Hasegawa 189

Ethical Issues in Statistical Surveys and Descriptive Studies:
 The Process of Developing Research Guidelines ········ Kiyoshi Morioka 213

The Belief Sustaining Social Research Activities ················ Junsuke Hara 235

Prepublication Article

The Ability to Listen to Music Anytime, Anywhere:
 The Possibilities of a Music Distribution Service ········ Akinori Ideguchi 251

Advanced Social Research: An agreement

Editor's note

「調査倫理」問題の現状と課題
——特集のことばに代えて

髙坂　健次[*]

■要　旨

　本稿は社会学分野を中心とする調査倫理の現状を概観し、その課題について述べる。調査倫理環境の変化している現状を、行政・法令環境、調査環境をめぐる人びとの意識、学界・学会・大学の動き、技術環境について概観したのち、変化への対応自身がゆらいでいる現況を指摘する。
　つぎに、調査倫理をめぐる対応のなかに共通の暗黙の前提が見られる傾向のあることを指摘する。第一に、調査主体と調査客体とを峻別しようとする傾向、第二に、データ・クリエーションの必要性と楽しさを併せて言及しない傾向、第三に、自然な調査環境を前提としない傾向、第四に、部分と全体を関わらせて倫理を評価しない傾向である。
　結論として、倫理綱領や行動指針などのマニュアルによって調査倫理に対応するときには、同時にマニュアル化できないメタ・マニュアル化が大切であることを強調する。メタ・マニュアルなくしては人権の尊重も科学の発展も望めないだろう。本稿は、「特集のことば」としての役目を果たすとともに、本21世紀COEプログラムの狙いと調査倫理問題との関連について述べたものでもある。

キーワード：調査倫理、主客二元論、データ・クリエーション、調査環境、
　　　　　　全体性

1　はじめに

　調査倫理、とくに社会学における社会調査の倫理に関わる問題については

---

[*]関西学院大学

近年多くの議論がなされ、また大きな制度的動きがあった。多くは行政や法令などの外的調査環境の変更から促された動きではあったが、むろんそれに止まらない。私たちの 21 世紀 COE プログラム（「『人類の幸福に資する社会調査』の研究」）でも当初から調査倫理の問題は重要な関心の一つであった。すなわち、文化や文脈の異なるなかで行われる社会調査は、まずは文化的多様性の存在を認識し重視することが大切であり、その後普遍的価値を有する調査をどのように実施するかというのが問題関心の中心であった。

2005 年には、日本社会学会大会においては倫理綱領検討特別委員会ラウンドテーブルが、また関西学院大学においては COE 研究会の一環として「調査倫理研究会」が開催された[1]。社会学という分野に限らなければ、調査倫理に明らかに悖ると思われるデータ捏造事件や科学研究費の不適切使用が新聞紙上を賑わすことも国内外で起きている（たとえば最近起こった国外での事件については、［李，2006］参照）。それ自体は由々しき問題であるが、本稿の関心はもう少し別のところにある。すなわち、本稿においては社会学の分野から見たかぎりでの調査倫理問題の現状を概観し将来に向けての課題を明らかにしたい。

マートンはその昔「科学の社会学」の展開のなかで、4 組の制度的命令（モレス）が近代科学のエトスを形づくっていることを指摘していた。4 組のモレスとは、普遍主義、公有制（コンミュニズム）、利害の超越、系統的な懐疑論である［Merton, 1958］。これらのモレスは、現実には守られないことがあるにせよ、近代科学にとって根底的な意味をもっていると述べている。最近では、社会調査を公共財としてとらえる視点もあり[2]、議論も当然のことながら深まってはいるが、社会学や社会調査がマートンの言うモレスの支配下にあるという事情に変わりはない。しかしマートンがこうした議論を展開していたのは 1930 年代のことであり、その後の科学社会学の目覚しい発達［Jasanoff et al., 1995］と他方での社会変化、とくに人権意識そのものの変化は、調査倫理の焦点を大きく変えることになった。

2 調査倫理環境のゆらぎの現状

2.1 行政・法令環境

　2003年5月に日本では「個人情報の保護に関する法律」(略称「個人保護法」)が設けられた。賛否を別として、世界の流れからすればこの個人情報保護法の制定はむしろ遅きに失したとさえ私は思っている。それぞれの国において何が等価な法律かの精密な議論は措くとして、1990年9月に個人保護と個人データの国際流通についてのガイドラインに関するOECD理事会勧告が出されてのち、各国の対応は日本よりははるかに早かった。日本の対応はほぼ最後だったのではないか。

　住民基本台帳制度も、それまでの何人でも閲覧を請求できるという閲覧制度を廃止して、個人情報保護に十分留意した制度として再構築され、2006年6月には議論のすえ「住民基本台帳の閲覧に関する規定の再整備」の改正がなされた。こうした整備もむしろ遅きに失したと言える。しかももっと大切な問題は整備の中身である。改正の結果、社会調査を実施するという観点から見るならば、「閲覧が必要であるとの申出があり、市町村長が申出を相当と認める場合」には閲覧ができるようになった。例としては、統計調査、世論調査、学術研究その他の調査研究のうち公共性が高いものが挙げられている。公共性が高いかどうかは、調査結果が広く公表され、その結果が社会還元されていることをもって判断される。社会調査からすれば「紙一枚で首がつながった」ところであろうか。現在では、社会調査の目的で閲覧したいときには住民基本台帳法第11条にもとづいて、「住民基本台帳閲覧申出書」を首長あてに提出しなくてはならない。仮に個人で申請するとなると、「閲覧事項の利用目的」「申出に係る住民の範囲」「閲覧者(の氏名・住所)」「閲覧事項の管理方法」とともに、(調査研究に利用する場合であれば)「成果の取扱い」や「実施体制」について記入しなければならないようになっている。しかし、いわゆる住基ネットそのものや住基カードをめぐる事件は後を絶たないし、住基ネットそのものがプライバシーの侵害ではないのか、憲法違反ではないのかの訴えがなされ、個人の離脱を認める(＝住民票コード削除命

令）判決がなされたり、状況はゆらいでいる。個人の離脱を認めることについてはその財政的コストを問題視する向きもあるが、社会調査のサンプリングの立場からすれば、厳密に言えばそこから標本抽出をすべき母集団リストとしての性格を失うことを意味する。

2.2 調査環境をめぐる人びとの意識

米山俊直（1930–2006）の逝去後に編まれた本［米山, 2006］には、村々を一時期共に歩いた加藤秀俊が一文を寄せている。それによれば「米山さんはほうぼうで知り合ったひとびとと文通をつづけ、可能なかぎりおなじ村をくりかえし訪ねていた。べつだんこれといった用事もないのに、である。調査などというもっともらしい名前で村にでかけてゆくのではなく、すべておたがいの『ご縁』というものだ、とかれはかんがえていた」。そして「このような人間関係が『調査者』と『被調査者』という乾燥したものであろうはずがない」と（p. xvii）。出かけた村の農家の主婦が米山に「わたしらの仕事は、いつまでたっても楽になる日はない。……すこしでも仕事を楽にしてゆく工夫を、にいさんらは考えてくださいな」（p. 96）と語りかけるとき、そこには若き研究者としての米山に全幅の信頼感があったことが窺える。簡単な質問紙を行っても「大多数の真剣な回答」（p. 87）が寄せられた、という。

たしかに、ここには米山ならではの研究姿勢や人柄が反映しているだろう。しかし、同時に時代的要因も多少ありはしないか。調査環境をめぐる人びとの意識の変化についての調査といったものは皮肉なことに存在しない。したがって、世代を異にした研究者からの直接的な聞き取りや間接的な情報をつなぎ合わせて仮説的に類推するほかはないけれども、調査環境をめぐる人びとの意識は戦後直後の占領時代とその後で、また1950年代以降半世紀の間に相当変わったと言えるのではないか。この状況はフィールドワークに頼るいわゆる質的調査方法の調査環境ばかりではない。プライバシー意識の高まり、大学のユニバーサル化による研究者自身の大衆化（による権威や信頼感の失墜ないし低下）、各種の調査の氾濫、等々は調査環境をめぐる人び

との意識の変化やゆらぎをもたらし、回収率の低下や「回答拒否」現象につながっている。むろん、回収率の低下にはそのほかの構造的要因（人びとの移動の高まり、労働形態の多様化、住民票の異動と実態との齟齬の高まりなど）があるのですべてがすべて人びとの意識の変化を示すものとは限らない。しかし、逆に言えば、構造的要因のみで低下しているわけではないことも認めなくてはいけないだろう。

　2005年に実施された国勢調査では、「回答拒否」に相当する郵送提出にも応じなかった世帯は2000年調査では1.7%であったのに対して4.1%にまで増えた（「朝日新聞」東京版、2006年4月20日2版、10ページ）。さらに「ニセ調査員」事件なども絡んで、調査環境は不信感が渦巻くなか一層深刻になっている。総務省は2006年1月に「国勢調査の実施に関する有識者懇談会」を設置した。こうした事実と動きは、上に述べた行政と法令の動きと併せて人びとの意識を反映していると同時に人びとの意識の変化を加速させる可能性もある。

2.3　学界・学会・大学の動き

　日本社会学会を中心とした動きと東北大学の動きについては、本号所収の長谷川公一論文、森岡論文、原論文に詳しいのでそちらに譲る。アメリカの社会学界ならびにアメリカ社会学会におけるIRB（＝Institutional Review Board）［施設内研究倫理審査委員会］の動向については、藤本論文に詳しい。東北大学の「調査・実験に関する内規」が「欧米の大学や学内他分野（医学、工学など）の規定を参考にして作成した」と記されているように、社会学における倫理規定の制定自身が、欧米／他分野→日本社会学会の倫理綱領／研究指針→各大学における諸規定という流れの伝播現象の例示となっている。IRBの日本への導入については、それを推進すべしという立場（藤本）とそのまま導入することには大きな問題と弊害があるとの立場（長谷川公一）とに大きくは二分されてゆらいでいる状況がある。しかし大きな流れで言えば、IRBやアメリカの学界・学会の直接間接の影響があってこそ日本の学界・大学も倫理規定への制度的対応を押し進めてきたというのが実情で

はあるまいか。

　原が指摘するように、内規の制定については現場からの要請がある。すなわち、標本抽出を行おうとすれば住民基本台帳や選挙人名簿の申請をしなくてはならない。その際に所属長（学部長や研究科長）名の申請書が求められることが多い。さらに隣接科学である社会心理学や心理学の分野では、所属長による実験実施許可証の添付が投稿論文の受理条件となっていたりする。学部長や研究科長が個別に許可証を発行するだけの実質的判断はじつは難しいので、その判断のできる権威ある委員会組織が必要になり、審査体制を確立しなくてはならなくなる。論文の投稿先が国際誌になれば許可証は英文のものを準備しなくてはならなくなり、結局はグローバル・スタンダードという名の欧米中心の体勢に行き着く結果となる。研究の国際化や海外発信の必要性が叫ばれている折から、こうしたグローバル化は好むと好まざるとに関わらず支配的な IRB 体制に行き着くようになっているのである。このようにして大学にはあらたな委員会が一つ増え、そしてその仕事が誰かの肩にかかる。これをしも制度的整備が行き渡ってきたと言わねばならないのだろうか。制度的整備は最終的には倫理の徹底にあるはずである。整備が倫理に悖る行為の減少を招来するかどうかについては、今しばらく推移を見る必要がある。

2.4　技術環境

　コンピュータとインターネットの発達で、情報の収集や処理の科学技術環境は以前とは比較にならないくらいに発達した。最近では電子媒体のジャーナルも多く出版されるようになり、研究成果も望めば瞬時にして世界をかけめぐるようになった。これはマートンのいうモレスからすれば、科学的成果の公開性に役立つ。しかし技術環境の変化は科学的活動の負の側面をも大きく変えた。

　たしかに、ニュートンの時代から彼自身にデータの改竄や報告書の偽装があったことは余りにも有名である［Broad and Wade, 1982; Smith, 2004］。昔「ノリとハサミ」という表現があったように、研究の現場でも教育の現場で

も剽窃はあったのかもしれない。しかし現在では技術的にはしようと思えばスキャナーで読み込んで「コピペ」(＝コピーアンドペースト)することによって世界のあらゆる情報を切り貼りで取り込むことのできる技術環境に住んでいる。つまり技術環境の変化によって剽窃もはるかに容易になり、かつまた発見しにくいかたちで可能になった。学生に対して「剽窃」の観念を教えることが容易いことではないのも、技術的環境の変化に一因しているように思われる。

　このようなIT革命の時代に、あらためて「掲示板」への書き込みから初めて情報リテラシーなど技術環境の変化の時代にふさわしい「常識」「良識」「マナー」「倫理」が求められるのはけだし当然であろう。科学的分野の調査倫理といえども技術環境の側面から見れば、そうした基礎的道徳の延長である。

　研究成果の公表も、迅速な公開原則からすれば技術環境の特性を最大限に生かした電子媒体を利用することが望ましい。しかしながら、人権問題をはじめ利害をめぐる係争に関わる調査報告書の公表は差し控えなければならないことも少なくない。だからと言って該当箇所を黒塗りにしていけば報告書としてさえほとんど意味のないものになってしまうことさえある。公共財としての情報やデータベースの公共性という矛盾を孕んだ問題がここにはあり、それに対する一般的な解は存在しない。

3　ゆらぎへの対応のゆらぎ

　前節においては、調査環境をめぐる現代日本における変化(ゆらぎ)について社会学の分野をおもに念頭において、行政・法令環境、調査環境をめぐる人びとの意識、学界・学会・大学の動き、技術環境の面から概観してきた。このうち、行政・法令環境や学会の動きはここ一二年の変化である。したがって、私たちは実のところそれらの「対応」の効果というものをまだ知らない。社会調査の観点から見て、必要な調査のためには住民基本台帳の閲覧は円滑になされるだろうか。個人申請と法人申請とでどのような違いを生

むだろうか。国立大学が独立行政法人となったことはこうした申請手続きの点で新たな問題を生んではいないか。所属長の許可証は、全国一律に求められているものだろうか。所属長の許可証を発行するための標準化された手続きはどうすればよいか。東北大学の先例がそうしたように、「調査・実験倫理委員会」のようなものをすべての大学で早急に作るべきか。大規模大学では可能かもしれない委員会であっても、すべての大学に作る実質的余力は本当にあるのだろうか。昨今、大学を教育中心の大学、地域社会への貢献を中心とする大学、研究中心の大学の三本立てに分類していこうとする方針が補助金政策からも窺えるけれども、研究中心から疎外される研究者個人を生み出すことが本当に日本の研究国際競争力を高めることに貢献するのか。一大学の研究活動の正当化のための一連の「合理化」(大学によっては、研究出張には「宿泊証明書」をホテル側に発行してもらったり、海外での国際会議での研究報告に際しても写真証拠を求めたりしている)が、このような制度的整備は他大学や他研究所の研究者の協力を得られにくくし、ついには共同研究そのものの地盤を危うくしないか、等々現場からの杞憂は耐えない。

　また社会学者が社会学専門の制度的分科にのみ属していると仮定するのは単純な誤りである。社会学研究者が、たとえば医療福祉系の大学に所属していることもある。しかもそうした大学では社会学よりははるかに厳しい倫理委員会体勢を敷いていることが多い。そのような場合には社会学者といえども、より厳しい倫理基準や手続きを経なくてはならないのかどうかという分野間調整の動きもゆらいでいる。

　つまりは、さまざまな変化(ゆらぎ)はその行く末や効果が分からないままその対応自体も漂流して(ゆらいで)いるのが現状である。「矛盾の部分的解決」と言えば聞こえはましかもしれないが、全体の流れが弥縫策の連鎖でなければよいとしか言いようがない。部分的解決は部分的矛盾を再生産するだけである。現場では、多くの試行錯誤が続いているが、その試み自体が研究者の生命を奪いかねない。

　対応が漂流しているというのは、一つは機関内の分散である。おなじ機関でもさまざまな考えがあり、変化の効果が見えない以上根拠の薄い論争に陥

りがちである。調査倫理のように誰が見ても駄目なものは駄目であるという意味でユニバーサルな価値基準を打ちたてうるように思える領域においてもそうである。もう一つは機関間の分散である。上にも示唆したように、大学間の性格や規模の違いがある以上、そしてその違いを明確にして更に選別化していこうという政策が文部科学省によってとられている以上、この機関間の分散はどうしても大きくならざるを得ない。学会は機関間分散にもかかわらず合意できそうなところで合意していかざるを得ないために、おのずから一般的で抽象的な対応に傾かざるをえなくなる。

　これらの動きを大きな視点で特徴づけるならば、「合理化の進行」であろう。個人情報の漏洩回避の要請や調査関係当事者の人権擁護といった絶対的な「定言命令」を守るために法令を整備し、学会は理念にもとづき倫理綱領を作り、最終的には行動指針という形で制度的な整備を行う。この流れは理念→規範→制度→行動といったヒエラルヒーを構成しており、全体としては「逸脱」のない行動が実現されるように仕向けられている。ここには M. ヴェーバーの言葉を使えば（必要な社会調査が実施されうるための）「計算可能性」が保証されている。つまり対応のゆらぎを最小限に押し込めるための標準化された行動指針が提示される。手続き的な様式に着目するならば研究活動の官僚制化と呼んでもよい。マンハイム流に言えば、調査の対象者の人権を守り調査者としての種々の倫理を守るという大義を客観的目的としそれを達成するために関係当事者の行為様式を組織化しようとしている意味では「機能的合理化」を高めようとしていると言ってもよい。しかし、ヴェーバーが形式合理性と実質合理性とのアンチノミーを近代の容易には避けがたい問題と見てとったように、またマンハイムが「機能的合理化は実質的合理性を高めるものでは決してない」と指摘したように、調査倫理をめぐっても同様の事柄が起こっていると思う。マンハイムにとって「実質的合理性」とは「所与の状況において事件の相関関係をみずから洞察して知的に行為する能力を促進する」ことを意味している［Mannheim, 1940］。調査倫理をめぐる組織的対応状況は責任ある自立的研究者の判断に委ねる余地を狭くしているばかりか、主体的判断——それが調査倫理に悖らないばかりか高度に遂行

することに資するものであれ——の余地を容認していないのである。このことはマンハイムが暗に言うように、行為者（＝研究者）に判断の能力が欠如しているとか、能力を促進させないということでは直ちにはない。能力が仮にあったとしてもそれを発揮させる機会を「行動指針」という形で組織的に奪ってしまっているということである。そのような事態が持続するならば、たしかにそうした能力は個体発生的にも系統発生的にも衰退していくだろう。

4　調査倫理をめぐる対応のなかに見られる暗黙の前提

　調査倫理問題に対する日本社会学会をはじめとする日本の公的組織の対応や東北大学の例を概観するならば、そこには「調査」の営みや内容についての共通した暗黙の前提のようなものがある。その暗黙の前提が「調査」観を狭隘にし、自由で創意あふれる研究活動を封じてしまっている。本号所収の長谷川公一論文は IRB のトリビアリズム等が研究活動の萎縮を招きかねないことを指摘している。しかしその指摘内容は「調査」についての暗黙の前提を介して自らに対しても向けられることになるのではないか。今後の調査倫理問題は、すべてではないにしても、その窮屈な「調査」観によって影響を受けざるをえない。ここで言う暗黙の前提について述べておこう。

4.1　主客二元論

　調査主体と調査客体とを峻別する考え方が底流にある。「研究者の社会的責任と倫理、対象者の人権の尊重やプライバシーの保護、対象者が被る可能性のある不利益への十二分な配慮などの基本的原則」（日本社会学会倫理綱領の「策定の趣旨と目的」より）が語られている。ここでは研究者と対象者は区別されており、研究活動の共同性が想定されていない。なるほど、調査票による大量調査を行うばあい質問の内容は研究者同士で検討され改良されることはあるものの、調査票を配布する相手（多くのばあい、サンプリングによって抽出される）と事前に内容について議論して作りあげるわけではな

い。回答者に選ばれた人間からすれば唐突に回答者に選ばれたというほかはない。なかにはパイロット調査という形でいわば質問内容についても機能的に見れば「事前相談」がなされていると言えないこともないが、回答者側の主体的な関わりはまずない。つまり、この種の調査には調査の主体と客体とが別個に存在している、と言えないことはない。

　しかし、実際の調査、現実に実施されている調査においては、主体と客体とを分けてとらえることの難しいばあいが少なくない。本号所収の論文で言えば、豊島論文がそのことを強調している。そこでは調査者は調査対象である在日コリアンからなる青商連合会と一緒になって調査の企画を行ったことが報告されている。もっと具体的には青商連合会のメンバーが調査員として「同胞」に直接接しているのである。このような状況では、主客二元論を持ち出すことはむしろ不自然である。「対象者の人権」を尊重することは、即自らの人権を尊重することを意味する。こうした視点は宮内［2004］の言う「NGO/NPO、自治体、研究者の連携」の思想に通じる。ひとたびこうした視点を確認したうえで強い主客二元論を振り返ってみるならば、それは調査者自らの人権の否定ないし非尊重を意味していたのではないかとさえ思える。

　責任をめぐって調査主体に求められることが多い。しかし、責任は調査をされる側にもある。たとえば、国勢調査の問題が今は深刻だ。すでに言及したように国勢調査をめぐる回収率の低下は、国勢調査の本来的目的を危うくするまでの深刻な状況を生んでいる。国家の立案する政策にとって基本的に必要な情報やデータが不可欠だとすれば、それに協力することは国民の責務であるはずだ。すなわち、一つの調査を成功させるという共同認識が不可欠である。殊更の主客二元論はあたかも利害が対立するかのような意識を醸成しないだろうか。共同認識の醸成のためには調査意義の徹底とそのための啓発が必要であるが、最近の国勢調査についてはそうした努力が私から見ればきわめて不十分である。各世帯に配布される調査票に付随して配られた「調査票の記入のしかた」（平成17年度版）の頭書には、「国勢調査は、行政の基礎となる人口・世帯の実態を明らかにする、国の基本的な統計調査で、平成17年10月1日現在、国内に住んでいるすべての人を対象に行うもので

す」というぐらいの一般的説明しかしていない。「記入のしかた」の末尾には、「国勢調査の調査事項は　統計としてまとめられ　次のように利用されます」といった簡単な説明が5項目にわたってなされているが、国民のどれだけが納得しているだろうか。現時点での国民の一般的リテラシーは高いはずで、むしろ国勢調査の簡単な歴史や国際比較、意義とともにそれが精度や継続性、網羅性、全国性を低下させた場合の問題点についての説明書を全戸配布するくらいの努力が必要ではないだろうか。

　調査能力をめぐっても主客二元論は問題を内包している。たしかに、大量調査をめざす調査票をもちいた調査であれば調査責任主体というものが明確だし、そうでなければならない。調査票を用いて調査される人は被調査者だ。しかし、質的聞き取り調査などでは、調査者は聞き取りの過程において多くのことを学び、確実に影響を受けて、軌道修正をしている。その軌道修正のなかにこそ意味があるのだ。

4.2　データ加工の禁忌

　データについては、たとえば日本社会学会倫理綱領にもとづく研究指針においては「(回答の)メーキングの防止」への注意や「(データの)偽造・捏造・改竄（ざん）の禁止」が謳われている。剽窃もであるが、最近の学生のなかには偽造・捏造・改竄の字を漢字で書くことのできない者も少なくない。否、その意味を知っていて書けないのではなく、語義そのものも知らないか身についていないこともある。その場合には畢竟語義を一から説明し、なぜ倫理上それらがいけないことかを説くことになる。しかし調査倫理の文脈でデータ・クリエーションの話をすることはめったにないから、矢継ぎ早の禁止令（Don't）の前に途方に暮れる。Don't は Do による補完がなければならない（本号所収の好井論文も参照）。

　データは言うまでもなくナマのまま眼前に横たわっているわけではない。たとえば、新聞記事をデータに何か（たとえば、ゆとり教育に対する人々の意識とその変化）を調べたいと思ったとする。でも眼前に横たわっているのは新聞の山あるいはマイクロフィルムだけである。まずは手がかりとして切

り抜きをしたり、メモをとったり、記事の字数を数えたり、内容を分類したり、月ごとの記事件数を数えてグラフにしたりしなくてはならない。これがデータ・クリエーションである。その作業には苦闘も強いられるが、工夫の余地もあって楽しいことも新たな発見もあるかもしれない。もう一つ例をあげよう。岩本［2002、2007］は、漫画『ブロンディ』を素材にして戦後日本の「アメリカニゼーション」を論じている。具体的作業の一つに、4コマ漫画に登場する冷蔵庫の回数を数え上げるというものがあった。その結果、それほど回数としては多くなかった（合計 734 日のうち 20 回）のに人々の回想のなかの『ブロンディ』では、大きな冷蔵庫のインパクトは大きかった。なぜそのような知覚的歪みが生じたかは面白い問題ではあるがここでは関係ないので立ち入らない。冷蔵庫が描かれている日数やコマ数を数える、という作業によってデータは作られる（＝クリエートされる）のである。『ブロンディ』はナマの素材でありデータであることには違いないが、それ自体では分析にかけることができない。このようなデータ・クリエーションそれ自体は、むろんメーキングでも、偽造・捏造・改竄のいずれでもない。数えた回数を偽ったときに偽造・捏造・改竄があったという。しかしそれ以前の段階は創造的な営みだ。調査倫理に関連して Don't のみを伝えることはデータ・クリエーションの必要性と積極さと創意工夫の楽しさを前もって封じることになりがちである。

　データ・クリエーションの必要性と楽しさについての議論の貧困は、調査方法の代表としてあげられる「統計的量的調査」と「記述的質的調査」の二分法によってさらに拍車がかかる。調査方法の違いによって、質的調査と量的調査、あるいは事例調査と標本調査とに分けることは珍しいことではない。むしろ一般的でさえある。調査倫理との関連で見てみても、本号所収の森岡論文が指摘しているように、この二分法は意味を持っている。すなわち標本調査では匿名性の程度が高く物語性が（そのままでは）欠如しているが、それに対して事例調査は匿名性の程度が低く物語性が高い、と。

　データの収集とクリエーションと、他方調査との関係がこれまであいまいにされてきていないか。統計的量的調査も記述的質的調査もたしかにデータ

収集の手段である。しかしデータ収集の手段は、上にあげた漫画分析のように、他にたくさんの種類のものがある。漫画分析のようなデータ収集手段は通例「調査」とは呼ばないと考える向きもあるかもしれない。しかし、仮にそうした慣例を認めるとしても「調査」には狭義のものと広義のものとがありうることまで否定することはできないだろう。広義の調査は、ほとんど研究というに等しいのである。

　データの偽造、捏造、改竄の禁止が当然守るべき行動指針であることは疑いない。しかし教育の現場、ひいては研究の現場では、それは陰鬱で出口のない説教に響く。自由で闊達で創造的な研究心を育てることには少なくともならない。禁句は奨励があってこそバランスがとれるのではないか。

4.3　調査環境の不自然

　IRB に対する長谷川公一の批判がある。批判の第 4 点は「IRB が肝心の研究の自主性や自発性を損ないがちで、真の倫理問題から目をそむけさせ、形式的な手続き的なトリビアリズム（瑣末主義）に陥らせがちだという弊害もある。」第 5 点は「対象者の同意書や所属期間の許可書がない段階では、しかも同意書や許可書の範囲内でしか、調査に入れないということになれば、調査のプロセスは著しく硬直的なものになり、研究活動は萎縮しかねない。」第 7 点は「IRB は、アメリカ社会のような、他者への不信（distrust）を前提とした社会で発達してきた制度である。したがって日本社会のような、長期的な信頼関係に基本的な価値をおく社会にふさわしいか」と批判的に指摘している。

　こうした批判はしかしながら IRB にのみ向けられるべきものだろうか。日本社会学会倫理綱領もその研究指針も IRB と同様のスタンスで臨んでいるのではないか。「場合によっては、調査対象者から同意書に署名（および捺印）をもらうことなどを考慮しても良いでしょう」と表現は幾分腰が引けているけれども、言っていることは IRB と変わりない。

　私の門下生の一人（中国・同済大学講師の程　曄）は、目下上海郊外において三峡ダムからの移民（の満足・不満意識のメカニズム）の研究に従事し

ている。調査への協力を依頼して聞き取りも行っている。しかし、日本社会学会の行動指針にしたがって、「[依頼と] 同時に対象者には、原則としていつでも調査への協力を拒否する権利があることも伝えておく」わけでは決してない。移民コミュニティにかなり入り込んだ今でこそ大量調査票調査も実施するようになっているけれども、当初は移民の人びとや近くで働く農民工たちが集まって食事をしているレストランに入り、話やトランプゲームの輪に入って彼らと話し始めたのがきっかけである。自分から声をかけておいて「調査への協力を拒否する権利がありますよ」と最初に切り出すことは馬鹿げているだろう。こうした問題は、すでに荻野［2005］が社会調査と場所という文脈ですでに論じている。現在の倫理綱領や行動指針は、あるいは無意図的かもしれないが、不自然な調査環境を暗黙の前提としている。別言すれば、どのような調査環境にも通じる保守的な禁忌は、結果として不自然な調査環境を前提としてしまうということである。

4.4　全体なき部分

　研究には多くの場合研究組織が直接間接にかかわっており、研究活動に関連する事務局を必要とする。研究の進展にとって研究組織が緊要な働きをすることについては夙にラザーズフェルドが強調したことであるが［Lazarsfeld, 1972］、研究活動の事務管理に携わる事務局の存在も無視できない。通常、事務局は部分的な仕事を任されるから、研究目的や調査環境の全体を見通してはいない。眼前の書類の処理上に遺漏がないかに目が向く。

　研究者も日常の研究活動においては往々にして部分しか見なくなる。調査には目標があって手段がある。原論文は関西学院大学の COE プログラムが「これまでの社会調査のありかたを反省して、本当に人びとの幸福に役立つ社会調査のありかたというのはどのようなものであるのかを、さまざまな形で追究している」点で評価している。その一方で、「幸福に役立つ」調査とは何かを定義することができないのではないかと疑問を呈し、自らは社会調査を支えるのは「究極的に人びとを『豊かにする』という信念である」と述べている。私から見れば、人びとを「豊かにする」かどうかも、「幸福に役

立つ」かどうかと同じくらいに定義の難しいことである。ここでいずれの信念がより究極的で定義可能かを論争することは大して意味がない。言いたいことは、調査をめぐるそうしたヨリ高次の目的なり信念なりについての議論が必要だということである。むろん、何が目的で何が手段かは相対的だ。調査目的が現代日本における格差の実態を把握することにあるとすれば、その調査目的はさらに「よりよい社会」を築くための手段である、という風に。さらに、調査設計のたびごとに究極目的がどこにあるのかという議論ばかりが先行して、一向に実行に移されないようなことがあってもいけない。重要なことは、調査の営みが目的－手段の連鎖からなるヒエラルヒー構造を成しているという点であり、その認識である。しかし倫理綱領や行動指針からは、そうした目的－手段のヒエラルヒー性を汲み取ることができない。

　調査の営みの内部でも部分と全体の関連が本来問われなければなるまい。長谷川計二論文は「トータル・サーベイ・エラー」の視点について論じている。調査が統計数理学に依存しているのは、一つには危険負担の程度を測るところにある。誤差には標本の代表性に関わるものと測定に関わるものとがあるが、私たちは全体としての誤差を小さくしなくてはならない。それを個別に切り離して課題視することは、対象とする現象を正確に把握するという調査の原点をむしろ裏切ることになる。「トータル・エラー」の発想には全体と部分の峻別と統合の視点がある。

　本号には聞き取り、ライフヒストリー研究、インタヴュー法のそれぞれについて論じた論文が3本ある（好井論文、桜井論文、蘭論文）。力点は異なるけれども、聞き取り調査の手続きがそもそもだれのためにあるのかを問いかけている（蘭論文）点で、また「あらかじめ決められ固定された倫理ではなく、状況に応じた適切な倫理的対応」を求めている（桜井論文）点で、「～できる」という肯定的メッセージを内包した調査倫理を追究している（好井論文）点で、すべて調査をトータルな社会的事実として捉えようとしている。こうした視点はそれぞれの研究歴と苦闘の経験のなかから生まれてきたものである。いくら倫理綱領と行動指針を読んで咀嚼したつもりになったとしても、こうした視点に辿り着くことは決してできないだろう。

5 おわりに

　調査倫理の問題が、関係者の人権を尊重するという価値と研究そのものを活性化していくという価値の二つを大切にすることと関連しているということは昔も今も変わりない［Neuman, 2004］。これら二つの価値を遵守することを単純化して「人権を守れ」、「研究を守れ」という二大定言命令と仮に呼ぶならば、定言命令は引き続き今後も行き続けるだろうし、そうでなければならない。本稿はそれらの定言命令を体現する倫理綱領や行動指針が不必要だと言っているのではない。そうではなく、倫理綱領や行動指針が無意識的に内包している暗黙の前提をつねに再考しないと調査のもともとの大義を裏切る結果に陥ってしまうことを指摘したかったのである。

　関西学院大学の 21 世紀 COE プログラムが「社会調査のパラダイム転換」を掲げてきた動機の一端も実はそこにあった。「社会調査のパラダイム転換」では、欧米中心からアジア的視点へ、一方的調査から双方向的調査へ、映像的手法の重視などを意味していた。このパラダイム転換において調査倫理問題が直接的に関わってくることはないけれども間接的には大いに関わると思う。調査倫理の Do と Don't とのなかにはいずれのパラダイムの下であろうが守らないといけない規範を含んでいる。しかし規範のベーシックスの議論に終始することは、調査倫理の定言命令を結局は裏切る結果になることをあらためて強調しておくべきであろう。たとえば、本号所収の阪本論文は、プライバシー論が「人格の尊厳の問題」として抽象論にとどまることの危険さと貧困さとを指摘しているように。

　社会調査のパラダイム転換と調査倫理の発想の転換は、その先に多くの課題を残している。すなわち、マニュアル化できない調査方法論をどのように確立してゆくかという課題がそれである。マニュアル化したその瞬間から大義を裏切ることになるというパラドックスに私たちは具体的に立ち向かわなくてはならない。例が唐突に響くかもしれないが、私たちは子どものときから四則演算を覚える。しかし抽象代数を学ぶなら四則演算がいかに二項演算の特殊例でしかないかを知ることになる。特殊例をしかも全体的展望のない

ままに学習してしまうことの弊害は大きい。だからと言って、子どものときに四則演算を教えないわけにはいかない。四則演算を学習することなくいきなり抽象代数を学習しようとしてもそれは無理であろう。当面は、倫理綱領や行動指針を学習しつつもそれを超えるメタ・マニュアルを確立してゆくしかないであろう。

　それにしても日本の学界はこれまではナイーヴに過ぎたようだ。倫理綱領や行動指針「なしで済ませる」ことができるならいい。それで倫理に悖ることが起こらなければ一見問題はないかに見える。しかし、そうは行かないのだ。グローバル・スタンダードが学問的世界をも支配している以上、それを無視することもできない。日本社会学会の努力は、むしろ遅まきながらということであったかもしれない。

注
1）第78回日本社会学会大会時の倫理綱領検討特別委員会ラウンドテーブル（2005年10月22日、法政大学）のテーマと報告者と司会は以下のとおりであった。
　　　テーマ：社会調査と倫理
　　　報告者：原純輔（東北大学）、大谷信介（関西学院大学）、
　　　　　　　福岡安則（埼玉大学）、蘭由岐子（神戸市看護大学）
　　　司会：長谷川公一（東北大学）、森岡清志（首都大学東京）
　COE研究会の一環としての「調査倫理研究会」（2005年12月9日、関西学院大学）のテーマとパネリスト、討論者、司会は以下のとおりであった。フロアーも含めこの研究会に参加し議論をしてくださった方々すべてに主催者として感謝する。
　　　テーマ：調査倫理をどう考えるか
　　　パネリスト：長谷川公一（東北大学）、藤本加代（日本学術振興会）、
　　　　　　　　　鬼頭秀一（東京大学）、荻野昌弘（関西学院大学）
　　　討論者：阪本俊生（南山大学）、好井裕明（筑波大学）
　　　司会者：髙坂健次（関西学院大学）
2）たとえば、海野道郎がその代表である。関西学院大学大学院社会学研究科「21世紀COE特別研究I──調査──」における海野の講義は、「公共財としての社会調査──公共財についての調査経験を通して──」と題するものであった。

参考文献

Broad, W. and N. Wade, *Betrays of the Truth: Fraud and Deceit in Science,* Oxford University Press.（＝1988，牧野賢治訳『背信の科学者たち』京都：化学同人．）

岩本茂樹，2002，『戦後アメリカニゼーションの原風景――『ブロンディ』と投影されたアメリカ像』東京：ハーベスト社．

岩本茂樹，2007，『憧れのブロンディ――戦後日本のアメリカニゼーション』東京：新曜社．

Merton, Robert K., 1958, *Social Theory and Social Structure,* Revised Edition, The Free Press.（＝1961，森東吾ほか訳『社会理論と社会構造』東京：みすず書房．）

Jasanoff, Sheila et al., 1995, *Handbook of Science and Technology Studies,* California: Sage.

Lazarsfeld, Paul F., 1972, *Qualitative Analysis,* Boston: Allyn and Bacon.（＝1984，西田春彦ほか訳『質的分析法』東京：岩波書店．）

李成柱，2006，『国家を騙した科学者――「ES 細胞」論文捏造事件の真相』東京：牧野出版．

Mannheim, Karl, 1940, *Man and Society in an Age of Reconstruction.*（＝1962，福武直訳『変革期における人間と社会』東京：みすず書房．）

宮内泰介，2004，『自分で調べる技術――市民のための調査入門』東京：岩波書店．

Neuman W. Lawrence, 2004, *Basics of Social Research: Qualitative and Quantitative Approaches,* Boston: Pearson Education, Inc.

荻野昌弘，2005,「場所と社会調査」『先端社会研究』第 3 号：1-8．

Smith, David Livingstone, 2004, *Why We Lie.*（＝2006，三宅真砂子訳『うそつきの進化論』東京：日本放送出版協会．）

米山俊直，2006,『米山俊直の仕事――人、ひとにあう。：むらの未来と世界の未来』東京：人文書館．

付記

　関西学院大学社会学研究科の推し進めてきた COE プログラムは 2007 年度をもって終了する。プログラムの直接間接の成果発表と研究拠点として交流の場として本誌『先端社会研究』を創刊した。年二度の刊行をめざしてきて本号で第 6 号を迎える。創刊号ならびにそれに続く号を基にして英文書も編んできた。KOSAKA, Kenji (ed.). 2005. *A Sociology of Happiness: Japanese Perspectives*. Melbourne: Trans Pacific Press. FURUKAWA, Akira (ed.). 2007. *Frontiers of Social Research: Japan and Beyond*. Melbourne: Trans Pacific Press. の 2 冊はいずれも直接的に『先端社会研究』を基にして編まれたものである。

　しかし、本誌が真に国際的な学術交流の媒体になりえたかというと、主たる発表言語が日本語であったことが災いしてそうは言い切れなかった。しかし、COE プログラムも「グローバル COE」時代を迎えて、一層の国際的発信が求められている。私たちもそうした反省に立ってより堅固な世界的な研究拠点をめざしてひとまず『先端社会研究』は休刊とし、2007 年度からは英書の発行に力を入れていきたいと思う。せっかく斬新な投稿制度を設け、ようやく本誌も斯界に広く認知され始めたときに休刊の措置を取ることについては忸怩たる思いもあるが、発展的解消のためにはやむをえないと判断した。これまで本誌を愛読し寄稿し支援してくださったかたがたすべてにあらためて感謝の意を表すとともに上の事情についてのご理解と引き続きのご支援をお願いする次第である。

Current Status and Tasks of Ethical Problems in Social Research:
A Note for the Special Feature

Kenji Kosaka*

■Abstract

The present paper outlines the observation of ethics in research in sociology and other fields, and proposes issues that need to be addressed. Having observed the changes afoot in the research ethics environment; the governmental and legislative environment; people's awareness of research settings; movements in the academic community, academic societies and universities; as well as the technical environment; the report highlights the fact that attempts to adapt to these changes are wavering.

Furthermore, the present paper highlights a trend for those attempts to adapt to ethics in social research to contain shared implicit assumptions. Firstly, there is a tendency to differentiate between researcher and subject; secondly, there is a tendency to avoid talking about the necessity and fun of data creation; thirdly there is a tendency for research not to be based on the premise of natural settings; and fourthly, there is a tendency not to relate the part with the whole when evaluating ethics.

In conclusion, the present paper emphasises the importance of making «meta-manuals» for matters than cannot be incorporated into manuals when adapting to ethics in social research by making manuals such as ethics guidelines and codes of conduct. Without meta-manuals there is little hope for increased respect of civil rights or scientific progress. Thus, as well as performing its requirements for the Special Feature series, the present paper serves to examine the relationship between the aims of our 21st Century COE Program and the issue of ethics in social research.

---

*Kwansei Gakuin University

Key words: ethics in social research, subject-object dualism, data creation, research settings, totality

質的社会調査とプライヴァシー

―― 質的調査、モラリティのまなざし、社会の物語

阪本　俊生*

■要　旨

　本稿では、プライヴァシー論の観点から、質的な社会調査の倫理を考察する。参与観察やフィールドワークは人びとの日常生活に密着し、その記録や観察を行ない、そこからはプライヴァシー倫理の問題が浮上してくる。この主題について、ここではプライヴァシー論におけるプライヴァシーの鍵概念の一つ、「親密さ」を取りあげ、記録や観察にともなう親密さの破壊を考察する。

　社会調査と親密さの破壊との関係は、二つの角度から考察される。一つは調査者と調査対象となった人びととの関係に目を向けるやり方であり、そこからは両者のあいだに見られる不介入の距離と親密さのジレンマや、P. L. バーガーが実存的関心の剝離と呼んだ社会関係上の背信が考えられる。もう一つは、観察や調査がもたらす調査対象者の自意識への影響を考える見方であり、その影響から生じる親密さの破壊である。これらの問題はいずれも社会調査はもちろん、それ以外の観察や写真撮影、覗きなどにもほぼ共通して見られるが、とりわけ後者の調査対象者の自意識への影響には社会学に固有で、かつ不可避の問題も含まれていることを指摘する。

　これらの議論を通じて、社会調査がプライヴァシー倫理の問題の回避の可能性について、「まなざしのモラリティ」の社会的承認、「個人の物語」と「社会の物語」の峻別、「社会の物語」の「個人の物語」への変換の防止を提起する。

キーワード：プライヴァシー、ゴッフマン、倫理、社会調査

---

*南山大学

1 問題の所在——人間を記録し、観察することからくる罪悪感

1.1 調査対象者との親密さと記録・観察の罪悪感

　他人を観察したり、記録したりするといった行為は、それ自体が必ずしも人びとを直接、傷つけたり、損害を与えたりするわけではない。にもかかわらず、人びとの感情にふれ、倫理的な問題を引き起こすとてもデリケートな問題である。

　佐藤郁哉によれば、フィールドワーカーの観察にともなう罪悪感は、調査が進み、観察者と被観察者との関係が親密になればなるほどかえって高まっていく。彼らは、しばしばその罪悪感を解消するために観察対象のグループに同化しようとしたり、そのグループのスポークスマンのようになったりすることすらあるという［佐藤，1992：144］。つまり、見る側と見られる側との親密な関係の形成は、プライヴァシー侵害の意識を軽減するどころか、むしろより深刻で複雑なものにする、という問題である。

　ここからプライヴァシー問題とは、プライヴァシー論でしばしばいわれるような、社会関係の親密さの有無といったことよりもむしろ、親密な関係のなかに、いわば「裏切りのまなざし」が入り込む問題だともいえよう。親密さのなかでの裏切りの問題であるならば、たしかに関係が親密になればなるほど罪深くなるのである。

1.2 裏切りのまなざし

　親密さにおける「裏切りのまなざし」とはいかなるものか。記録や観察はなぜ裏切りになるのか、あるいは倫理的に問題になることがあるのか。一見とてもわかりやすそうなこの問題も、実はそれほど自明ではない。プライヴァシー論においても、このようなテーマはしばしば人格の尊厳の問題として議論されても、抽象論にとどまる傾向がある。

　たしかに人間の行動を観察や記録することは、社会学の調査に限らず、つねにどこか後ろめたさが伴う。例えば、私たちが友人との会話を録音しようと思い立ったとしよう。それ自体は相手に何も迷惑をかけることではない。

それでも相手に知らせないでこれを遂行するには勇気がいる。たとえたわいのない雑談であっても、録音していることが相手に発覚したときには、ある種の気まずさが生じ、どのような言い訳しようかということになるだろう。また何らかの謝罪を行なう必要を感じるであろう。

問題は、こうした気まずさや謝罪の必要をもたらす経験の背景にあるものは何かということである。謝罪や言い訳といった行為は、通常、何らかの社会規範が破られたときに生じる。しかし観察や記録をしてはならない、という社会規範や倫理、あるいはマナーや儀礼といったものが存在するとすれば、それはいったいいかなる性格のものであり、どこから生じてくるのか。

例えば、直接会って観察したり、記録したりする場合、そこでの会話や観察対象の行動は、情報としてはすでに相手が観察者の存在を知っていて自ら与えているものである。また記録や観察の対象となる人びと自身が、秘密にしようとしているものでない場合（すなわち話す人が特に秘密だと思っていないようなふだんの会話や態度、外見など、いわゆるセンシティブではない情報の場合）でも、それを観察し記録することは、しばしば問題になる。要するにそこでの情報の内容ではなく、それを記録し、観察するという行為や態度そのものが問題なのである。

自分が相手の目の前で見聞きしていることを記録する、あるいは観察するという行為から生じてくる倫理的な問題とは何なのか。ここには単に情報の暴露や流通といった（情報の）中身の話に解消されない、それとは別の次元の問題がある。これは人間の尊厳といった手短かな抽象論ですまされることが多いが、ここではこれを情報の中身主義とは別の視点から、もう少し詳しく見ていくことにする。

2 問題はなぜ生じるのか？

2.1 記録と介入の背反

「記録する人間は介入することはできない。介入する人間は記録することができない」と S. ソンタグはいう [Sontag, 1977]。これは写真の話だが、

観察についても同じことがいえるだろう。観察者は、被観察者たちと関わっている（介入している）ように見えていて、実は関わっているふりをしているという側面は否定できない。

このことは極端な状況を例にとればはっきりする。例えば被観察者たちが目の前で犯罪的な行動を始めていて、観察者はそれに荷担すべきだろうか、見て見ぬふりをするべきだろうか、それとも制止するべきなのだろうか。それともひたすらそれを記録するのだろうか。例えば売春しようとしている少女を前に、調査者はどう対応すべきなのか。

プロカメラマンたちは、目の前でショッキングなできごと（例えば自殺や殺人）がおこっても、それを記録するためにしばしば不介入の道を選ぶ。例えば目の前で焼身自殺を遂げたヴェトナム僧を、制止することなく記録し続けたカメラマンである。またあるカメラマンは、自分たちは記録機械に徹するのだと述べている。ダイアナ元皇太子妃が事故死した際、彼女が息を引き取る間際の写真をパパラッチが撮影してマスメディアに売ったことが問題になったことがあった。

介入せずに記録を残すやり方は、これまでしばしば社会からの倫理的非難を浴びてきた。社会調査の場合、これほどセンセーショナルな事態に直面することは少ないかもしれない。ただ、彼らのようにカメラという神器に頼ることもできず、また自らの立場や役割の説明はより複雑で厄介でもある。

2.2 不介入の罪

被観察者たちが行なっている行動がよくないことであること、さらに彼らにマイナスの結果をもたらすことを知っていながら、あえてそれを制止せず、観察を続けるということはその一つである。例えば、ドキュメンタリー制作者のエイベルは、田舎の農家をドキュメンタリー撮影している途中、彼らが都会に売りに行けば高価になる骨董品や歴史的な価値のある古道具を惜しげもなく燃やすのを見て、制止すべきかどうか悩んだという。介入すればドキュメンタリーは失敗してしまうので、そうできなかったことに倫理的な罪悪感をいだいたのである［Aibel, 1988：111］。

もちろんこの話自体は些末であり、倫理の問題を経済的損失のこととしていおうとしているわけでもない。問題の深刻さもこの際あまり重要ではない。被観察者と関わっているように見えて、本当は関わっていない、あるいは関わることができないという観察者のジレンマに、通常の倫理の話とは異なった、もう一つの（プライヴァシー特有の）倫理の問題があることをエイベルは指摘しているのである。ドキュメンタリー記録と同じことが、社会学調査における観察や記録にもいえるとすれば、ここで問題となっている倫理とは、不介入の罪ということができるだろう。

日本語には「水くさい」ということばがある。例えばこれは、身内や親友など親しい人が、何らかの問題や悩みを抱えている相手から相談されなかったときの責め言葉としても用いられる。悩んでいる人が親密なはずなのに人に問題を共有させず、状況に関わることから排除したからである。それとは逆に、当然、ある問題や世界を共有しているだろうと信じていた相手が、実はそうではなかったときの「冷たさ」は、やはり相手の人格に対する背信行為となり、このことによる倫理的問題が生じる原因となる。

2.3 実存的関心の剝離

P. L. バーガーは、社会学者が調査対象の人びとにとらねばならない態度は「実存的関心の剝離」であるという。当然のことながら、人びとを社会学的に解釈するためには、「通常の場合よりも大きな形での状況からの距離を確立」しなければならない［Berger, 1981：38］。ここでいう実存的関心とは、私たちが相手と同じ世界に身をおくものとして、関わっている際に自然と生まれてくる関心のことであろう。他人を社会学的に解釈する際は、そうした関心を、私たちの意識から離しておく必要がある。ところがそうした態度は、親密な人間関係の中では裏切りとなる。

このことについてバーガーは次のようにいう。「これと対照的な状況として、例えば自分のフィアンセや夫との会話があげられる。そこではこれ（社会学的解釈）と同じような実存的関心の剝離はたんに不適切であるばかりでなく、人格的関係にたいする裏切りともなるであろう」［Berger, 1981：38］

（括弧内引用者）。

　社会調査において生じてくる調査者の罪悪感、および社会調査に対する被調査者の不信感の原因のうち、もっとも見えにくい部分がここにある。参与観察のような調査では、相手との関係性を築きながら調査を行なう。そうしたとき、たしかにこの問題は、調査が進み、相手との関係が深まっていくにつれて深刻さも増していく。関係が深まれば深まるほど、調査のまなざしとの矛盾や葛藤も増大するからである。

2.4　参与観察の視点――適切なラポールについて

　フィールドワーカーたちは、調査対象となる人びととのラポール、すなわち一定の親密な結びつきや信頼関係の重要性を強調する。ただしラポールは、調査対象者たちとのあいだに、掛け値なしの親密さを意味するものではない。例えば、佐藤郁哉は「一歩距離をおいた関与」や「客観性を失わないラポール」を強調し、オーバーラポールの危険性を指摘する［佐藤，1992：145］。桜井厚はL.ラングネスを引用しながら、「『非常によいラポール』とは、『ある程度の親密さ』のことであって、当事者の社会にとけ込み当事者の視点を自分のものにする『過剰な親密さ』のことではない」という［桜井，2002：64］。

　では適切なラポールとはいかなる関係のことなのか。それは果たしてソンタグやエイベルのいう不介入、あるいはバーガーのいう実存的関心の剥離のような視角を否定するものであるのか、フィールドワークの専門家ではない筆者には判断がつきかねる。

　ただ適切なラポールに関連して、フィールドワーカーのあいだから示されてきたさまざまな見方を桜井厚は紹介している。すなわち、専門家と知識人の共同行為としてとらえる見方、教え、教わる人間同士の相互作用、見せかけではない人間関係、あるいは被調査者に敬意を払い、信頼と相互性に基づく平等主義的関係等々である。そして、これらの立場のあいだからは論争もおこってきた［桜井，2002］。

　しかし共通していえるのは、それが見せかけかどうか、あるいは立場が平

等かどうかといったことよりもむしろ、調査対象者との関係の質をよくすることが、調査の質を高めるということであるようだ。そしておそらくそれが、ラポールにとってもっとも重要な点なのであろう。桜井によれば、「調査者がその環境にいかに自然にとけ込んでいようとも、その環境への侵入であり干渉である立場には変わりはないのである」［桜井，2002：71］。だとすると平等主義の主張や見せかけの否定といった倫理的議論も、フィールドワーカーたちの罪悪感のあらわれ（あるいは贖罪の儀式？）とも見えなくはない[1]。

　ただし注意すべきは、古くは G. ジンメルが指摘し、プライヴァシー論においても R. F. マーフィーが論じるように、人びとはしばしば身内の外の人びとによりうち解け、心を開くものである。プライヴァシーは村落共同体よりもむしろ大都市にこそあり、トゥアレグ族の男たちが自分の表情を読み取られないようにするヴェールを脱ぐのは地元を離れたときなのである［Murphy, 1964］。調査対象者の一部は、調査そのものを何らかのかたちで利用しようとしさえするかも知れない。だとすれば社会調査はこうした関係の微妙なバランスのうちに進んでいく。上記の親密さの話は、実際の多様な関係のあり方の一面にすぎないということである。

3　観察・記録と親密さの破壊

3.1　観察されることによる意識の変化

　観察者に罪悪感をもたらす不介入とは別に、観察することが、観察される側の意識に変化をもたらすというプライヴァシーの問題がある。例えば、本を読んでいるときに他人のまなざしを感じると集中して読めなくなったりする。読んでいる姿を誰かに見られていると意識しだすと、読むという行為の中身よりも、そうしている自分の姿が他人にどう映っているのかに意識が向かってそれに没頭できなくなるからだ[2]。

　法学者の阪本昌成によれば、プライヴァシーとは「他者による評価の対象になることのない生活状況または人間関係が確保されている状況」である

[阪本, 1986] [小林, 1987：192]。たしかに私たちは、ふだんの生活のなかでも、他人からの解釈や評価を気にするし、しばしばそれをコントロールしたいと願ったりもする。

　ところが、これまでプライヴァシー論者たちがたびたび指摘してきたように、プライヴァシーが意識される際に、他人の評価の有無そのものは必ずしも重要ではない。実際、プライヴァシー問題は、しばしば個人の社会的評価とはまったく無関係に生じる。読書する姿を他人に見られる場合でも、それが自分の評価に及ぼす影響は必ずしも問題ではない。むしろ自分自身が、他人のまなざしを何らかのかたちで意識してしまうこと、そのものが問題なのである。

　S. I. ベンは、観察が個人の行動の自由に与える影響を問題視する。彼は、個人は観察されることで、自らの状況認識や自己意識に変化が生まれるという。人びとが「自分自身を調査の対象、他人の関心の焦点と見ることは新しい自己の意識を与える」とし [Benn, 1971：227]、さらに「行為者が、(自分が見られているという意識を通じて) 他人から見られていないときとは別の見方で、自分自身の行為を見るようになる、という意味において、観察者は行為者が一定の行為を行なうことを不可能にする」[Benn, 1971：226]。つまり、個人は観察されることで、自らの行動の自由性が奪われる可能性が問題だというのである。

　観察による自己意識の変化という問題は、観察だけでなく、個人に対する質問からも生じることがある。例えば、ある会社が新入社員をリクルートする際に、女性に将来の出産予定を質問するのは、プライヴァシーを侵すことにつながるという見方がある [Schoeman, 1984]。女性はこの質問に答えることによって、出産すれば当初の会社との約束に違反することになるというプレッシャーをうける。子どもの出産という私的な問題について、会社側の干渉と監視下にあるかのような意識が彼女のなかに生じてしまうのだ。

3.2　親密さの経験とプライヴァシー侵害

　個人の意識に作用してその行動を束縛するというテーマは、パノプティコ

ンやチリング・イフェクトといった見方に結びつきやすいが、ここではこれらとは別の観点から見ていきたい。それはプライヴァシー論における「親密さ（intimacy）」という問題である。

電車の座席で楽しくおしゃべりしている高校生たち。ところが隣の乗客が、その話のおかしさに思わず吹き出した。その瞬間、高校生たちは自分たちのおしゃべりが聞かれていたことを察知してフリーズする。楽しいおしゃべりの親密さは、聴衆の存在が意識されたことで壊れてしまった。さもありそうな光景である。

R. S. ガースティンによれば、「私たちが自分の行為が観察されていることを意識しているときに自分の行為を経験することと、親密さに没頭しているときにそれらに関わるときとでは大きな違いがある」。そして「私たちの行為が観察されていることを意識しているときは、それらの行為の意味は観察者のそれとほとんど同種のものとなる」[Gerstein, 1978：267]。つまり個人は自分が観察されていると感じるとき、観察者と同じように自分自身を対象化して見てしまうようになり、このことによって個人は「親密さの全体性から根を引き抜かれ」てしまうのだという [Gerstein, 1978：269]。したがって彼によれば、「親密さの経験は、観察者の排除によって成り立っている」[Gerstein, 1978：268]。そして親密さのなかにある個人の観察は、その親密さを壊してしまうがゆえにプライヴァシー侵害となるのである。

「親密さ」は、欧米のプライヴァシー論において、しばしばプライヴァシーの鍵概念の一つとされてきたが、日本語の親密さということばよりも広い意味をもつ。いわゆる人間関係の親しさを意味するだけではなく、自己の身体や内面への親密といった意味もある。例えば出産は、個人の身体にかかわることから、身体の親密さの問題といわれたりもする。プライヴァシー論がいおうとする親密さをより深く理解するため、ここではさらに広い視点からこの概念を考えてみることにする。

3.3　祈りの親密さと自己意識——経験と理解の違い

プライヴァシーという概念が、単に個人情報や私的領域の問題としてだけ

ではなく、もっと多面的で漠然としたかたちで用いられるように、その鍵概念とされる親密さもまた多面性をもっている。ただし個々の具体例からみれば多種多様なこの概念も、共通項がないわけでもない。

　ガースティンは、親密さの一つの例として「祈りの経験」をあげている。彼は「親密さのもっとも強烈なかたちは宗教的なエクスタシーにみられる」とし、祈りの際に自らの行為への自覚的意識が引き起こされると、祈りの本質的な意味は失われるという［Gerstein, 1978：267］。そして彼は、これが親密さの経験が破壊される一つの典型例だという。祈りの親密さの経験について、彼は次のように述べている。「親密な祈りの交流において我を忘れている人は、彼が行なっていることを自意識的に気づくようになるとき、外部の人ができるように、実際の祈りがどのようなものかを理解し続けることができる。しかし、今や彼は観察者であり、祈りの理解の観点から彼の行為を評価している」［Gerstein, 1978：267］。

　「祈りの理解」と、「祈り」そのものとはまったく別であり、祈る人間が祈りの理解の観点に立ってしまうとき、祈りそのものの本質的な部分が壊れてしまう。このことを彼は親密さの破壊の経験としてあげている。そしてここにあるのは、人びとの自己意識の問題である。

3.4　親密さの変質についての一つのロジック

　宗教的な祈りを記録することに関して、G. ベイトソンは興味深い例をあげている［Bateson, 1987：130］。アイオワシティー近郊のアメリカ原住民の宗教儀式、ペヨーテ聖餐が儀式中に薬物を利用していたことで非難され、廃止の危機に直面した。そこで人類学者のソル・タックスは、それを映像化したものを反対派の人々に示し、その儀式の神聖性と価値に関する彼らの理解を促そうと考えた。ところがこの試みは失敗におわる。儀式の参加者たちが撮影されることを許可しなかったからだ。

　彼らは、ソル・タックスの意図を理解しており、それが儀式の存続に関わる問題であることも認識していたにもかかわらず、儀式がカメラで撮影されることを彼らは拒んだ。カメラの前で、祈りというあまりに個人的なことを

することが彼らには想像できず、また、撮影によって儀式が汚されてしまうということが問題にされたのだという。つまり、彼らは、儀式の存続といったことよりも、むしろ一回の儀式の完全性（integrity）を重視したというのである。

　祈る人間が祈りの理解の観点に立ってしまうとき、祈りそのものの、何か本質的な部分が壊れてしまう。そして一度壊れてしまった本質は、もう取り返しがつかない。それがベイトソンのいう「一回の儀式の完全性」の重視の意味でもあろう。日本人にとって、祈るという経験は日常的にはあまりなじみがない。ただお寺や神社でお祈りをする瞬間、自分の姿を自己観察したりすれば、その行為自体の意味が破壊され、それが単なる形式に堕してしまうといった感覚は理解できなくはない。もちろん先ほどの宗教儀式とこれとを同一視するわけではない。だが親密さ一般はまさにこれに似たかたちの経験だとガースティンはいうのである。

　アメリカ原住民の儀式と、プライヴァシー論における親密さの経験に共通していえるのは、自意識的になることで失われる何か、という問題である。私たちには自意識的になることで、壊れてしまう経験や生活の局面があり、それが親密さの根底にある。言い換えれば、人は自意識的になることがないか、それが非常に小さいような状況にあるとき、それを親密さとして経験することになる。ところが観察や記録を受けるとき、私たちは自分のふるまいや行動、あるいは身体について客体化して意識せざるを得なくなる。まさにこのことが人びとの親密さという経験それ自体の破壊につながるのである。

　ベイトソンが「観念の変質」と呼ぶこの問題は、私たちの無意識、あるいは暗黙知の意味の問題につながっている。歩くときに、歩き方を意識し出すと足がうまく動かない。同じことはおしゃべりや読書をはじめ、人間の幅広い行動についていえるのではないか。必要以上に自己への意識が働くとき、しばしばその行為自体の本来の目的がかえって失われてしまうことがあるのである。

　「無意識」の効用、あるいは無意識というよりはもっと柔軟で幅広い意味の、いわゆる「意識しないでいること」の効用をベイトソンは強調する。ベ

イトソンの議論において、意識することと、意識すべきでないことを仕切っておくことはきわめて重要な意味を持つ。それは人間の精神のバランスを与える精神の生態系（エコロジー）の問題であるからだ［Bateson, 1987］。

ベイトソンのこの見方を、プライヴァシー論の親密性ということばに引きつけて考えるならば、親密な人間関係というのは、自己自身についての意識の度合いを低くできるような関係のことである。そしてこのような関係性の経験は、単に疲れないものであるだけではなく、個々人それぞれの精神システムの維持やバランスにとって大きな意味をもつがゆえに、尊重されるべきものとなる。

他者との関係においても自意識的で、自省的になることの多い近代社会とは、人びとに不器用で下手くそな人間関係を強いるシステムである。近代の親密性の重視とは、そのような社会において、少なくとも一握りの相手とは自意識的にならずにすむ、いわゆる気のおけない関係を求めたいという安息所願望のあらわれである[3]。ところが、そうした領域にも分け入るのが社会調査である。観察や記録者の参入は、少なくとも一時的にせよ、参加者たちの自己意識を呼び起こすことで、人びとの交流の目的である親密さの経験を破壊する。たとえ後から記録や観察が発覚した場合でも、親密さの本質が汚されたと感じられるであろう。

しかしこのような感覚は、通常、ことばで言い表すことがとてもむずかしく、そのためにしばしば顧みられないか、または人格の尊厳といった宗教的ともいえる近代の価値観の指摘に終わってしまう。ベイトソンの議論は、この問題に一つの解釈を与えている。もちろん、これはあくまで一つのロジックにすぎない。ただしそのロジックは、ソル・タックスによる儀式の撮影の例が示すように、社会学的調査における記録や観察とプライヴァシー倫理の関係について一つの理解を与えるものである。このことについて次にふれておこう。

4 社会学の調査とプライヴァシー

4.1 社会学とプライヴァシーとの対立の不可避性
――本質的で宿命的な対立

　社会科学のなかでも、社会学はプライヴァシーという価値観と、いわば本質的にぶつかり合う分野ではないだろうか。このことは単に社会調査において人びとの私的な行動や私生活、あるいは人生にアプローチするからというだけではない。それに加えて社会学は、人びとが自覚したりや意識したりすることのないところに光を当てようとする、という学問的性格をもっているからである。

　社会学的探求は、しばしば人びとの規範や意識の背後へと向かう。ときには人びとが、ふだん意識することなく、暗黙の前提としているような規範、あるいは意識や行動のパターンの発見へと向かう。そしてこの営みを通じて、それまで知られていなかった社会のしくみを暴き出そうとするのである。つまり社会学とは、人びとが「意識しないでいること」をあえて意識し（気づき）、分析して明るみに出すことを目指す学問である[4]。

　このような研究は、まさにプライヴァシー論のいう親密さのタブー破りそのものといえる。つまり社会学的調査における観察や記録は、単にプロセスにおいて人びとの親密さを侵害するというだけではなく、その目的においても親密さにとって破壊的とならざるを得ない。そしてこのこと自体は、社会学固有の学問的性格や目的であるがゆえに不可避であり、いわば（呪われた）宿命である。

　個人の尊厳が人びとのあいだに一般化してきた時代に社会学は生まれた。いわばそれは個人の聖化とともに現れ、その聖化が隠そうとするものを逆に明らかにし、理解しようと努めてきたともいえる。そのために社会学の調査は、個人の聖化の保持へと働くプライヴァシーとは真っ向から対立することになる。だとすれば社会学調査はこれにどのように対処していけばいいのか。

4.2 まなざしのモラリティ

　これに関して、いうまでもなく社会調査の現場には、さまざまなきめ細かな対処ややり方があるであろうが、ここではそれとは別の観点から一つだけあげておく。それは「まなざしのモラリティ」という考え方である。プライヴァシー関連の裁判としてはきわめて初期のものとして、しばしばプライヴァシー裁判の出発点ともいわれる古い判例にディメイ判例というのがある[5]。ある女性の出産を診療した医師が若い男性助手に手伝わせたところ、この助手が後に医師でなかったことが発覚して問題になった事件である。出産という神聖な場（あるいはここでの表現でいえば、身体の親密さの領域）に専門家でない男を侵入させたとして、医師が訴えられたのである。

　この場合、手伝った助手が医師でなかったために訴えはおこった。逆に彼が医師であったならこの問題は生じなかった。したがって彼が何を見たかではなく、医師でなかったことが問題だったのである。こうしたことから L. C. ヴェレッキーは、プライヴァシー問題は必ずしも親密さという見られる対象の問題ではないと主張する。すなわち重要なのは、まなざす対象ではなく、まなざしそれ自体の道徳的質、すなわちまなざしのモラリティだというのである［Velecky, 1978］。

　医師のまなざしの専門性は、社会におけるモラリティを確立しているがゆえに個人の身体へのアクセスを許され、そうでない場合にはこの裁判のケースのように侵入者として訴えられることになる。ヴェレッキーによれば、このようなモラリティの基準は文化相対的である。しかも個人差もあるがゆえに非常に多様となる。それゆえにプライヴァシー侵害の基準もまた多様で曖昧なものとなる。またこうした基準は文化的であるがゆえに、歴史的に変化もする。したがって人びとの意識の変化によってモラルの基準も変わっていく。仮に一定のまなざしが、社会的に正当化されるようなかたちで人びとの意識が変化するならば、そのようなまなざしは容認されるようになる。

　その事例の一つは、医療のまなざしである。人間の身体の秘部や性器までを見ることが社会一般に正当化されるようになったのは、少なくとも西欧においてはそれほど古いことではない。興味深いことに、そこではプライヴァ

シー意識の広まりと医療のまなざしの正当化とはほぼ同時代におこってきている。出産や女性の診療が今日のようなかたちで行なえるようになったのはイギリスでは18世紀の末頃のことである。それ以前は女性の身体にカバーを掛けた下で、手探りによって診察がおこなわれていたことはよく知られている。医学の科学としての確立とそれへの信頼は、人びとに身体を被うカバーははずすことを容認させるようになった。言い換えれば、個人にとって親密さの領域である身体を直接見ることを許されるような、まなざしのモラリティを医学は社会的に確立してきた歴史をもつのである。

　したがって社会学が、プライヴァシーの倫理的問題との衝突を避け、個々人の親密さの領域を調査できようになる可能性の一つとして、社会調査のまなざしがモラリティの社会的承認を得ることである。そのためには（おそらく医学とは別の意味においてであろうが）、その社会調査が、例えば「人間の幸福に資する」といったような、何らかの倫理的な目的意識を明確に打ち出すとともに、その成果をこれまで以上にアピールし、かつメッセージとして社会に発信していく努力も必要だといえるだろう。

　もちろん、まなざしのモラリティは、専門性による上下関係をつくりだし、調査対象者に押しつけるものであってはならないことはいうまでもない。医師－患者間のそのような専門性の立場は批判にさらされ、見直されてきている。社会学における専門性のまなざしは、最初から調査対象者との十分なコミュニケーションのうえに成り立つ対等の関係であることが前提だといえよう。そのような関係を前提に、社会調査が有益な技法であることを調査対象者たちに認識してもらい、調査を許諾してもらうことである。

　ただし、ここでのコミュニケーションとは、個々の事例に関してすべて文書で承認を取り付けるといったものではない。そうした手続きは、医師が患者の身体を診ようと触れる際にいちいち承諾書を求めるのが不合理なように、実際の現場のコミュニケーションや調査そのものにとってマイナスしかもたらさないであろう。むしろそれよりも、社会調査の専門性に対する一般的な信頼をつくりだすことが肝要であるように思える。

　社会調査に対し、倫理やプライヴァシー意識の厳しいまなざしが向けられ

るようになればなるほど、その意義についての社会的認知と理解を得ていくような積極的努力も求められてくる。しかしその努力は同時に、そのまなざしのモラリティの確立の可能性へと開かれているといえるかもしれない。

5　社会調査の結果の取扱いの問題

5.1　個人情報のコンテクスト変換とプライヴァシー

　では人びとの親密さの領域にまで踏み込んで調査する社会学の調査が、倫理的承認が得られる余地はどこにあるのか。一つは、社会学調査と、いわゆる一般的なプライヴァシー侵害との違いがどこにあるのかを認識し、また調査される側の人びとにもはっきりとその違いが理解されておく必要があるだろう。医療の専門家が、いわゆる覗き屋と異なるように、社会学者もまたそうではないといえる根拠がどこにあるのかが明確になっている必要がある。

　A. ギデンズは、かつて『社会学の新しい方法基準』のなかで、通常、私たちにとって新たな生活様式に精通していくということは、その生活様式に参加できるようになることを意味するのだが、「社会学の観察者にとって、異なる生活様式に精通することは、社会科学的談話のカテゴリーへと媒介されなければならない、つまり変換されなければならない記述を生み出すための様式なのである」と述べている［Giddens, 1976：234］。すなわち社会学とは、人びとの生活様式の観察から得た情報を、社会科学の記述へとコンテクスト変換する作業である。そしてここからは親密さの破壊とは別の、もう一つのプライヴァシー問題が生じてくる。

　プライヴァシー問題発生の要因の一つとして、個人情報のコンテクストの変更がある。写真の例はもっともわかりやすい。写真の所有者が被写体に無断で宣伝広告、マスメディア、雑誌、掲示板、インターネットなどに掲載したり公表したりする際に生じてくる。いわばコンテクスト変更がプライヴァシーの問題を引き起こすのである。

　例えば、手紙のプライヴァシーである。手紙の受け手がそれを書いた人に無断でその内容を公表すると、しばしば著作権やプライヴァシーの問題を引

き起こす[6]。書き手は読み手との関係のなかで書かれたメッセージ内容は、公表されることを想定しているわけではない。このような公表にもコンテクストの変更がともなっている。他人による個人の日記の公表もまた同じである。

またこれらと同じように、親密な関係のなかで個人が、別の人に行なったことや話したことは、その人間関係と社会状況のコンテクストのなかでのものである。一方、社会調査は、ある一定の社会状況のなかで生じた人びとの行動や言動を記録するが、それを分析したり論文へとまとめたりする際には、それらを、その行動が生じたオリジナルの状況とは別個の社会科学のコンテクストへと変換して利用することになる[7]。このことが社会調査におけるプライヴァシー問題の原因となりうると同時に、それが倫理的承認を得ようとする際の要点の一つともなる。

5.2　社会調査とゴシップ記事の違い──個人の物語と社会の物語

D. ジョンソンの『コンピュータ倫理学』におけるプライヴァシーの章の冒頭には、次のような例が出てくる。ある私立大学の事業開発部に勤めはじめた職員が、とある大金持ちの情報を集めるように職場の上司から命じられた。その人物がどのような寄付の依頼ならば応じてくれるか調査するためである。そこで彼女はインターネットを駆使して、その人物の資産や支持する政治団体から、アマゾンで買った本、腎臓透析を受けていることまで、数週間の調査でその人物に関する莫大な情報を手に入れた。しかしそのデータの蓄積を見た彼女は不安になった。「自分がのぞき魔やストーカーになったような気がした」からである［Johnson, 2001：159］。

この職員が感じているように、たしかにこの調査は、一般的に見て覗き趣味的であり、プライヴァシー侵害的であるように思える。だが一体なぜそう感じられるのだろうか。もちろんある個人に関する情報を多く収集している。しかしそれだけではないだろう。結論から言えば、彼女が罪の意識を感じたのは、この情報収集が特定の個人を知り、解釈するためになされているからである。

19世紀に登場して以来、ゴシップ記事はプライヴァシー侵害の典型の一つとされてきた。もちろん今日では新聞に限らず、さまざまな週刊誌やワイドショー、あるいはインターネットなど多様な媒体を通じて流されるようになっており、もはや記事という表現はあたらないかもしれないが、それでもゴシップ記事的なるものであることに変わりはない。ゴシップ記事を分析した H. M. ヒューズは、それがいわゆる情報伝達のためのニュースというよりはポピュラー文学に近い、一種の物語であるとして、これを「人間の関心の物語」と呼んだ［Hughes, 1940］。

「人間の関心の物語」とはいかなる物語か。一言で言うとそれは、ある特定の人びとへの関心に導かれ、彼らを人物として知るために作られる物語である。ゴシップ記事は（もちろんゴシップ記事的なるものも含めて）、人びとの関心を集めそうな特定の個人にターゲットを絞る。それは芸能人、スポーツ選手、犯罪者、政治家、皇室や王室の人びとなど実にさまざまである。そしてゴシップ記事の読者が知りたいのは、もちろんこれら特定の人のこと、すなわち例えば有名な芸能人やスポーツ選手がどういう人物であるかということである。つまりゴシップ記事的なるものが追求する関心とは、ある人物を知るための知的関心のことである。

そこからゴシップ記事は、それらの人物を語るために個人の情報を集め、それらを通じて物語を作り出して公表する。この物語は、もちろん先ほどの個人への関心に導かれて作られている。つまりそれは、ある個人を人物として知り、理解するのが目的で書かれた、いわば「個人の物語」である。しかもそれは、しばしば書かれた側からみて大きなバイアスがかかったものであるが、これはさらにここでの議論の先の問題である。

一方、社会学の調査は、これとは目的も関心もまったく異なっていることはいうまでもない。それがどれほど個人情報を収集し、あるいは個人の私生活に密着したり、個人の日記や自伝その他の個人の物語を活用しようと、特定の個人への関心に導かれてもいなければ、そうした関心に応えることを目的としてはいない。特定の個人を知ったり、理解したりすることは、たとえ研究のプロセスのなかで生じたとしても、それが最終目的となることはな

い。社会学の調査は、一定の社会を知り、理解することを目指すものであり、それが作ろうとするのはあくまで「個人の物語」ではなく、「社会の物語」なのである[8]。

「個人の物語」をつくることは、個人についての物語的分身へと発展することがある。そしてそれが、その個人の個性や社会的役割、あるいは人間関係を奪ったり、傷つけたりしてしまうことにつながる恐れがある[9]。この典型的なかたちはゴシップ記事に見られる。しかし社会調査も、人びとの個人情報をそれが生じたコンテクストから切り離し、それぞれのコンテクストへと変換させて利用する以上、個々人を解釈するために悪用されたり、あるいは「個人の物語」と混同される危険性がある。

5.3 E. ゴッフマンのプライヴァシー倫理？

例えば E. ゴッフマンの社会学は、ドラマトゥルギーと呼ばれるように、個人の行為を裏側から見てその演技性を観察していく。近代個人の神話性を暴く、いわば覗き趣味のような分析スタイルをもっており、そのために、一見、プライヴァシー問題との緊張関係があるように思える。だがプライヴァシー論の多くがゴッフマンの社会学を取り上げているにもかかわらず、それを非難する論者はいない。

このことの理由の一つは、おそらくゴッフマンの社会学のスタイルにある。それはつねに連続性のない、ばらばらの小さな社会状況のなかで個人を断片的にとらえるのみであり、けっしてある特定の個人への関心へと結ばれることはない。つまりゴッフマンの社会学は、人びとの個人的で私的な情報をふんだんに用いても、特定の個人の物語を構成する方向へとけっして向かわないようにできているのである[10]。

もちろんこれは社会学が、個人の物語へと向かわないための可能な方法の一つといえるにすぎないし、これを最良のものというつもりもない。ただし個人の私的な情報を扱いつつも「個人の物語」化を回避し、「社会の物語」へと向かうことがプライヴァシー侵害の誹りを免れる、ということを示す一つの参考例にはなるであろう[11]。

社会学の関心が個人ではなく、あくまで社会を見ることにある。もちろんこれ自体は当然かも知れない。だが問題は、社会学の調査が調査対象となった人びとに、いかにこれを理解してもらうか、そして調査結果の公表の際に、いかに読者に「社会の物語」として読ませることができるかということである。そのためには、収集された個人情報の「個人の物語」への転用や悪用をされない注意と配慮を怠らないことである。これらが社会調査における倫理的義務の一部をなすといえよう。

5.4　解釈的変換の危険性について

　社会調査には、調査が特定の個人に集中しないような調査がある一方、ライフストーリー研究のように特定の個人にターゲットを絞っていくようなタイプの調査もある。もちろんいずれも社会調査であることに変わりはなく、目的は特定の社会を理解することへと向かっている。そのプロセスにおいて、一定のグループや組織を対象にするか、それとも特定の個人を主たる対象とするかの違いがあるだけである。

　これらのうちの後者は、社会調査のなかでも人物調査的なものへと接近していくことになる。社会調査が調査対象を個人、あるいはより小さな特定のグループへと絞っていけばいくほど、いわゆる個人の物語との違いを明確にすることに困難がともなうようになり、プライヴァシーとの緊張も生じやすくなる。そして調査対象が、特定の個人に集中することで、それが読み手から個人を解釈するための「個人の物語」的観点へと変換されて利用される危険性も高まる。また調査対象者は、あらかじめそのようなかたちで利用されることへの危惧の念をもちやすくなるともいえる[12]。

　ある意味でこうした社会調査のプライヴァシー問題は、モデル小説におけるそれと似通ったところがある。モデル小説の場合、小説のなかの登場人物が、読者の読み方によって実在するある特定の人物の解釈へとねじ曲げられ、変換される可能性のなかで問題が生じてくる。すなわち、文学として読まれることを目的として書かれているにもかかわらず、それが特定の個人への関心と結びつけられ、その人を解釈するための情報として読まれてしまう

危険である。あるいはまた、その小説のモデルとされた個人が、その作品の情報が、たとえそれがフィクションでも自分を解釈するために使われてしまうのではないかと恐れることから、モデル小説の訴訟は生じてくるのである。

これと同様に、個人あるいはごく少数の限られた人びとをターゲットにした社会調査では、調査された情報がその受け手によって、本来の目的の見地から読まれるのではなく、彼ら自身の個人の物語として読まれてしまうことへの不安や懸念を抱かれやすい。このような調査では、そうした調査対象者たちの危惧をどう取り除くか、あるいはそうした可能性を含めてあらかじめ彼らの承諾を得ておく必要があるだろう。

こうした情報の変換あるいは勝手に読みかえられる危険性そのものは、あらゆるタイプの社会調査、例えば量的社会調査においてすら生じる可能性のあるものでもある。例えば特定の集団や団体を対象にした社会調査が、それらに属する人びとを性格付けするための情報、あるいはさらに差別的解釈を正当化するための材料として転用される危険性である。

ただし、こちらはもはや個々人のプライヴァシーというよりは、イメージ倫理の問題である。同様の問題は、映画などにおいても生じてきた。例えば弁護士たちを主人公にした映画が封切られたとき、そのなかでの弁護士の行動や言動が、弁護士のイメージについて誤解を与えるということから、アメリカの弁護士会が抗議した事件が過去にあった［Gross & Katz & Ruby ed., 1988］。これと同様に、社会調査はある特定の団体や集団の人びとにもたらすイメージについても慎重な配慮と責任感が必要といえるだろう。しかしこれに関しては、ここで詳しく見ていくことはできない。また別の論を待ちたいと思う。

注
1）この点に関しては、参与観察の技法がいつの間にか人間関係上の心構えに転換されてしまっているという川田牧人の指摘がある［川田，2005］。
2）これを大村英昭は中身と外見のディレンマと呼ぶ。これはそれまで見落とされてきた行為の外見への着目という E. ゴッフマン社会学の特質に由来するが、外

見を通した行為のコントロールというかたちでフーコーの権力論にも通じていることを指摘している［大村，2004］。
3）そこから親密さを求めることが逆に親密嗜癖のような悪循環へと向かうという現象は、これとはまた別の議論である。これは親密さの願望が病的になるという問題を親密さそのものの問題にすり替えることはない。
4）エスノメソドロジーにおける違背実験なども、その典型例の一つといえるだろう。またこのことは好井裕明の次のようなわかりやすい言い方にも示されている。「日常生活者が常識を使っているとき、人びとは、あたかもメガネをかけるように常識を目にかけて世界を見るために、当の本人は常識の働きが見えないのです」［好井，1991：12］。そして常識に隠蔽された背景にあるものを見ることがエスノメソドロジーの方法だという。ただしこうしたやり方そのものはエスノメソドロジーに限らず、社会学が共通にもっている「脱常識」の視角ともいえよう。例えば R. コリンズは「社会学は、合理性に対するこのような常識的信仰に異議を唱える点で際だった存在である」という［Collins, 1982：3］。社会学は基本的に、人びとがふだん「意識していないもの」をあえて暴いていく、という営みをその共通の性格の一つとしている。
5）Demay v. Roberts, 46 Mich. 160, 9 N. W. 146 ［1881］。
6）A さんはあくまで B さんとの関係のなかで手紙を書いている。ところがそれが他の人びとに公表されてしまうと、A さんは自分が想定していた手紙のメッセージのコンテクストを B さんによって、勝手に変えられてしまうことになる。二人だけの中で読まれるメッセージと、他の人びとも読む場合とでは、明らかにそのメッセージが読まれるコンテクストが変わってきてしまう。例えば福島次郎の『三島由紀夫 剣と寒紅』をめぐる事件がある。この小説の作者である福島次郎が、三島由紀夫が自分に宛てた手紙を本の中で公表したことから遺族に訴えられた。これは著作権とともに故人のプライヴァシーの問題であるとされていた（もちろんこの場合は、手紙の書き手である三島由紀夫が訴えたわけではないのだが）。
7）このことは秘匿性の高い情報の場合、守秘義務という観点から見るのが一般的である。ただしそうした秘匿すべき情報とは別に、コンテクスト変更そのものから生じてくる問題もある。これらはいずれも社会調査とかかわってくるが、前者は調査者が情報の取り扱いの注意義務が明確でわかりやすいが、後者の問題はとらえにくい。ここではこの後者についてみていくことにする。
8）盛山和夫［2005］は、社会学の物語性を強調している。
9）加藤晴明はこれを「自己物語と他者が作る自己物語のフィクション」をめぐるゲームの問題であると指摘している［加藤，2003：157］。
10）大村英昭はゴッフマンのドラマゥルギーは、フーコーが『臨床医学の誕生』で述べた「内科臨床医にとっての聴診器」と同じ役割を果たしていたのではないか

という。ここでの聴診器とは、「患者の身体にできるだけ接近したいという欲望と、患者の影響からできる限り距離をとりたいという欲望とを同時に満足」させるものである［大村，2004：220］。

　ゴッフマンの社会学は、観察対象に距離を保ちつつも、その身体や私的で親密な領域にも目を向ける。ゴッフマンはこの覗き趣味的視角を、モラリティのまなざしとして、プライヴァシー論者たちに認めさせた。その意味でも聴診器的といえるかもしれない。それは社会学のモラリティの、可能なあり方の一つを示しているようにも思える。

11) 例えば、人びとの自分史というきわめて個人的な物語を扱いつつも、それらを匿名で分析することで社会と文化を映し出すライフヒストリー研究［中野・桜井，1995］［小林，1997］なども、その典型的な例の一つといえるかも知れない。
12) 例えば、桜井厚はこうした配慮のために「貴重な記録が日の目を見ないまま」眠らせることもあったという。わが国の芸能を被差別部落民が担ってきたことを示す貴重な資料だが、それを公表することは調査対象者たちが被差別部落民であることを知らしめることにもつながるために公表を控えざるを得なかったと言う［桜井，2002：84］。

文献

Aibel, Robert, 1988, "Ethics and Professionalism in Documentary Film-making," Larry Gross, John S. Katz & Jay Ruby ed., 1988, *Image Ethics: the moral rights of subjects in photographs, film, and television*, New York: Oxford University Press.

Bateson, Gregory & Bateson, Mary C., 1987, *Angels Fear: toward an Epistemology of the Sacred,* New York: Macmillan.（＝1988，星川淳・吉福伸逸訳『天使のおそれ――聖なるもののエピステモロジー』東京：青土社.）

Benn, Stanley I., 1971, "Privacy, freedom, and respect for persons," Ferdinand Schoeman ed., 1984, *Philosophical Dimensions of Privacy: an Anthology*, Cambridge: Cambridge University Press.

Berger, Peter L. & Kellner, Hansfried, 1981, *Sociology Reinterpreted: an Essay on Method and Vocation,* New York: Anchor Press/Doubleday.（＝1987，森下伸也訳『社会学再考』東京：新曜社.）

Collins, Randall, 1982, *Sociological insight,* New York: Oxford University Press.（＝1992，井上俊・磯部卓三訳『脱常識の社会学』東京：岩波書店.）

Gerstein, Robert S., 1978, "Intimacy and privacy," Ferdinand Schoeman ed., 1984, *Philosophical Dimensions of Privacy: an Anthology*, Cambridge: Cambridge University Press.

Giddens, Anthony, 1976, *New Rules of Sociological Method: a Positive Critique of Inter-*

pretative Sociologies, London: Hutchinson.（＝1987，松尾精文・藤井達也・小幡正敏訳『社会学の新しい方法基準』東京：而立書房.）

Gross, Larry, Katz, John S. & Ruby, Jay ed., 1988, *Image Ethics: the moral rights of subjects in photographs, film, and television,* New York: Oxford Univ. Press.

Hughes, Helen M., 1940, *News and the Human Interest Story,* Chicago: The University of Chicago Press.

Johnson, Deborah G., 2001, *Computer Ethics,* New Jersey: Prentice Hall.（＝2002，水谷雅彦・江口聡監訳『コンピュータ倫理学』東京：オーム社.）

加藤晴明，2003，「情報と制度のドラマトゥルギー」正村俊之編著『情報化と文化変容』京都：ミネルヴァ書房.

川田牧人，2005，「目で見る方法序説――視角の方法化、もしくは考現学と民俗学」『先端社会研究』第 2 号：73-94.

小林節，1987，「名誉権・プライバシーの権利とその保護」『ジュリスト』884.

小林多寿子，1997，『物語られる「人生」』東京：学陽書房.

盛山和夫，2005，「説明と物語：社会調査は何をめざすべきか」『先端社会研究』第 2 号：1-25.

Murphy, Robert F., 1964, "Social distance and the veil," Ferdinand Schoeman ed., 1984, *Philosophical Dimensions of Privacy: an Anthology*, Cambridge: Cambridge University Press.

中野卓・桜井厚編，1995，『ライフヒストリーの社会学』東京：弘文堂.

大村英昭，2004，「幸福と不幸の臨床社会学」『先端社会研究』創刊号：203-264.

阪本昌成，1986，『プライヴァシー権論』東京：日本評論社.

桜井厚，2002，『インタビューの社会学』東京：せりか書房.

佐藤郁哉，1992，『フィールドワーク』東京：新曜社.

Schoeman, Ferdinand, 1984, "Privacy: philosophical dimensions of the literature," Ferdinand Schoeman ed., 1984, *Philosophical Dimensions of Privacy: an Anthology*, Cambridge: Cambridge University Press.

Sontag, Susan, 1977, *On Photography,* New York: Farrar, Straus and Giroux.（＝1979，近藤耕人訳『写真論』東京：晶文社.）

Velecky, Lubor C., 1978, "The Concept of Privacy," John B. Young, ed., 1978, *Privacy*, New York: John Wiley and Sons.

山田富秋・好井裕明，1991，『排除と差別のエスノメソドロジー――〈今－ここ〉の権力作用を解読する』東京：新曜社.

Social research and privacy, qualitative survey, the eyes of morality and the narrative of society

Toshio Sakamoto*

■Abstract

This document examines the ethics of qualitative social research from a standpoint of privacy. Participant observation and fieldwork focuses closely on people's daily lives, observing and recording. It is from there that concerns about privacy-related ethics arise. In this document, we examine one of the key concepts in privacy: intimacy. To wit, this research project observes the destruction of intimacy in conjunction with observation and recording.

The relationship between sociological research and the breakdown of intimacy is observed from two viewpoints. The first looks at the relationship between the researcher and the research subject, examining the dilemma of the distance of nonintervention and intimacy that can be observed between the two, and considers the betrayal of social relationships that P. L. Berger called the "disengagement of existential concerns". The second is the influence that observation and research has on the research subject's self-awareness, and the destruction of intimacy that arises from that influence. These issues are seen not only in sociological research, but also in photography and other forms of observation and voyeurism; but the effect of the latter on research subjects' self-awareness contains unavoidable issues that are indeed unique to sociology.

Through debate on such subjects, the author examines the feasibility or otherwise of avoiding privacy issues in social research, looking into social approval of the eyes of morality, the difference between personal and social narrative, and proposing the prevention of the replacing of social narrative with personal narrative.

Key words: privacy, Goffman, ethics, social research

*Nanzan University

「答えたくない質問には
お答えいただかなくて構いません」?

長谷川　計二*

■要　旨

　一般に「調査の倫理」というとき、その対象は多くの場合、調査対象者との関係に向けられるが、他方で、できる限り正確にデータを収集・分析することを通じて、対象者の自発的な協力によって得られた調査結果を新しい知識という形で社会に還元するという責任を果たすことも調査者に課された当然の倫理的要請である。

　調査データには代表性にかかわる誤差と測定にかかわる誤差があり、これらを積み上げたものが調査での誤差となる。代表性にかかわる誤差を少なくするためには、調査不能の原因を明らかにしそれに応じた調査員の訓練プログラムを作成・実施すること、代表性の偏りを修正・補正するための技術の活用・開発が必要となる。また測定にかかわる誤差を減らすためには、調査票のデザインや構成も含めて対象者が進んで回答しようと思えるような調査票を作成するための工夫をすること、そしてそのために対象者が回答にいたるまでのプロセスやメカニズムについての理解を深めることが重要である。異なる質問の仕方、異なる調査の方法に回答者の回答メカニズムがどのように対応しているのかを知る必要がある。こうしたことがらが、最終的に調査誤差を全体として少なくすることに貢献するのであり、同時に、回答の持つ意味を理解することにもつながるのである。

キーワード：調査誤差、代表性、測定、認知プロセス、調査倫理

---

*関西学院大学

1 はじめに

　この小論のテーマとして掲げた「答えたくない質問にはお答えいただかなくて構いません」という表現を、最近の調査票でよく見かけるようになった。おそらく、調査への協力は「強制」ではなくあくまで「任意」であることを強調するために記されているのだと思うが、他方で、このように記すことで逆に調査の意義を調査者みずからが否定することになりはしないかとも思う。というのも、スペースに限りのある調査票の中で尋ねられている質問は、少なくとも調査課題を追求するために必要かつ不可欠でしかも最小限の項目に絞られているはずだと考えるからである。つまりそこには「答えていただかなくて構いません」というような質問は基本的に存在しない。

　社会の現状を正確に記述・分析するためには、そもそも、そのもととなるデータをいかに偏りなく正確に収集するかが重要な問題となる。「お答えいただかなくて構いません」という一見やさしそうな表現は、できる限り正確にデータを収集するという調査の大目標をむしろ損ないかねないものであろう。そのように記すのではなく逆に「ぜひお答え下さい」と積極的に記すことができるだけの、たとえば調査の社会的な意義を説得的に伝え協力を引き出すための方法と訓練、対象者の回答しやすい調査票の工夫などの努力がこれまで以上に調査者に求められているのである。

　もちろんこうした努力はこれまでにもなされてきたことであり調査者の多くが自覚しているところでもあろう。調査者は、調査対象者に対して調査に付随した倫理的責任を持つとともに、調査対象者の回答をきちんと収集・分析することにより、その結果を新しい知識という形で社会に還元するという責任を果たしている。一般に「調査の倫理」というとき、その対象は多くの場合、調査対象者との関係に向けられるが、もう一方の対象である社会に対して果たすべき調査者の責任といった部分は必ずしも強調されないようである。これはあまりに自明のことであるのかもしれないが、調査データを正確にとるということは、調査対象者と社会を媒介する調査者としての役割を責任を持って果たすための出発点であるとともに、調査する側に対するごく当

然の倫理的要請のひとつでもある[1]。

2 Total Survey Error という視点

さて、データの正確性を確保するということは、調査にともなう誤差を全体としてできるだけ小さくするということに他ならない。誤差は調査の過程においてさまざまに生じる。図1は、調査のプロセスに沿ってどのようなところでどのような誤差が生じるかを示したものである［Groves et al., 2004：39-62］。

調査の誤差は大きく2つに分類される。ひとつは標本の代表性にかかわる誤差であり、もうひとつは測定にかかわる誤差である。代表性にかかわる誤差はさらに、母集団のカバレッジにともなう誤差（coverage error）、標本抽出誤差（sampling error）、調査不能による誤差（nonresponse error）、誤差を調整する際に発生する誤差（adjustment error）に分けられる。

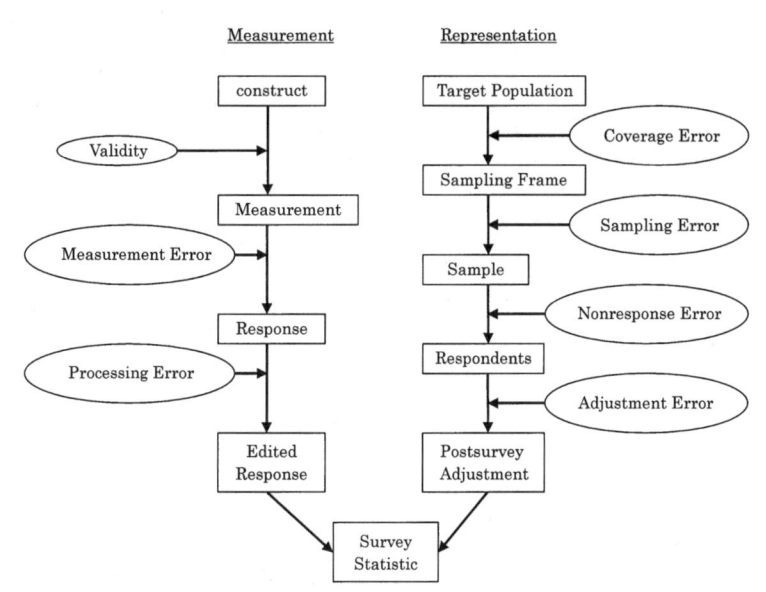

図1 調査の質から見た調査サイクル（Groves et al.［2004：48］より一部簡略化して転載）

また、測定に関する誤差は、概念の操作化における妥当性の問題（validity）、測定誤差（measurement error）、データ作成時の誤差（processing error）に分けることができる。代表性にかかわる誤差と測定にかかわる誤差を積み上げたものが調査における誤差（total survey error）となる。

　これらの誤差を全体としていかに小さくするかが「正確にデータをとる」ことに直接かかわってくる。代表性にかかわる誤差に関しては、すでに統計的な調整・補正方法等が存在するが、測定に関する誤差については、欠損値の扱いに関する統計的方法があるものの、標準的な質問文あるいは尺度の開発などは必ずしも十分でないというのが現状であろう。

3　代表性にかかわる誤差と測定にかかわる誤差

3.1　代表性にかかわる誤差

　標本調査の目的が、ある社会もしくは集団の特質を要約的に記述することにある場合、標本の代表性の問題が生じる[2]。

　住民基本台帳や有権者名簿の閲覧制限が厳しくなりつつあるが、このことは標本抽出枠（sampling frame）としての利用可能性の問題を通してカバレッジの誤差と直接かかわっている。また、昨今、調査への協力が得られにくくなり回収率が大幅に低下している状況は、調査不能による回収票の偏りを増大させる。実際、2005年4月に完全実施された個人情報保護法による影響や2005年国勢調査におけるニセ調査員による調査票の詐取事件等によりその後の調査の回収率は大幅に低下した[3]。また、調査の実施中に、警察への通報や行政からの問合せも増加しているという。

　しかし、他方で郵送調査による回収率はむしろ向上している。松田[2006] によれば、朝日新聞社が2004年夏の参院選時に大規模な郵送調査を実施したところ、その有効回収率は63％であった。また、その後の2回の郵送による意識調査（「防災意識調査」、「"お金"意識調査」）でもそれぞれ78％、71％の高い回収率を得ている。面接調査における回収率の大幅低下を考えると、郵送調査による回収率の高さが際立っている。

こうしてみると、郵送調査以外での回収率の低下の原因は、調査そのものに対する拒否反応が高まったというよりも、プライバシー意識や防犯意識の高まり、見知らぬ他者（調査員）に対する不信といった調査する側への不信・不安（調査する側の信頼性という問題）に対処するための方法が基本的に用意されていないことにあるように思われる。

　このことと関連して、面接あるいは留置調査における調査員によるメイキングの問題も指摘しておかなければならない。一昨年、日銀の「生活意識に関するアンケート調査」において、調査対象となっている本人が回答していないケースや本来無作為に抽出されるべきサンプルの代わりに調査員が知人などに回答を頼んでいたというケースが発覚した（日本経済新聞2005年8月6日付朝刊）。こうしたケースが実際に増えているのかどうかは不明であるが、調査環境が厳しくなったこともメイキングを誘発するひとつの要因であろう。

　さて、こうした状態を回避するためには少なくとも4つの方向での対策が必要になるだろう。まず第1は、調査拒否がどのような場合に生じるのか、アクセスが困難なのはどのような人々なのか、どのようにすれば対象者に働きかけることができるのか、拒否にあった場合にどのような対応をすればよいのか、等々についての情報の蓄積とそれを基にした調査員に対する訓練プログラムの開発である。これと関連して第2に、社会調査の意義についての「説得」と「社会や集団に対するコミットメントの活性化」［山口，2003：562］といった調査に参加することの社会的な意義を調査対象者に説得的に伝えるための方法が必要となる。この部分は定式化しにくいところでもありこれまでは調査者のパーソナリティや経験に依存してきた部分でもある。学会レベルでの組織的な取り組みとともに、これまで職人芸的に蓄積されてきたノウハウを共有・深化させる仕組みづくりが必要になるだろう。第3に、調査員によるメイキングを防ぐ方法として、(1) 調査現場への立会い、(2) 調査終了後に対象者本人に確認、(3) 調査票に調査開始・終了時間の記入、家族構成に関する質問などチェック用に質問を埋め込むなどの方法があるが、最近はパソコンを使ったCAPI調査（Computer- Assisted Personal Interviewing）において、パソコンに埋め込んだマイクを利用して調査状況をランダムにモニターするという方法も用いられているようである。いずれにせよ、少ない費用で可能なチェック方法を今後も追求する必要がある。第4は、代表性という点から見た調査データの偏りを所与として、それをいかにして修正・調整するかという技術的、方法論的な蓄積を活用（必要ならさらに開発）することである。どのような人が回答拒否をしやすいのか、そもそも調査が困難なのはどのような人々なのか等について、すでにデータの蓄積はある（たとえば、統計数理研究所［1999］、林・山岡［2002］など）。

3.2 測定にかかわる誤差

　調査データは質問文に対する回答という形で収集される。それゆえ、得られる回答は、質問文の内容、質問の仕方、質問文がおかれた文脈などさまざまな要因によって影響を受ける。実際、どのような尋ね方をしたかによって回答が大きく異なる場合があることはよく知られている。

　この点に関しては、教科書レベルにおいてもさまざまな留意事項が指摘されている。たとえば、あいまいな用語、難しい用語、ステレオタイプの用語、威光暗示効果、黙従傾向、ダブルバーレル質問などである。また、キャリーオーバー効果など、質問文の順番、あるいは一群の質問文が作り出す文脈による影響なども指摘されてきた。

質問文の構成

　このほかにも、内容がまったく同じであるにもかかわらず文章の組み立て方によって回答がまったく代わってくる場合もある。たとえば、林・山岡［2002：43-44; org＝統計数理研究所，1970］は次のような例を挙げている。

　　　問「ある会社につぎのような2人の課長がいます。もしあなたが使われるとしたらどちらの課長に使われるほうがよいと思いますか。」

【形式1】

> A1：規則をまげてまで、無理な仕事をさせることはありませんが、仕事以外のことでは人の面倒を見ません。　　　　（12％）
> A2：時には規則をまげて無理な仕事をさせることもありますが、仕事のこと以外のことでも人の面倒をよく見ます。　　（81％）

【形式2】

> B1：仕事以外のことでは、人の面倒を見ませんが、規則をまげてまで、無理な仕事をさせることはありません。　　　（48％）
> B2：仕事以外のことでも、人の面倒をよく見ますが、時には規則をまげてまで無理な仕事をさせることもあります。　（47％）

　A1とB1、A2とB2ではそれぞれ内容はまったく同じであるにもかかわらず、回答パターンが大きく異なっている。林・山岡［2004：44］によれば、「日本語の場合、『甲だが乙』の形の文章では、後のほうが強い意味を持つためであると考えられる」とのことであるが、どちらの質問形式が調査目的に照らして妥当であるかを判断するために、調査対象者がそれぞれの質問文をそもそもどのようなものとして認知していたのかにまで遡って両者の違いを明らかにする必要があるだろう。

<u>回答の形式</u>

　回答形式によって対象者に誤解を生じさせる場合もある。2005年10月〜12月にかけて留置き法で実施した「家庭廃棄物（ごみ）に対する住民の意識と行動に関する調査」[4]では、ごみ問題を解決するために、(A)どれくらいの人がごみ減量に取り組むべきか、(B)どれくらいの人が実際にごみの減量を実行していると思うかを尋ねた。その際、回答形式として〇割という形で空欄に数値を入れるという形式を採用した。単位が「割」であることを強調するためにリード文においても0から10（割）までの数値を記入する

よう指示をしたが、実際には、(A)、(B)のいずれかにパーセントで回答したと思われるものが13名、両方ともにパーセントで回答したものが7名あった。誤回答の比率自体は小さいが、下図のように回答枠を破線で2つに区切ったため2桁の数字を記入するものと誤解されたようである。このような場合、10と記入された回答を10割と読むのか10％と読むのかという問題が生じることになる（実際、Aで10と回答しBで10より大きい数字を回答したものは8名）。回答枠を見た対象者が、どのような反応の仕方をするか事前に予測できなかった結果である。この場合、たとえば10区間に区切られたスケールを示し、その中で該当する数字を選ぶという回答形式を採用すべきであった。

　　　　　　　　　　|　　　|　　　| 割

調査方法による回答の違い

2006年2月5日付朝日新聞朝刊に興味深い記事が掲載された。ほぼ同時期に実施された面接調査と郵送調査で回答傾向が異なるというものである。調査法が違うのであるからある意味で当然とも思われるが、生活満足度や階層帰属意識といった社会学的には重要な質問に対する回答傾向が異なるとすれば、なぜ異なるのかその理由を問う必要がある。

さて、朝日新聞社では、調査方法による回答傾向の違いを探るために、郵送調査「"お金"意識調査」に時期をあわせて、共通の質問5問を含む面接調査を実施した[5]。そのうち、生活満足度と生活水準（階層帰属意識に対応）に関する結果を示したものが表1と表2である。

生活満足度に関して、「まあ満足」と「やや不満」の間で切れば、郵送調

表1　調査方法による回答の違い（生活満足感）　　（％）

	満足	まあ満足	やや不満	不満	その他	計
郵送調査	4	39	36	20	1	100
面接調査	10	56	24	10	0	100

（出典；松田［2006：169］より）

表2　調査方法による回答の違い（生活水準）　　（％）

	上の上	上の下	中の上	中の中	中の下	下の上	下の下	その他	計
郵送調査	0	1	14	38	28	14	4	1	100
面接調査	1	2	17	43	24	9	4	0	100

（出典；松田［2006：169］より）

査では不満が56％、面接調査では満足が66％となり満足／不満の傾向が逆転する。また、生活水準についても同様に、面接調査に比べ郵送調査で下のほうの回答にシフトしていることがわかる。

　生活満足度では、回答者の性・年代など属性の偏りの影響をほとんど受けていないことから、両者の違いは調査員が介在するかどうかという点にある。調査員が目の前にいる場合は高めに回答し、そうでない場合はむしろ控えめに回答しているのかもしれない。こうした問題は、言うまでもなく、センシティブな質問においてバイアスをいかに少なくするかという問題とも直接関連している。

　ここに挙げた例はいずれも、回答者が質問文や回答形式をどう解釈し、またそれに応じてどのような回答戦略を採用するかということにかかわっている。回答の背後にある対象者の認知、解釈、戦略といった回答プロセス・回答のメカニズムを読み解くことが必要とされるのである。

4　調査における認知的側面のモデル化

　Tourangeau［2003］によれば、この20年の間に調査方法論はパラダイムシフトを経験してきたという。すなわち、推定値に対する調査誤差の影響（結果）に焦点を当てた統計モデルに基礎を置く古いパラダイムから、調査誤差の原因に焦点を当てた社会科学的なモデルに基礎を置く新しいパラダイムへのシフトである[6]。前者は、調査において生じた誤差をどのように統計的に処理をすればバイアスの影響を除去した推定値を得ることができるかという問題に答えようとするものであり、したがって、そもそも誤差がどのよ

うにして生じたのか、また、どのようにすれば誤差の発生を防ぐ（あるいはより少なくする）ことができるのかという問題は対象外である。これに対して後者は、誤差の発生原因とその制御という課題に対して、調査対象者がそもそもどのようなプロセスを経て調査に協力（もしくは拒否）するのか、どのようなメカニズムを通じて質問に回答するのか等を探求することで答えようとするものである。もちろん両者は相反するものではない。むしろそこでは、統計的なモデルと社会科学的なモデルとが相補うことにより、より精度の高い（誤差の少ない）推定値を得ることが目指されている。

このシフトの背後には、調査における測定誤差を小さくするために認知心理学の概念や手法を応用すること、コンピュータを利用した新しいデータ収集方法の開発、調査誤差の源泉としての測定の問題と調査不能への関心の高まりなど、調査に関連するさまざまな面での進展がある。

さて、調査時の誤差がどのようにして生じ、どうしたら防げるのかという問題に答えるためには、そもそも測定誤差がどこから生まれてくるのか、また、調査に協力するか否かを決めるものは何か、回答者は投げかけられた質問をどのように認知し、またどのような回答戦略にもとづいて回答を選択するのか等に関する「理論」が必要となる。

たとえば、幸福観に関する次のような質問を考えてみよう［Tourangeau, 1991］。

（A）General happiness： "Taken altogether, how would you say things are these days? Would you say that you are very happy, pretty happy, or not too happy?"

（B）Marital happiness： "Taking things all together, how would you describe your marriage? Would you say that your marriage is very happy, pretty happy, or not too happy?"

この質問を（A）→（B）の順番で聞く場合と（B）→（A）の順番で聞く場合とでは（A）に対する回答が異なり、前者での very happy の回答率は 40

%、後者ではそれが 34% であった。この違いは質問の前後関係や質問が構成する文脈による影響、いわゆる文脈効果（context effect）と呼ばれるものによって生じている。つまり、(B)→(A) の順番で尋ねられた場合、(B) においてすでに結婚に関する幸福感について答えているので、(A) で全般的幸福感を尋ねられたときに、結婚に関する部分を差し引いて答える（subtraction hypothesis）という認知的プロセスが働いているためである。この仮説自体は最終的には棄却されるのだが、回答にいたるプロセスに関する認知心理学的なモデルを導入することにより、回答者の心理にまで立ち入ってデータの質を考えることの必要性の一端を示している（たとえば、Tourangeau et al. [2000]）。

　こうした作業はまた、ある回答がどのようなプロセスを経て報告されたのか、つまり対象者がその回答を選択したメカニズムを問うことでもある。この意味で、回答に到る認知プロセスの探求は、誤差の原因を追究することにとどまらず、そのまま社会学的な探求にも通じることになるのである[7]。

5　おわりに

　調査に何度か携わったものであれば誰でも、いかにして調査不能を減らすか、いかにして少ない誤差で測定するかは常に念頭にあることであり、またそのための努力も日々行っている。データを正確に取るために努力することは、研究者としての調査者が満たすべき最低限の倫理的要請のひとつである。

　この点を満たす限りにおいて、質問文の構成や調査方法による回答の分布の違いは実はさほど大きな問題ではない。というのも、何をどのように尋ねるかによって、対象者の回答の仕方が変わるのはむしろ当然のことであるからである。ここで重要なのは、異なる質問の仕方、異なる調査の方法に回答者の回答メカニズムがどのように対応しているのかを知ることである。このことはまた、調査において尋ねられた質問に対する回答（たとえば「階層帰属意識」）が何を意味するかを知ることにも通じている。

こうした作業は、少なくとも主要な質問文について「標準化」を押し進めることにもつながることになるだろう。調査票を用いた統計調査は、一見すれば「客観的」なものに見えるが、調査者の判断に任されている部分は決して少なくない。そうした部分をできるだけ少なくするためにも、特に回答の質や回答の意味にかかわる部分においては、回答メカニズムを理論化し質問文を標準化する作業が必要なのである。

　最後に、若干の希望を述べてこの小論を終えることにしたい。ひとつは、ある程度の規模の調査であれば本調査が行われる前に予備調査が行われるのが普通である。予備調査の結果によって質問文やその配列が見直されることになるが、質問の仕方や配列がどのように修正され、また本調査ではどのような結果になったかを比較対照できるような情報があるとよい。

　あるいは、類似の調査項目については、これまでどのような質問がつくられ、それぞれでどのような結果が得られたのかを知ることのできるものがあると便利である。たとえば、イギリス統計局が作成している Social Capital に関する Question Bank[8] は、行側に調査項目、列側に調査名を配置したマトリックスで、ある調査項目について各種の調査がどのような質問文を使ったかを容易に調べることができる。もちろん、こうした情報の蓄積は、十分な整理・検討を経てからでなくては現実の有効性を持ち得ないのだろうが、調査の質、回答に対する理解を深めるためには、必要な作業であるように思う。

　いずれにせよ、「答えたくない質問にはお答えいただかなくて結構です」と言う前に、まだまだやるべきことはある。たとえば、調査員の訓練プログラムを開発すること、調査票のデザインや構成も含めて対象者が進んで回答しようと思えるような調査票を作成するための工夫をすること、そして対象者が回答にいたるまでのプロセス・メカニズムについての理解を深めることである。こうしたことがらが、結果として Total Survey Error を少なくすることにつながるのであり、同時に、回答の意味を理解することにもつながるのである。これはまた、できる限り正確にデータを収集することを通じて、調査結果を新しい知識という形で社会に還元するという調査者の責任を果た

すことでもある。

注
1） 米国における社会調査の困難を論じた山口［2003：557］は、「実査の困難は得たい知識を得るための困難の一側面にすぎず、仮により多くのひとから協力が得られたとしても、またより重要なことだが偏りのない情報が得られても、真に知りたいことに何の知識も与えないのでは調査は無意味となる。米国で調査が困難になっているのは、主として高度な知識や理解を得ようとしてきているためで、……調査方法自体がより要求度の高いものになっているからである」と述べているが、この小論では扱う範囲は「社会調査で得ることのできるデータを正確にとることの困難」という問題にとどまる。
2） 重要なのは代表性や典型性ではなく、研究の意義と研究の中での有意義な活用のされ方である、という盛山［2004］の指摘はその通りであるが、ここでは代表性が研究の意義に照らして重要な場合を考えている。
3） 2005年国勢調査の少し後に筆者も参加して行った「家庭廃棄物（ごみ）に対する住民の意識と行動に関する調査」（代表：海野道郎東北大学教授）では、回収率が仙台市63.5％、名古屋市48.0％、水俣市65.7％（留置調査サンプル数は各都市1,000、対象は主な家事担当者）にとどまり、特に住民基本台帳の大量閲覧を悪用したわいせつ事件や国勢調査におけるニセ調査員が発生した名古屋市において回収率が著しく低下した。
4） 注3）を参照。
5） 調査実施期間は、郵送調査が2005年12月1日〜2006年1月17日、面接調査は2005年12月3〜4日である。
6） こうした動向は、Cognitive Aspects of Survey Methodology Movement（CASM）と呼ばれている。
7） 階層帰属意識に関するFKモデル［髙坂，2006］はそのような探求の一例となる。
8） http://www.statistics.gov.uk/about_ns/social_capital/matrix.asp

文献
Groves, R. M. et al., 2004, *Survey Methodology,* Wiley-Interscience.
林文・山岡和枝，2002，『調査の実際――不完全なデータから何を読み取るか』東京：朝倉書店．
髙坂健次，2006，「社会学におけるフォーマル・セオリー――階層イメージに関するFKモデル（改訂版）』西東京：ハーベスト社．
松田映二，2006，「最新郵送調査事情――高い回収率、個人の事情や本音を聞く質問で威力発揮」『朝日総研リポート』No. 190：166-180.

盛山和夫，2004，『社会調査法入門』東京：有斐閣．
統計数理研究所，1970，『第 2　日本人の国民性』東京：至誠堂．
────，1999，『国民性の研究　第 10 次全国調査』東京：至誠堂．
Tourangeau, R., 2000, *The Psychology of Survey Response,* Cambridge: Cambridge University Press.
────, 2003, "*Cognitive Aspects of Survey Measurement and Mismeasurement*," International Journal of Public Opinion Research 15(1)：3-7.
Tourangeau, R. et al., 1991, "*Measuring Happiness in Surveys: A Test of the Subtraction Hypothesis*," The Public Opinion Quarterly 55(2)：255-266.
────, 2000, *The Psychology of Survey Response,* Cambridge: Cambridge University Press.
山口一男，2003，「米国より見た社会調査の困難」『社会学評論』53(4)：552-565．

"If there are any questions that you wouldn't answer, you do not have to answer them"?

Keiji Hasegawa*

■Abstract

The term "survey ethics" is generally used in relation to the survey respondents. But researchers naturally have another ethical requirement: their responsibility to collect and analyze data as accurate as possible, and in doing so provide society with new knowledge, i.e., survey results elicited autonomously by respondents.

Survey data contains margins of error that relate to representation and those that relate to measurement. In order to minimize survey errors relating to representation, it is necessary to identify the reasons for non-response, and to formulate and implement training programs for surveyors in accordance with the reasons identified. It is further necessary to develop and make use of statistical technics to rectify and correct representation errors. Meanwhile, in order to reduce survey errors relating to measurement, it is important to design and configure survey forms in a way that inspires respondents want to answer the survey of their own will, and to deepen understanding of the processes and mechanisms that lead respondents to do so. Indeed, it is necessary to know how the response mechanism works with different ways of questioning and different survey methods. These efforts ultimately contribute to the overall reduction of survey errors, and also promote understanding of the meanings of responses themselves.

Key words: total survey error, representation, measurement, cognitive process, survey ethics

*Kwansei Gakuin University

人びとの"生"に埋め込まれた
"公共的なるもの"を志向する倫理

好井　裕明*

■要　旨

　社会調査倫理には、「～すべきでない」という否定型メッセージが並んでいる。しかし、倫理がよりよき調査を進めるための指針であるならば、「～すべき」「～できる」という肯定型メッセージがいかなるものかを考えるべきではないだろうか。本稿は、差別問題や薬害という社会問題で聞き取りを進めてきた私の経験をもとにして、肯定型メッセージの可能性を探る。具体的には、薬害 HIV 感染被害問題における血友病治療医師への聞き取りがいかに困難であったかの原因を、1）調査者である私が囚われていた医師をめぐる"常識的"前提、2）対象者である医師が考える医療という専門世界と治療対象である患者のプライバシーのなかにある"常識的"前提の問題点を読み解くことから、ある倫理の可能性を提示する。それは、人びとの"生"に埋め込まれた"公共的なるもの"を志向する倫理であり、"公共的なるもの"を私的と考えられる語りから読み解こうとする調査の姿勢である。

キーワード：ライフヒストリー、社会問題、プライバシー、常識

1　はじめに

　世の中を調べようとするとき、私が基本的な前提としていることがある。社会学の研究者が、どのような理屈をたてようとも、他者の生活世界に入り込もうとしたり、その詳細を聞き取ろうとしたりして、調べる営みは、そこで生きている他者にとって「余計なこと」だ、ということである。

*筑波大学

「余計なこと」だから、やめたほうがいいのか。そうかもしれない。しかし、仮に調べるという営みをやめてしまうと、経験的な事象を手がかりとして世の中を考える社会学という実践は成立しなくなるかもしれない。とすれば、やはり「余計なこと」を認識しつつ調べるという営みのさまざまな限界を感じ取りながらも、可能性を模索し試行錯誤しつつ前に進んでいくことになる。

　ところで、「社会調査＝余計なこと」という認識を確認させる指針が「調査倫理」だとすれば、そこには「～すべきでない」「～はしないように注意する」など、否定形の倫理メッセージが並ぶのみではないだろうか。

　実際に、日本社会学会が先ごろ決めた調査倫理にしても、「社会の信頼を損なわないよう努めなければならない」「研究目的と研究手法の倫理的妥当性を考慮しなければならない」「調査対象者のプライバシーの保護と人権の尊重に最大限留意しなければならない」「差別的な取り扱いをしてはならない」「ハラスメントにあたる行為をしてはならない」等々のメッセージが並んでいる。

　否定形メッセージは、そこに盛られている内容について認識できていない研究者が存在する限り、そうしたメッセージを形にしておくことは意義がある。実際に「倫理的妥当性」が欠落した調査目的や調査手法があってはならないし、差別的な行為、ハラスメントが平然と行われるような調査はしてはいけないことは確かである。

　ただ、今回この論考で私が考えたいのは、否定形ではないメッセージ、「～すべきである」「～するように考えることが好ましい」など、肯定形のメッセージで語る調査倫理ははたして可能なのだろうか、ということであり、可能だとすれば、たとえば、どのような内容の倫理となるだろうか、という問いである。

2　聞き取る営み：私秘的な世界に積極的に向き合おうとする

　世の中を調べようとするとき、「余計なこと」性を解消する手立てとし

て、できるだけ調べる対象が生きているプライバシーや具体的な暮らしを侵害しないようにする方向がある。たとえば、調べる対象を一般的なカテゴリーでくくり、そのカテゴリーのくくりからのみ具体的な対象が生きている現実を考察するという仕方がある。これは、質問紙票を用いた市民意識調査などで一般的に用いられているものだ。

　私は、いま、茨城県つくば市に住んでいる。この街に移り住んで4年目を迎えている。たとえば、市民意識を調べるとき、対象者を「つくば市民」として市在住何年かを分けて、在住年数の違いから市民としての意識の違いを比較対照していく仕方がある。

　市民意識をさまざまに問う項目に私は答えるだろう。そして調査データを分析する作業のなかで、私がつくば市にもつさまざまな固有の考えや意識、感情が、「在住何年」の市民として一般化され、私の生活世界から離れていくのである。

　無限に存在する複雑かつ固有の情報を区分けしていくときに「一般的」で「普遍的」だと思われるカテゴリーで整理し、何かを物語る縮減された情報へと加工していく仕方。それは、いわば固有の情報を対象一人一人から吸い上げるかたちになるが、誰から、どのような状況で、いつ吸い上げたのかという"情報がどのような形で具体的に、私の中で生きているのか"をめぐる詳細は、消去される。その意味で、私の生活世界やプライバシーは吸い取られることはなく、「余計なこと」性は、希薄な印象となっていく可能性が生じるといえるかもしれない。

　しかし、「余計なこと」性を、調査する過程で、なんらかの形で消去したり、希薄化するのではなく、それと向き合うことからは回避できないし、それと向き合うことをとおして調べるという営みがより豊かな可能性をおびたものになる場合もある。

　たとえば、差別問題や薬害などの社会問題を調べようとするとき、"調べる「わたし」が対象者や彼らが生きている現実とどのように向き合うのか"、"情報がどのような形で対象者のなかで生きているのか"などという問いは、調べるうえで回避できない重要なものとなる。

差別問題をめぐり、差別を受けてきた当事者に生活史を聞き取る場合がある。人権啓発の研修やそれに関連するかたちで、多様な人に差別問題をめぐる経験や知識のありようを聞き取る場合がある。

　差別的な知識をある人がどのようなかたちで知り、いまその人の暮らしにとって"意味あるもの"として生きているのか。こうしたことは、たとえば聞き取りをするとき、どうしても聞き込んでみたい項目となる。誰か親しい人から聞いたのか。具体的には親しい誰で、どのような機会、どのような場で、どのような語りのなかで、そうした知識と出会ったのか。さらに、ただ聞いただけではなく、その知識が暮していくうえで不必要なものとして受け流されるのではなく、重要なものとして、なぜ知識の在庫にしまわれていたのか。それが、なぜ「いま、ここ」で自らの行為を左右する力をもったものとして生きているのだろうか、等々。聞き取りのなかで、可能であれば、相手に対して問いかけていくだろう。

　しかし、こうした問いかけは、まさに相手の生きてきた歴史の詳細や私秘的なできごとの奥深いところに触れる可能性に満ちたものであり、個人的な体験、思いなどをできるだけ参照しながら、個人そして個人の暮らしという次元において、差別的なるものがいかに生きているのかを読み解こうとするものである。そしてそれは、相手の私秘的な世界に入りこみ、本人が気づきもしなかった世界の問題性を暴き出し、本人に提示する可能性をもつものである。その意味で、聞き取るという営みは、プライバシーと言われる領域に深く入り込んでいく可能性があるのである。

　そうした営みを単にプライバシーの侵害として批判するのか。個人的な体験や生に入り込んでいるが、そこから得たものは、個人の生活世界を超えて、差別を考えるうえで、意義あるものである、という観点から、侵害ではなく、調査の営みとして解釈できるか。それは実際に聞き取りする調査者自身がいかなる立場で、相手と向き合っているのか。その立場を相手にどのように伝え、相手に理解してもらえているのかに大きく左右されるだろう。いずれにしても、調べたいと考えるテーマや対象により、プライバシーさらには対象者の人権が侵害されてしまうという状態ぎりぎりにまで、調べる営み

がせめぎあう可能性があるのである。

　このとき「余計なこと」性は、調べるという営みの中で何を調べるのかという次元での重要な項目となるとともに、どのように調べるのかという次元でも何らかの形で解決すべき課題となる。

　言い換えれば、プライバシーであると常識的に考える領域に深く踏み込んでしまうのではないだろうかと調査者自身が感じるような調査場面はいくらでも起こり得るし、それをあらかじめ回避するような調査プランを立てるとして、それは、結局のところ、調べたいと考えていることをそのとおり調べることにはならないのである。

　ある体験がプライバシーに属するのか、そうではないのか。こういった問いの立て方は一般的には成立するかもしれない。しかし、差別問題やさまざまな排除などを含み込んでいる社会問題を問題に関与し生きている人々の生活次元から調べようとするとき、単純な二分法的な問いかけはほとんど意味をもたないのである。

3　医師を聞き取ることの困難から考える

　では対象者のプライバシーや人権を配慮し、それらの侵害を禁止するという倫理的な要請に抵触しないようなかたちで、問いを立てることができるのだろうか。

　以下では、私自身が関わっている聞き取り調査から得た経験や思いなどを手がかりとしながら、考えていきたい。

　ここ数年、他の研究仲間とともに、輸入非加熱血液製剤によるHIV感染被害問題、いわゆる薬害HIV感染被害という問題で血友病治療医師の聞き取りを行ってきている。当時医師たちはどのような情報をもち、患者に対してどのように語り、HIVという問題をめぐりどのような経験をしたのか。裁判や被害者救済運動の文脈で語られる「真相究明」ではなく、当時の事実や医師たちが感じ取り構築された経験のありようを解明したいと考え、医師から語りを聞き取ろうとしたのである。

調査に関わる時間は流れているものの、私の個人的な思いを言えば、まだまだ調べたいと思っていることを十分調べられていないし、調査の入り口にたったあたりかもしれないという実感がある。

なぜそう感じてしまうのだろうか。端的に言えば、それは医師の聞き取りがなかなか難しいということである。私たちの調査意図や目的をなんとか理解しようと努力され、当時の経験や現在からの思いを真摯に語ってくれる医師がいる。しかし医師の多くは、私たちと会うことを拒否し、HIVをめぐる問題経験を語ろうとしない。なぜ語ろうとしないのか。今では、「語ろうとしない」という意志の背後に当時の経験が医師たちに与えた影響の大きさや深さがあることに対して、少しは思いがいたることができるかな、と思っている。しかし、聞き取りを始めた当初、なぜここまで抵抗があるのだろうか、と苛立ちも含めて、その理由を考えていたことは確かだった。

ここでは、医師への聞き取りの困難について、二つの次元から考えてみたい。

一つは、調査する私の"常識的な"医師理解、医師イメージへの囚われという次元である。つまり、調査する私が医師に対してどのような前提や思いをもっており、そうした前提や思い、イメージから逃れようとしているにもかかわらず、それがいかに難しいのかということである。

今一つは、医師の聞き取りをする場合、個人的で私秘的だと思われるような経験を聞き取るように見えるとしても、それは、ある問題を考察していくうえで意味ある"公共的なもの"を取り出そうとしている営みであり、聞き取るという営みがもつ意義をいかに医師である相手に理解してもらえるように語ることができるのか、ということである。いわば、聞き取りの対象である医師がもっている「公−私」の実感的な区別や常識的なプライバシー理解を、いかに聞き取りという営みのなかで相対化できるのかということである。

聞き取る私が囚われている"常識的な"医師イメージ

まずは、調査する私がもつ問題性から考えてみたい。

医師を聞き取り対象とするときに、私たちが囚われてしまう"常識的"前提がある。それはすでに医療社会学者がさまざまに論証してきた医師－患者間にある非対称的な関係性であり、権力をもつ存在として患者の前に登場する医師という前提である。

　もちろん、このような前提に囚われていることをまったく自覚しないで聞き取りを進めるほど、私は素朴ではない。こうした前提は、個別の問題状況において医師－患者関係を考察し、医師が患者に行う治療という営みを考えるうえで基本であり、重要であることはわかっている。しかし同時に、この前提を不変で確固たるものとして分析に用いたり、聞き取り内容を解釈する枠として使用するのではないことを医師に対して明確に語らないと、聞き取りが進まないであろうこともわかっているのである。

　私は、HIVという問題が生じてくる当時の医療行為の実際を調べたいと思いつつ、同時に血友病治療医師がどのようなかたちで「医師であること」を日常、患者との関係や医療という世界のなかでつくりあげていたのかを知りたいと考えていた。だからこそ、できるだけこうした前提を相対化し、聞き取りする私は、相手であるあなたの語りをそれ自体のものとして向き合いたいと考えていることを、なんとかまずは伝えようとしたのである。

　しかし、やはり私は「医師であるあなたは、こうすることが当然であり、私は、そうした理解をもとにして、いまあなたから経験をききとろうとしている」というような構えに囚われていたと言えよう。

　薬害HIV問題で血友病治療医師に聞き取りをする場合、まず第一に取り除いておかねばならない障壁があった。それは、訴訟報道をする過程で、マスコミの言説が中心に作り上げた加害図式である。国家－製薬会社－医師がそれぞれ癒着して薬害をつくりあげたという加害図式。私たちは、当時、こうした図式をなかば承認しながら、たとえば安部英医師がテレビカメラに抵抗する映像などを興味深く見ていたはずである。図式は、誰が被害者で誰が加害者であり、問題の責任を背負わせるべき敵はどこにいるのかを私たちにはっきりと伝えようとする。問題を傍観する場にいる多くの人びとは、この図式に乗ることで、自らを問題からは無関係の「対岸」におき、敵を批評

し、被害者に同情することができたのである。

　しかし、医師の聞き取りをするうえで、この図式は邪魔であった。なぜなら、そこには己の利害追及にのみ邁進する医師イメージがはりついていたのであり、この図式に強い怒りを覚え、強い抵抗を示しながらも、イメージを振り払う努力を重ね、消耗するよりも、口を閉ざし、当時の経験や思いを語りだす機会を失った医師は多くいたはずである。また、当時の医療水準から医師の立場でHIV感染被害の問題を解読しようとする試みもまた、こうした図式が私たちに与えた影響力のもとで、封じ込められていったのである。

　聞き取りの冒頭で、私は医師に対して、聞き取り調査がこうした図式に影響を受けていないこと、そして聞き取る私が、図式に囚われていないことを、できるだけ鮮明にかつ私なりの思いをこめて語ろうとした。おそらくは、聞き取りに応じていただいた医師には、その思いを理解していただけたと思う。

　しかし、こうした語りを冒頭にするとしても、私は、先にあげた構えをもっていたのであり、私利私欲を追及するという医師＝悪というイメージではないものの、ある"常識的"なイメージからは、聞き取りという営み自体は解き放たれることはなかったのである。

　多分、私は、こう思っていたのだろう。目の前にいるあなたは、加害図式にあるような医師ではないだろう。そのことをまず相手に伝えたい。そうすれば、私の聞き取りの意図も理解してもらえ、医師から多様な語りを聞くことができるだろう。なぜなら、自分が治療していた患者が製剤の処方によりHIVに感染してしまったとして、その営みについては、医師としてなんらかのかたちで語る責任があるはずだからだと。

　患者を治療する以上、その営みについて医師は語る責任があるのではないかという"常識的な"医師イメージの囚われ。具体的に相手に語らないとしても、そうした前提のあることが聞き手の醸し出す雰囲気全体からなんとなく伝わっていくとすれば、それは、医師とはこのような存在だと恣意的に決めつけていく力であり、それが相手に伝わることで、相手は語ろうとはしないだろうし、語るとしてもその内容にある傾向がついたり、制限がかかった

りするのではないだろうか。

マスコミの図式を無効にすることだけでは、私の中にある"常識的な"医師イメージまでも相対化することはできなかったのである。

「医師であること」「医師をすること」を聞き取ろうとする困難

また、私は、医師からどのような内容の語りを聞き取りたいと考えていたのだろうか。聞き取りの場で私は、そのことについてできるだけ平易に語ったつもりであった。しかし、私の説明は、多くの医師にとって「なぜそのようなことを聞こうとするのかがなかなか腑に落ちない」ものであったのである。

聞き取りを進める前に、私たちは医師から何を聞き取ろうとするのかをある程度想定した。血友病治療という医療行為という次元にのみ限定して聞き取りを行うのか。そうではなく、病院の日常、診療の日常、患者との相互のやりとりなどを中心として、聞き取り対象者が、周囲の人びとや状況との関連で「医師であること」「医師をすること」をどのようにつくりあげていたのかまでも聞き取ろうとするのか。たとえば、何を聞き取ろうとするのかで、対象者からの抵抗や違和感は大きく異なってくるのである。

もちろん、患者の聞き取りをするときにも同じような問題が生じる。医療行為の結果として薬害の被害者になってしまった次元に限定して調べるのか、血友病者として生きてきた日常、医師と患者の日常的な関係性を中心として「血友病者であること」「患者であること」「患者をすること」までも含みこんで聞き取ろうとするのか。

先にも述べたように、私は当初、血友病治療の次元だけでなく、「医師であること」「医師をすること」がいかに日常的につくりあげられてきたのかについても聞き取りたいと考え、そのような語りをなんとか誘い出そうと努力していたのである。当時の血友病治療の一般的なあり方だけでなく、相手の医師自身が行なってきた治療の実際、診療場面での患者とのやりとりなど、個別の経験をめぐる語りを聞きだそうとするのだが、医師はなかなかそうした経験を語ろうとはしなかった。あるいはそうした経験を語ることに、

どのような意義があるのかについて、なかなか理解しようとはしなかった。なぜそのような経験をいま社会学研究者であるあなたに語る必要があるのか、という形での抵抗があったり、違和感が表明されたのである。

　なぜ、そのようなことを医師に語らせようと考えているのだろうか。そこには、血友病患者と医師とがどのようなかたちで関係を築いてきたのかを詳細に読み解きたい、という意志がある。いわば医師と患者の信頼関係とでもいえるものが、どのように維持され、HIV の問題を経験することで、それまで築かれてきた両者の関係にどのような変動が生じたのかを考えたいのである。たとえば患者への HIV の抗体検査は説明して行われたのか、それとも説明しないで行われたのか。検査の結果、HIV に感染していたとして、患者にどのようなかたちで告知を行ったのか。単に検査結果を報告するのではなく、告知するという営みがどのようになされ、また回避され、あるいは、引き伸ばされたのか、等々。薬害 HIV という問題を社会学的に考察するうえで、医師と患者がつくりあげてきた関係のありようや「医師であること」の日常を詳細に聞き取る作業は、極めて重要だと私たちは考えている。

　しかし、聞き取りの場で、医師からの抵抗や違和感の表明があったとしても、社会学的な考察のすべてを医師に対して説明することはない。なんらかの説明はするだろうが、おそらく、その説明は、医師にとって抵抗や違和感を消し去るほどのものではない。医師なりに、聞き取り調査を受けることの意義を自分で創造し、なかば納得し、なかば首をかしげながら、聞き取りに応じているのではないだろうか。

　実際問題として、「医師であること」の日常や患者との診療場面のやりとりやそれ以外の場での交流、関係性などの語りを聞きだすことは、難しかったのである。

　そこで私は、まず「医師であること」の日常、医師−患者関係の普段のやりとりなどではなく、当時の医療行為そのものをできるだけ詳細に聞き取ろうとした。しかしそれは、医学的な専門知識がどれくらい聞き手の側で用意され、理解されているかが問題となり、医師は、自らにとってあまりにも自

明な知識やできごとに関しては、ことさら語ろうとしないだろうし、また医学的専門知識がないことを相手が表明したとき、なぜそうでありながら、医療行為の詳細を聞き取ろうとするのか、疑問に思うだろう。

具体的には、当時の血友病者の包括医療のシステムや実践について、聞き取ろうとした。しかし、そのような聞き取りをする私の背後には、包括医療で、どのような医学的な検査や治療が行われるのかを知ろうとするだけではなく、医療場面で医師と患者がどのような言語的なやりとりをするのか、何を語り、治療という場面をつくりあげているのか、を知りたいという思いが依然として生きているのである。

ところで、医師は、社会学的調査研究、とくに聞き取りをするという営みについて、なぜそのようなことをするのか、説明を求めてきた。私も、そのつど、その場で考え、説明をしてきたのであるが、医師が必ずしも、私の説明に納得したとは思えないのである。

「なぜ私個人に聞き取りをするのですか」「他にどのような医師を聞かれましたか」「全体で何名の医師の聞き取りをされるのですか」という問いの背後には、数量的な分析・把握という科学的営みへの信奉があった。

「昔のこと、当時のことを、いま語っても正確には思い出せませんが、それでいいのですか」「私の話を聞くより、当時の文書など記録を見たほうが正確なのではありませんか」という意見の背後には、カレンダー的時間の流れに基づく、資料としての記憶の曖昧さや過去のできごとは文書から調べるべきという実証的な歴史観への信奉があった。

私たちは、聞き取るという営みに対する、こうした医師の疑問へ、常に納得がいく説明を用意し、開陳すべきだろうか。確かにそれは必要かもしれない。しかし現実の場面では、医師の語りを聞き取ることの社会学的な意味を完全に説明し、納得してもらったうえで、聞き取りが始まっているのだろうか。そうではないだろう。そこには医師が準拠して仕事をしている医学という「科学的」な見方があり、聞き取りという営みを、その「科学的」な見方に適合するような形で説明するのは難しいし、仮に説明したとしても、医師の側で納得する可能性がなかなか低いという現実がたえず、そこにはあるの

である。

医師の日常世界へ寄り添う、あるいは入り込む可能性へ

　さて、医師の聞き取りが困難である、という事実から、私自身が、囚われていた常識的な医師イメージを解体させていくと、そこには、もう一人の被害者としての医師が垣間見えてくるのである。
　なぜ医師は HIV をめぐる問題経験や感じた情緒を語ろうとしないのか。治療すべき責任をもった存在、医療行為の責任と権力を持った存在、患者の治療に関しては、なんらかのかたちで語るべき存在として医師を考えるだけでなく、HIV をめぐる問題に遭遇し、さまざまに苦悩し、当時の日常を生きてきた「もう一人の被害を受けた人間」として、その被害経験を聞き取るという姿勢が必要になってくるのである。
　であるならば、聞き取りという営みに限定して、問題経験をとりだそうとする調査には限界があることになろう。ある人が「医師」を個別の状況のなかでどのように生きているのか。たとえば病院へなんらかのかたちで入り込み、病院の日常を見たり聞いたり感じたりすることや、そこに一定居続けることから、なんらかの信頼を作り出し、「医師であること」の日常がどのように達成されているのかを想像できるように、調べる存在は、自らを変えていく必要があるのだろう。
　これは、いわば調べる側が、医師の日常世界へ寄り添っていくかたちで医師が"生きられている"ありように接近しようとする方向だろう。そして、こうした方向性は必要である。現在、この方向性で、共同調査は調べる営みを修正しつつあるのである。

4　医師が語ることを回避できることから

　いま一つの次元に移ることにしよう。
　医師の聞き取りを行う場合、できるかぎり、医師の日常世界、正確には、医師が日常仕事をする医療空間へ寄り添っていく必要があろう。そのことを

十分に認め、今進めている共同調査でも、その方向性を模索しているのであるが、しかし、同時に一つの疑問が浮かんでくる。

　なぜ「医師」の問題経験を調べよう、聞き取ろうとするとき、調べる存在は「医師」が生きている日常に寄り添っていかないとだめなのだろうかという疑問である。医師からの誤解を招かないことを願うが、言い方を変えれば、自分が生きている土俵に、なんらかのかたちで社会学研究者が上がってこないかぎり、あなたたちに自分の経験を語る必要もないし、語る意味を感じないと「医師」が思ってしまうとすれば、それはなぜだろうかという疑問である。

　まだ明瞭に、その理由を説明できないのだが、これまで聞き取りをしてきた感触から、医師の語りは、他の生活空間、歴史を生きてきた人々から聞き取るときの語りと、かなり異質である印象を受けている。医師の語りにある、ある"空洞"が気になるのである。

　"空洞"とは、医学的な専門知識で説明される自らの行為や一般的な治療水準などの語りが聞き取りでは展開するものの、「医師であること」や「医師をすること」のより日常的で常識的な営みをめぐる語りがほとんどないことを意味している。

　確かに、私たちが医師に対して聞き取りをしていくなかで、直接医療行為に関連しないと感じられるようなトピックも展開することがある。しかし、少なくとも私は、私の恣意的な関心から、医師である相手の個人的な嗜好や家庭での普段の暮らしぶりを聞くことはしないし、するつもりもない。

　あくまで「医師」として病院などで行っている相互行為の詳細であったり、他のスタッフとの日常的な関係や具体的な言葉のやりとり、診療場面での患者との相互行為、そのとき得た経験や感情などを医師の語りから調べようとしているのである。

　しかし、医師は、私のこうした問いかけには、なかなか応じてくれようとはしないのである。病院などの「場所」で「医師であること」や「医師をすること」は、医学、医療、臨床という専門的な世界へすべて回収されてしまう営みなのだろうか。それとも医師と個別患者との関係性にあるプライバ

シーという世界に回収されてしまう営みなのだろうか。

　もちろん、どちらもそこには存在するだろう。しかし、医療や臨床の専門的な世界と患者のプライバシーのどちらにも回収されない現実や医師の営み、相互行為での語りなどが確実に存在するのではないだろうか。そして、それらは日常的な「医師であること」や「医師をすること」をめぐる経験の重要な部分を構成し、薬害などの社会問題を、生活空間としての医療場面という視角から考察していくとき、医師－患者関係を反省的に捉えることができる情報がいっぱい詰まった"公共的な営み"に属するものではないだろうか。

　ところで、治療という相互行為は、きわめて特異な側面をもつ。ここで詳細に論じようとは考えないが、治療という相互行為の核には、他者にたいする自らの身体のゆだねがあるのだ。自分にとって具合がよくない部分を他者である医師にゆだねてしまう。良くしてほしい、治してほしいと願い、自らの身体を医師にゆだねてしまうのである。そこには当然ながら、ゆだねたとしても治らないというリスクを私たちは負うことになる。では、仮にリスクが実際のものになるとして、患者である私たちは、必ず医師に対して怒りや裏切りの情緒を抱き、それまであった信頼感までも一切失ってしまうのだろうか。

　ゆだねるという営みやその背後にある患者の思いとはどのようなものなのだろうか。私は常にどんな場合でも、一気に信頼が消滅するとは考えないのである。

　丁寧に、そして真摯に診てもらっていた医師に対しては、明らかに故意であったり、人為的なミスがないかぎり、この先生にまかせたのだから、それでよくならなかったら仕方がない、という医師に対する感覚。これはどこかでみんなもっているのではないだろうか。「この先生にまかせる」と思いこめるのは、なぜで、どのようにして可能なのだろうか。

　以前、私は左胸膜炎で20日間ほど入院したことがあった。その兆候は、数か月ほど前から、左腹の側部の軽い痛みや違和感としてあった。当時かかりつけで、何か具合が悪ければすぐ診察を受けに行った医者がいた。当然、

そこでレントゲン撮影などしてもらい、診断をもらっていた。しかし、それは胸膜に炎症があり水がたまっているというものではなく、いわば誤診といえる内容だった。あるとき高熱が続き、何日も熱がとれず、別の総合病院で検査してもらった結果、その日即入院ということだった。

かかりつけの医師は、退院後、私に「わからなくて、もうしわけなかった」という旨の話をしてくれたように思う。そのとき、私は別に誤診に対する怒りはわかず、まぁいつもよく診てもらっているし、先生の専門でもなさそうだし、いいかげんな診療でもないだろうし、仕方がないかな、と考えていたことを思い出す。

なぜ、そのとき怒りがわかなかったのだろうか。おそらくは、それまでに私や家族が診てもらいにいったときに、医師とつくりあげてきた診療の場における日常的な関係のありようが、そのように感じさせたのだろう。その医師は、丁寧すぎると思うほどに、診察の結果を説明し、処方する薬について説明してくれた。検査をするときも、その結果については、やはりわかりやすく説明してくれていたのだ。おかげで、私は、自らの気管支喘息や花粉症に関する薬について、だいたいのところを知ることができた。もちろん医学的な専門的な説明はできない。ただどのような症状のときには、どの薬が処方されるのか。それにはどのような副作用があるのか、飲む時に、どのような注意が必要なのか。そのような次元の理解である。

こうした診療の場における医師と患者がつくりあげる信頼関係、あるいは、とりあえず自分の身体の異常な部分については、目の前にいる医師の診療や処方、治療などにゆだねることへの違和感がとくに生じないという意味での「信頼」関係は、「医師であること」や「医師をすること」に含まれている"公共的なるもの"を考えていくうえで、重要な手がかりと言えるのではないだろうか。

さらに、生命にかかわる疾患の場合や疾患と人生をともにしなければならない慢性疾患の場合、こうした医師との日常的な関係性は、はるかに重要性を増すのではないだろうか。

血友病の場合、患者は成長するにつれ、疾患について良く知るようにな

る。同時に、血友病のように幼少時から治療が必要で持続されていく場合、医師への「信頼」がどのように形作られていくのかは、社会学が読み解くべき重要な問題となる。

　また、HIV という問題が登場する 80 年代は、まだ「インフォームド・コンセント」や「患者の QOL」のような言葉もなかったし、どのように、血友病治療医師が個別患者と対面し、診療し、検査結果を告知していたのかという詳細に解読すべき重要な問題があるのである。現在のように、身体のゆだねを自覚し、できるだけ、そのことを患者自身もコントロールし、医師とのコミュニケーションのなかで自らの身体をとりもどそうとする動きがなかった当時、いかにして患者は医師を「信頼」し、医師は患者と関係を築きながら、治療をしていたのだろうか。ここには、先に述べたように、医学的、医療的な専門知識では語り尽くすことができない、社会的な相互行為が存在するし、相互行為が維持されていくうえでの固有の秩序や価値が埋め込まれているのである。

　たとえば、パターナリズムという概念がある。幼少の頃から血友病患者は特定の医師の治療を受け続け、単に医療場面の行為に限らず、保育園、小学校での日常をどのように暮らすのかをめぐり医師のアドバイスを受ける。子どもを病院につれてくるのがほとんどは母親であり、子ども－母親－医師の関係のなかで、あたかも医師が擬似父親のような感じで関係がつくられていく。あたかも父親のように患者を包み込み、患者へのさまざまな責任を引き受けたうえで、治療にあたるという関係性をこの概念は象徴する。

　しかし、私はこの概念使用については、極力慎重であるべきだと考えている。患者と医師の関係が、子どもと父親の関係のごとくだと言うとき、すでにそこには私秘的なるものを包み込む親密性が生きている関係の束としての家族というアナロジーが張り付いており、それをはがすことはなかなか困難であるからだ。

　仮に血友病患者と母親と医師との関係が、治療という限られた行為や診療場面という空間だけでなく、より広い生活の位相で密度が高くなってくるとすれば、それは家族的とか擬似父親的という言葉で説明するのではなく、あ

くまでも医師－患者関係の質の問題として解読すべきではないだろうか。

　たとえば、小学校がさまざまな理由を示し、血友病の児童受け入れに難色を示したり、受け入れたとしても通学の条件を限定したり、修学旅行などに疾患を理由に参加を拒否することがある。そのつど小学校へ電話をして、あるいは小学校へ直接出向き、難色や条件の限定、参加拒否に理由がないことを説明したと語る医師がいた。こうした行為を、自らの治療行為の延長上にあるものと考えるか、血友病の児童が疾患であるがゆえに、排除されていくことへの人間的な怒りから出た行為と考えるか、それは多様であろう。しかし、こうした行為をするという関係であるからこそ、医師－患者関係は、あたかも父親－子どものように親密である、と説明するには、明らかに非連続な論理の飛躍があるといえよう。

　確かに、患者の私秘的なところに医療行為はなかば必然的に関わることになる。しかしそれは、患者の立場や思いを、だからこそ理解したことにはならないだろうし、患者と家族のような関係を医師がつくりあげているとはいえないだろう。それは、他方で医師と患者が生きている位相や立場が大きく異なることを確認することにはならないだろうか。

　患者の立場に立ちたいと本気で願う医師もいるし、立場に立っていると納得し、普段の仕事をこなしている医師もいるだろう。

　患者と医師の関係性にある"公共的なるもの"を考え、そのありようを反省的に考察しようとするとき、医師が患者との親密性を大切だと考えることや、医師が患者に示す親密性と患者からの医師への信頼が相互に影響をあたえあうのだと素朴に信奉することは、それ自体、詳細に解剖し、そこになにがあるのかを解読するトピックとなるだろう。そして、こうした側面をめぐる経験を「医師」が語る必要がないとして、もし仮に医師たちがそう思い込んでいるとすれば、それは問題ではないだろうか。

　「語ろうとしない医師」にいかにアクセスしていくのか、という営みは必須であろう。ただ同時に、「語ろうとしない医師」がいかに「医師であること」を考えていくうえで問題であるのかを考えていく作業もまた、必須なのではないか。

5 人びとの"生"に埋め込まれた"公共的なるもの"へ

　医師の聞き取りがなぜ困難なのか。これまでの経験をもとに、あれこれ考えてみた。そこで明らかになるのは、聞き手である私の側であろうが、語りを求められる医師の側であろうが、相手に向かうときに、いかに"常識的な"というか"世俗的な"理解やイメージに囚われているのか、ということである。詳しくは書かないが、社会学的な聞き取りやトランスクリプトの扱いに関して、「三流週刊誌的な興味」から書かれていると私たちを批判した医師もいたのである。社会学に対するそうした理解が適切かどうかは、ここでは基本的には関係ないだろう。社会学という名称を使い、「三流週刊誌的な興味」を満たすことを目的としたテレビ番組のコーナーもあるし、夕刊紙やスポーツ紙にも、「○○の社会学」というコラムで芸能人のプライベートねたを、俗情を満たすように語ることもあるのだから。

　私も、やはり医師とはかくあるべき、というようなイメージに囚われていたことは事実だろう。こうした囚われを調査倫理のコンテクストで語るとすれば、どうなるだろうか。社会学研究者は、調査研究対象をめぐる"常識的な"理解やイメージを、そのまま無批判的に調査する営みに持ち込むべきではない。こんな感じだろうか。でもこの言い方だと、やはり「～すべきではない」という否定形になってしまう。

　そうではない。やはり肯定のメッセージが必要だろう。社会学研究者は、調査をする営みのなかで、研究対象となる現実や問題をめぐる"常識的な"理解やイメージを相対化できるような工夫をすべきである。こんな感じだろうか。

　さらに言えば、単に調査者自身が囚われているさまざまな"常識的な"前提を調査する過程で見直す営みは、自己反省的な次元にはとどまらないのである。

　人びとの生活がなんらかのかたちで脅かされるような社会問題を、当該問題に関連する人びとへの聞き取りなどを通して調べようとするとき、調べる営みは、なかば必然的に、問題を生きる人びとの"生"と向き合うことにな

る。つまり、問題を調べるのではなく、"問題がいかに生きられているのか"を調べるのである。

　そして、"生きること"を調べることは、単に調べる対象の個人的で私秘的な領域にまで、一定の信頼関係をつくりながら踏み込んでいく営みにとどまらないのである。たとえば聞き取りをしていて、相手を「被害者」「被差別当事者」とだけしか見ないで、そうした硬直したカテゴリーからのみ、相手の語りに向き合っているとすれば、それは"生きること"を調べているのではないだろう。

　おそらくは、私たちは聞き取りの過程をとおして、自らが囚われているさまざまな"常識的な"前提に気づき、相手にあてはめようとする理解や言葉、情緒が揺らいでいくのである。そして、この"揺らぎ"のなかで初めて、相手の個人的で私秘的な領域にある、多様なそして多元的な"公共的なるもの"への嗅覚とでもいえるものが、調査者のなかで、ゆっくりと沸き起こってくるのだろう。

　こうした"揺らぎ"への覚醒は、調査者が"生きること"を調べようと努力し、なんらかの石に躓いたとき、そして調査者が"調べること"を生きようと努力し、薄ぼんやりとした、かすかな光が相手の"生"から差し込んでいることを感受した瞬間、起こってくるのかもしれない。

　それは、相手が、固有の問題を目の前にして生きているなかで、どこまでが"私秘的"で"語る必要もないし隠しておくべき"ことなのか、プライバシーという言葉に隠れて、語るべきでありながら、語らずにすまされている"公共的な意味をもつ経験"であるのかを、固有の問題ごとにより詳細に峻別し調べていく意義を直感できる瞬間といえるのかもしれない。

　社会学の調査は、なんらのかたちで"常識的な"次元にある知識やカテゴリーを採用し、どこかで、そして確実に、その"常識"性に囚われている。だからこそ、"常識"性を調査する過程で反省的に考察することをとおして初めて、たとえば相手の語りに埋め込まれた"歪み"も感受する可能性が開けてくるだろうし、"生きること"のなかにある"公共的なるもの"をいかに取り出せるのかという問題に調査する者は、向き合うことができるの

である。

　社会調査とは"常識的な"前提を相対化する営みを含みこむものであり、調査者は緻密かつ徹底した相対化の営みを自覚的に行い、さまざまな問題や現実を生きる人びとの"生"に埋め込まれた"公共的なるもの"を常に明らかにしようとする志向をもつべきである。

On the focus in social research ethics on the "public" embedded in one's private and everyday life worlds

Hiroaki Yoshii*

■Abstract

In the field of social research ethics, there is a long list of negative messages: The researcher must not.... However, if there is to be policy that allows ethics to progress with better research, we believe it is important to consider positive messages, in terms of what we should, and can, do. This paper considers the possible positive messages in terms of the experiences I have garnered in addressing social issues such as discrimination and harm from medicines. In practical terms, we present the ethical possibilities in light of the difficulties in active interviewing doctors treating hemophilia with regard to cases where HIV is spread through drug use, the need to break through 1) the assumptions of *common sense* with regard to the doctors I, as a researcher, interrogate and 2) the assumptions of *common sense* with regard to the specialized world of treatment and the privacy of patients undergoing that treatment as considered by the doctors, my research targets. This is research that seeks to break through what is considered public, embedded in people's private and everyday lives, as a focus in ethics where public aspects are incorporated within our individual human lives.

Key words: life history, social problems, privacy, common sense

---

*University of Tsukuba

ライフストーリー研究における倫理的ディレンマ

桜井　厚*

■要　旨

　昨今、社会調査テーマの多様化とともにライフストーリー研究の方法が注目され、またよく利用されるようになってきた。ライフストーリー研究の特質から、インタビューの対話の重要性が強調され、語り手と調査者の非対称な関係のあり方の見直しが求められている。またライフストーリーが語り手のプライバシーと深く絡んでいるため調査者が守るべき倫理的事柄は多い。本稿では、ライフストーリー調査過程にそって求められている倫理が何であるかを検討し、一般的に要請されている調査倫理がかならずしもライフストーリー調査では妥当せず、倫理的ディレンマがあることを指摘した。社会調査をスタートするにあたって調査計画策定や調査対象者に対するインフォームド・コンセントの困難、ライフストーリー・インタビューにおける調査者と語り手との非対称な関係の問題、アクティヴ・インタビューにおいて調査者との対話が語り手に心理的負担を強いることの是非、解釈や公表にあたっての語り手と調査者の権限の範囲や語り手の匿名性の限界、などを検討した。ライフストーリー調査は、個性的な語り手との相互行為であり、テーマや問題が調査過程をとおしてしだいにあきらかになってくる研究方法であるために、あらかじめ決められ固定された倫理ではなく、状況に応じた適切な倫理的対応が求められている。今後も、倫理は一般論としてではなく、個々の調査過程とむすびつけて語られる必要がある。

キーワード：ライフストーリー、インフォームド・コンセント、
　　　　　　非対称な関係、アクティヴ・インタビュー、オーサーシップ

*立教大学

1　社会調査における「倫理」問題の浮上

　一般的に、社会についての知識は人間の価値や利害と深く絡んできたというべきであろう。しかし、実証主義が卓越した地位をしめていた近代社会科学では、事実と価値、何であるかと何であるべきかといった記述と規範の二分法が基本とされてきた。事実に重きをおく客観主義的の科学的側面が強調され、価値を重視する人間的な側面は二義的な位置しかあたえられてこなかった。この傾向は、調査研究のあり方にも直接的に反映されており、調査のモラルは、調査者の職業倫理と誠実さという個人的資質にゆだねられるのが常であった。調査方法論の俎上にのせられて議論されることは少なかったのである。

　もっとも、これまでの社会調査方法論のなかでも、唯一といってもよいほどだが、調査倫理に深く関係する概念が強調されている。調査者と調査対象者の関係を表す「ラポール」の重要性である。どのような調査関連の教科書でもふれられているこの概念は、調査者に求められる倫理的態度を色濃く反映したものになっている。ところが、「調査員と被調査者の間に一定の友好な関係を成立させ」ることの大切さを説く「ラポール」概念といえども、たんなる調査における人間関係の重要性を述べる倫理的意図から成立したわけではなかった。「ラポール」が説明されている前後の文脈を見ると、その重要性は「正確なデータを収集するためには」「調査を円滑に行うことが必要になる」［森岡ほか，1993］ためであって、あくまでも「客観性」を失わない程度の「一定の友好な関係」にほかならなかった。「一歩距離をおいた関与」や「客観性を失わないラポール」［佐藤，1992］は、なによりも信頼できるデータ収集のために、また正しい現実を理解するために調査者に必要なスタンスとされてきたのである。「友好な関係」は、被調査者の自発性の尊重やプライバシーの保護、さらに人権への配慮などの倫理的な観点を強調したものというよりは、あくまでも科学的側面から位置づけられたものにほかならなかったというべきであろう。

　しかし、今日、知識と倫理的価値の分離は疑問視され、人間の利害関心が

社会的知識を方向づけることが指摘されるようになった。調査研究では科学的側面とおなじ程度に人間的側面が重視されはじめ、なかんずくこれまでの調査対象者のとらえ方や調査者の立場のあり方そのものが問われはじめるようになった。これまでの社会調査では「受動的」あるいは「回答の容器」として位置づけられた調査対象者、逆に「能動的」あるいは「客観的」な立場を標榜してきた調査者という二項図式が疑問にさらされるようになった[Holstein & Gubrium, 1995＝2004]。こうしたトレンドのさきがけとなった初期のフェミニスト・リサーチは、それまでの社会調査の暗黙の枠組みが全体として「男性的」な原理に則っていることを批判し、「女性の、女性による、女性のための」調査として、調査の目的をコンシャスネス・レイジングにおいたほどであった。調査者は調査対象者に敬意を払い、力をあたえ、協力者でなければならず、その関係は信頼性や相互性にもとづく互恵的な平等主義であるべきだとして、それまでとはまったく異なる規範的な社会調査の考え方を唱道したのであった[1]。

　現代社会の変化は、新しい社会問題を引き起こし、さまざまな利害集団や言説の対立と抗争、人びとの軋轢や葛藤を生みだした。そのため社会調査のテーマも大きく様変わりしただけでなく、社会調査におけるポリティクスや調査倫理に注目せざるをえない状況が生じている[2]。個人情報の保護をはじめとする社会制度の変化もさることながら、こうした社会の変化にともなって社会調査自体に調査者対象者の心理的負担や不快感を生み、安全をも脅かしかねない事態が増えているのである。エコロジー運動やフェミニズムが投げかけた新しい問題に対する調査だけでなく、マイノリティや被差別者に対する調査、さらには家内的、個人的、セクシュアリティに関連するプライバシー領域の調査などは、ことのほか倫理上の配慮が求められる。周囲を見渡しても、ひきこもり、性犯罪、児童虐待、ドメスティック・バイオレンス、薬害問題などの社会問題への関心は高く、おしなべて調査テーマになっている。そうした被害者やサバイバーなどの当事者へインタビュー調査するとき、彼／彼女の心理的苦痛、プライバシーの尊重、安全、秘密の遵守など、倫理上求められる点が多くなるのはあえていうまでもないだろう。

2 ライフストーリー調査に求められるもの

　社会学におけるライフストーリー（ライフヒストリー）研究は、研究方法としての歴史は古いものの、そのリバイバルは社会調査の方法論的枠組みの変化と軌を一にしている［桜井，2002］。しかし、今日、あらためてライフストーリー研究が関心をよんでいるのは、これまでの研究テーマにはなかった新しい社会問題の発生や社会の周縁にいて注目されなかった人びとへの関心の高まりが背景にある。量的調査は平均的で多数派の意見を代表する調査法ではないのか、それにこれまでかならずしも十分ではなかった当事者や少数派の声を聞くときにはたして現実から超然とした客観的な調査が成立しうるのか、などの疑問が提起された。とりわけ、ヴァルネラブルな人びとを対象にどのようにかれらの声を聞くことができるのか、となると、インタビュアーの役割が制限され、仮説や分析があらかじめ用意されているような量的調査の方法論とは異なる方法が求められるようになる。だからといって、守秘義務をもつ臨床系の医師－患者（専門家－クライアント）関係のようなセラピー的介入ならよいのかといえば、治療と社会調査という目的の違いもさることながらその役割を固定化した非対称な関係には疑問がわく。ライフストーリー研究には、感情移入とともに批判的な視点をもつような、いわば、近くあるとともに遠くあるといったG. ジンメル流の複眼的なスタンスのようなものが求められているように思う。

　あらためて断るまでもなく、ライフストーリー研究は直接、わたしたちが調査対象者と出会い、インタビューなどの言語的な相互行為をとおして語り手（以下、ライフストーリー調査の対象者を語り手と呼ぶことにする）の生活世界を聞きとり、それをもとに社会の分析や解釈、さらに公表までをおこなうものである。たいていのインタビューの場は、家庭や職場、地域といった人びととの日常的な生活圏のなかである。わたしたちはその生活の場に侵入してインタビューするだけでなく、インタビューの内容そのものが語り手のライフヒストリーをはじめとする個人的経験といったほとんどプライバシーを中心に構成されている。したがってライフストーリー研究は、一歩間違え

ば、さまざまな倫理にかかわる問題を噴出させる可能性が秘めた過程である。ただ、倫理の多くは、インタビューだからといってあらためて述べるほどのものではなく、日常の人間関係のなかで必要とされるものである。基本的には、調査者は調査の過程で語り手が自らの経験を語ることによってリスクを背負うような事態を避け、なにごとにも誠実に対応するということであろう。ここでは、ライフストーリー研究に特有と思われる倫理問題について、調査過程を便宜的に、インタビュー調査をはじめるまでの段階、インタビュー段階、さらに分析や解釈をふまえた最終成果の公表段階の3段階にわけて、とりわけ倫理的困難やディレンマに焦点を合わせながら検討していくことにしよう。

3　調査テーマの明示化の困難

3.1　倫理の制度化

　昨今では、わが国でも調査研究に関する「倫理委員会」が設置され、その審査を経てから調査研究に着手する研究機関や大学がしだいに増えてきている。ただ、そうした機関はインフォームド・コンセントが状態となりつつある医療・看護系の分野に圧倒的に多いのが現状のようだ。もちろん、各種の研究機関・団体での規程などでは、理念としての倫理問題への配慮が謳われている。だが、その具体的な内容となると、研究者間での問題（データの入手と利用、論文審査、盗作、アカデミック・ハラスメントなど）が詳しく、研究調査の対象となる人びとの人権や被害防止を考慮したものは、内容的にも乏しいようにみえる。この点では、人文・社会科学系の分野で比較的早くに調査対象に関する調査倫理のガイドラインを整備したのは日本民族学会であった。日本民族学会研究倫理委員会では、調査者－被調査者関係、プライバシーの問題、研究成果の還元、著作権・肖像権、借用資料、研究費の出所、謝礼、差別語などの記述言語と語彙の問題などの倫理基準を提示している［祖父江, 1992］。

　調査倫理委員会の設置や倫理規程の制定は、これまでややもすると無頓着

におこなわれてきた社会調査や安易に調査を実践してきた調査者に警鐘を鳴らすものであることはまちがいない。まず、なによりもライフストーリーを語ってくれる語り手自身が、たんなる調査の客体や情報の担い手ではなく、敬意をはらい気をかけるべき存在であることが認められてきた証ではあるといえるだろう。

　こうした制度化過程で、ライフストーリー調査はある困難に直面する。調査は調査倫理委員会の審査による実施の承認を得てからはじめて着手できるようになっている。ところが、調査倫理委員会の審査にあたってあらかじめ提示する調査計画の内容は、ライフストーリー調査ではきわめてあいまいでしかないからである。量的調査なら、調査をはじめる前に仮説や質問内容とサンプリング方法などの調査過程のほぼ全容をあきらかにすることができる。ところがライフストーリー調査においては、調査テーマ自体が暫定的で不明確であるばかりか、それにともなったインタビューの質問そのものもオープンエンドである。むしろ、調査テーマなり調査仮説なりは語り手との相互行為をとおしてしだいに明確な像をむすんでくるために、あらかじめ用意されたテーマが大きく変更されることもめずらしくない。しかも、語り手の選択も機縁法（スノーボール・サンプリング）が多いために不確定で、しかもそれまでの語りは次の語り手の選択に影響することも十分考えられる。すなわち、ライフストーリー調査は帰納的な推論方法が基本になっているため、調査をはじめる前に量的調査ほどには調査計画の全容をあきらかにできないのである。

3.2　インフォームド・コンセントのあいまいさ

　この困難は、調査倫理委員会に対して調査計画を説明するときだけに生じるわけではない。むしろ、調査者においては、フィールドへ出かけ現地で語り手を探そうとするときにも感じるものである。調査の趣旨を説明するときに、たとえば、被差別者の生活史調査といっても最初は容易に理解されない。被差別者に「被差別経験を聞きたい」と言うなら、受け入れられるかどうかは別にして、即座に理解はされるだろうが、「人生や生活を聞きたい」

と言っても、語り手から調査の趣旨を問い返されるばかりですぐには納得されないことも多々ある。それに、あまり個別のテーマを明確にすると、そのテーマに沿ったことだけが語られ、ライフストーリー研究の特質である人生や生活全体との関連で語りを聞くことが難しいこともあるのだ。

そのため調査の趣旨が十分に説明されないままに雑談のようにインタビューが始まることがある。だが、少なくとも語り手は自分が社会調査の対象になっていることは知る権利がある。もっとも、いくらか耳にしたところでは、最近の録音機器の小型化と性能のよさから、語り手が知らないうちに話の内容が録音されている可能性はないとはいえないようだ[3]。

倫理基準としてもっともよく言及されるインフォームド・コンセントは、なによりも自発的な参加の同意を得ることに主眼がある。調査者は、調査の目的、調査方法、手順、インタビュー内容、対象となる人の条件とサンプリング方法、リスクや心理的苦痛が生じる可能性と利点、調査者の名前と連絡先、守秘義務の範囲と限界、などを語り手にわかりやすく説明する必要がある。また一旦同意したとしてもインタビューの途中や終了後でも辞退できること、結果の公表にはプライバシーを配慮し、記載内容に事前確認が可能なことなどを伝える。最近は、これらの内容をもりこんだ「同意書」を交わす必要性が強調されている。たとえば、ライフストーリー調査では上記の内容のほかに、インタビューの場所と回数やインタビュー一回のおよその時間、録音の許諾、テープの保管と消去、話したくないことは話さなくてよいことなどが記載されたりする。

すなわち「同意書」では、語り手にとって利点やリスクの可能性が述べられ、また結果の共有とあきらかにされたことについてどの程度公開するかが契約されたうえで、調査協力への自発性が強調されている。文末には「調査について以上のような説明を受け了解しましたので、この調査に協力することに同意します」というような一文が入るだろう。そして語り手と調査者の両者が署名をし、それぞれ文書を保持する、というのが一般的なものであろう。

しかし「同意書」による契約文書を取り交わすことについては、いくらか

懸念がある。調査者は語り手の自発性を尊重することが重要で、彼／彼女らが望むなら回答は秘密に、語り手の名前は匿名にしておくのは、当然の配慮である。ところが、そこへ同意書が差しだされ、矢継ぎ早の説明のあとで署名を求められたら語り手はどう思うだろうか。まず、あまり契約慣習のない日本では、語り手は大いにとまどうにちがいない。とくに高齢者なら文字に書かれた書類形式に抵抗感をもつ人もいるだろう。インタビューは、特殊な様式とはいえ日常会話の一形態であり、一種の社会関係である。そこに法的な拘束がからんだ同意書が提示されれば、語り手にはインタビューがとても重荷に感じられ、結局、拒否されかねない。日常生活の延長線上でおこなわれるインタビューの場が形式的でオフィシャルな場に変貌してしまうかもしれない。また、秘密や匿名を約束し、かつ公表にあたって修正も可能であることを約束しながら、なお同意書をとりかわすのは、はたして語り手の自発性を尊重していることになるのだろうかという疑問もわく。医療現場でのインフォームド・コンセントは医者／専門家と患者／素人という非対称性を前提に患者の権利擁護を目指したものであるが、対等であろうとする調査過程で、むしろ逆に非対称性が強調されることになって、語り手をライフストーリーの構築に参加する生き生きとしたパートナーとしてではなく、受け身の患者とおなじ硬直した関係においてしまう危険性はないだろうか。

　そうした懸念から、わたしは書類ではなく口頭で説明し、語り手の反応もあわせて録音させてもらうことで、そのやりとりが記録される方法を便宜的にとっている。とにかく、インフォームド・コンセントには、インタビューをとおした解釈や作品のオーサーシップといったダイナミックな過程を盛り込むことはとてもできない。むしろここで重要なのは、調査過程における語り手との継続的な「対話」であり、調査や成果について語り手と常に交渉していく過程にこそあるといえるのではないか。

4 インタビューにおける対話性と非対称性の限界

4.1 インタビューの対話性

　フィールドで語り手と出会ってインタビューをはじめるとき、インタビューの場にいる語り手とわたしというインタビュアーは一体どのような関係なのだろうか。

　これまで語り手は、通常、被調査者やインフォーマントと呼ばれ、必要な情報をもっている客体として、一定の年齢、性別、学歴、家族構成、階層などの属性をもとにした社会的カテゴリーの成員とみられてきた。したがって、インタビューを経て得られた語りや情報は、そうした社会的カテゴリーを基礎にさまざまな類型に整理されるのが常であった。構造化されたインタビューでは属性を記述する欄がフェースシートとしてかならず用意されているように、被調査者はそうした属性カテゴリーで表され、不変で恒常的な実体であることが前提とされているのである[4]。

　その場合、被調査者を属性カテゴリーによって類型化して分析、解釈をしている調査者は、同時に自己類型化もおこなっている。結局、終始一貫、専門家として客観的な立場からインタビュー、解釈、分析をおこなう調査者役割の担い手であることを前提にしている、といってよい。ただ、それは日常生活における相互行為のような自然的態度として、社会調査のフィールドワークに必然的にともなっているものではない。なぜなら、社会調査の技法が書かれたテクストには、その前提をもとに調査者が調査対象者との友好的な社会関係を築くためのマニュアルと諸注意が満ち満ちているからである。すなわち、データ収集のためには、調査者はどのようにあらねばならないか、どのようなことをしてはならないか、というものである。調査という目的達成のために「手段的自己」の演出が求められてきたのである。

　ところが、ライフストーリー調査の実践は、テクストに書かれたような単純な社会過程ではない。調査者が自明視してきたこの種の自己類型化は、フィールドへ入った途端に語り手から疑問視されることになる。調査拒否にあって困惑を覚えたり、あるいは「よそもの」にもかかわらず突然馴れ馴れ

しくされたり、重大な相談をもちかけられたり、といったさまざまな「フィールドワークの経験」をすることになる。調査者はアイデンティティの揺らぎを多少なりとも感じずにはいられない世界である（たとえば、好井・桜井［2000］を参照）。被差別部落のライフストーリー調査でしばしば経験するのは、挨拶もそこそこに区長をはじめとするむらの役員がとうとうとむらの歴史、すなわち「部落史」を語ってくれることである。これまで聞き取り調査にやってきた調査者がいずれも「部落史」の調査だったという経験を積んでいるからである。もちろん「部落史」の語りがなんの役にも立たない、と指摘したいわけではなく、調査者を語り手がどのようにみているかで、語られることが枠づけられていることに注意を喚起したいのである。

　一方で、直接、わたしたち調査者の自己が問われることもある。「いったいあなたは何者」で「どのような問題意識」をもち、「何のための調査」なのかを、きびしく問いかけられることも少なくない。とりわけ、被差別者やマイノリティの調査では、こうした問いかけは調査をはじめて頻繁にくり返される。ライフストーリー・インタビューが、対話的構成をとることや語り手の生活世界に踏み込んだインタビューであることなどが、語り手の問いかけや疑問を発しやすくしているのであろう。しかし、ここで重要なのは、調査者にどのような問いかけがなされるかということではなく、いかなるインタビューの場においても語り手が調査者をカテゴリー化し、それに応じた自己カテゴリー化をすることでインタビューの相互行為が成し遂げられていることである。わたしたちが調査の枠組みによって語り手をカテゴリー化するのと同じように、語り手もわたしたちをカテゴリー化し、その相互行為で語りが構成されているとするなら、フィールドでわたしたちが語り手からどのようにカテゴリーをあたえられ、どのように認知されているのか、に無関心ではいられないはずである。

　調査者の自己については、「自己が重要なフィールドワークの道具なのだから、フィールドワークをうまく進めるのに決定的なのは、自己理解である」と、ヴァン・マンネンらは強調する［Van Mannen, Manning & Miller, 1989］。フェミニスト・リサーチの第一人者、S. ラインハルツは、自己が実

際に「重要なフィールドワークの道具」としてどのように働いているかを説明する枠組みを検討して、「調査に基礎をもつ自己」は、フィールドにおけるわたしたち調査者の自己のほんの一面でしかないこと、そしてこれ以外に、大別するとフィールドへ「持ち込まれた自己」と「状況が生みだした自己」の二つの自己概念があることを指摘している[5]。調査者は「調査を基礎にもつ自己」をもっとも卓越した自己と考えているかもしれないが、語り手やそのコミュニティの人びとはかならずしもそれだけで受けとめていないのである。

　これまでの社会調査論は、調査対象者についてはさまざまに語られてきたものの、調査者がフィールドへ持ち込むさまざまな属性には無頓着で、さらにフィールドで生みだされる多様な自己に対してもそれほど言及されてこなかった。だが、こうした自己が、語り手の語りや調査者がつくりあげる関係や入手可能な知識の種類、さらに解釈の仕方までを規定してきたのである。

　こうして調査者に対するカテゴリー化は、年齢、ジェンダー、未／既婚、子どもの有無、階級や階層、人種や民族などによって表象される「多元的な自己」としてだけでなく、インタビューという相互行為からなる社会過程をとおして変化し「変容する自己」としても現れるのである。語り手は調査者がなにを聞きたいか、を理解して応答するだけではなく、調査者がなにものであるかという存在そのものについて解釈をおこなうのであって、そうした解釈に媒介された「調査者と語り手をふくむ」世界を調査者は理解し、解釈するのである。こうしたパースペクティブからみれば、インタビュアーと語り手の関係は、形式的な役割関係でも調査者の職人芸でも、またたんなる技法の洗練や印象操作にみられる調査技術論に還元されるものではない。

4.2　非対称な関係

　調査者と語り手の関係は、暗黙の前提とされるような固定的、不変的なものではない。他方で、この関係の非対称性をなくそうとしても、インタビューから得るものがそもそも異なっているという意味で、調査者と語り手

はけっして対等ではありえない。調査者は、社会学的な調査目的をもって特定の社会的現実を探ったり、人びとの生活世界のあり方を理解しようとするのに対して、語り手は、インタビュアーのカテゴリー化に表象される実践的な行為者として語る、あるいは語ることを期待されるからである。そもそも準拠する社会的世界が異なっているのである。

　調査者がいかに語り手との関係を対等にしようと努めても、その非対称性を完全に払拭することはできないもうひとつの理由は、語り手による調査者に対するカテゴリー化が、すでに調査者と語り手が共属するコミュニティの社会構造のなかで非対称な位置づけをもっていることに由来する。被差別部落の語り手は、インタビューの最初に調査者に「あなたも部落の出身か」と尋ねるとき、あるいはインタビューの場に現れた女性の語り手が男性の調査者の勧める上座にけっして座らないとき、人びとはすでにはっきりと社会的地位やジェンダーの非対称な関係を認識しているのだ。インタビュー過程で再生産されるそうした社会的な不平等までを、調査者の対等であろうとする個人的努力で解決できるわけではないことにわたしたちは自覚的であるべきだろう。

　そのうえで、インタビュー関係の非対称性は、民族、階級、ジェンダーなどのインタビュー関係の外部の社会構造から生じるものなのか、それともインタビュー関係の内部の社会関係で生じるものなのか、の見きわめが重要だろう。社会的不平等に影響され、インタビュー関係の対等性はときにきびしく制限されたものであるかもしれない。しかし、対等なインタビューを実行しようとする調査者は、まず問題と自分の位置を自覚することで、そうした社会的抑圧を破壊するような方法を工夫することができ、その過程をとおして語り手との対等性を推進することが可能になるのである。ともあれ、そもそも今日の不平等社会では、実質的に対等な関係でのインタビューの実現はなかなか困難であることは自覚しておくべきであろう。その意味では、対等関係はあくまでもライフストーリー調査者の目標にとどまるといってよい。ただ、対等な関係のインタビューは、たんに倫理的な要請であるだけでなく、方法論でもあることには留意しておくべきだろう。対等関係の構築に努

めることは、語り手が調査者と共同でストーリーを生みだすための基盤になるからである[6]。

4.3 対話の限界？

　ライフストーリーを聞くにあたっては、感情的反応や議論はいっさい控え「聞き役」に徹するという考え方もある。調査者が方向づけられたインタビューをすることによって、語り手の自発性を奪い、「語り手が重要だと考えていること」がわからなくなってしまうことへの危惧からである。たしかに、オープン・エンドなインタビューではできるだけ自由に語ってもらうことが基本であるといえるだろうし、わたし自身も出会いの最初では、特定のテーマに限定することなく、人生や生活全般に関わって語り手自身のライフヒストリーを自由に語ってもらうことを原則としている。しかしながら、語り手自身の経験がいかに語られるかは、インタビュー過程におけるコミュニケーションの状況に大きく依存する。語り手はストーリーのプロセスに主体的に関わるアクティヴな存在であり、インタビュー・プロセスは語り手と調査者の相互行為をとおして意味の生産がなされるダイナミックな共同製作過程である。語り手の過去の体験が語り手によって解釈され語られる実践をとおしてライフストーリーを構築していくとき、聞き手としての調査者はさまざまな戦略を駆使して、語りの展開を促していく「バイオグラフィカル・ワーク」［Holstein & Gubrium, 1995＝2004］に従事しているのである。ここでは質問紙調査においては避けなければならない質問の類、たとえばダブルバーレル質問や誘導的質問であろうと、インタビューの相互行為がおこなわれるコンテクストがしっかりと把握されるならば、どのように理解や誤解がなされたのか、あるいはさらに深い内容を聞き出すきっかけにもなるのである。わたしたちは、すでにいくらかの背景的知識をもち、さらに同じコミュニティ内の他の成員へのインタビューから得た情報もあらかじめもって臨んでいるのである。ただ、それらをむやみに披瀝することは、それぞれの語り手に固有の解釈や考えを導き出すためには障害になりかねない。公然の秘密や他者からの情報をいかにも知らないかのように質問することも語りを促す

戦略のひとつではある。とはいえ、すでに他者から語り手の経験について得た情報を語り手がなかなか話さない場合に、「誘導的に」聞いた事実を伝えることで、語りを促していくことも考えられるのである[7]。

　それでは、以下のようなインタビューのやりとりはどうだろう。調査者のインタビューの戦略に倫理的な問題はないだろうか。調査者の側がある〈仕掛け〉の質問をすることで語り手に究極の選択を迫るような状況である。差別問題の構図を示しながら、被差別者ではない語り手に被差別者になりうる差別的現実があることを突きつけてみたものである（たとえば、桜井［2005］のⅨ章を参照）。

　靴職人になるためにAさんは滋賀県のU市内の被差別部落にある靴工場に見習い修業に来ている。彼女自身はU市内の非部落出身者である。二人のインタビュアー（＊、＋）が、「部落産業」といわれてきた製靴業と部落差別を関連づけて語り手の意識を問いただそうとしている場面である。彼女の知人に結婚の話がもちあがったとき京都に住む相手の男性の両親に反対された人がいるというエピソードが語られたときであった。知人がU市の在住だと聞いた男性側の両親は、それだけで部落出身者ではないかという疑いをもったというのだ[8]。

　　A：U市、あそこ［部落］の子、違うのかって、いう話をしたらしいです。わたし、それ、聞いたときに、すごいショックで、なんでそういうふうに思うのかなって、すごく、憤りを感じたんですね。はい。それだけ、フフ、それだけですけども、なんか、そういうふうに思うんだぁって、
　　＊：U市っていっちゃうと、もう、それで、まわりはそういうふうに、
　　A：うん。で、京都に行っても、U市ってゆうと、そう、いわれるらしいんですよね。それ、どうなんかなって、すごく（・）、うん。
　　＋：そうなったら、「U市やけどな、△△町［Aさんの実家の町内］やで」って、いわなあかん。
　　A：ハハハ、でも、△△町っていってもわからないんですよ。

＋：U市やけど、（部落と）違うのやって。

A：違うのやということよりも、そう、U市（だからといって）、そういう考え方をすることが、おかしいんですよね。

＊：おかしいよね。でも、ただぁ、Aさん、いま、靴の仕事をしてるよね。

A：はい。

＋：「U市でね、靴の仕事してんねんやわ」っていうふうになったときに＝

＊：＝完全にむすびつくよ、部落差別と。

A：うん？

＋：部落差別ゆうか、部落の人がよくしている仕事だし、

A：ああ、わたしがやってる。

＊：U市に住んでるし、きっとそうに違いないとかいうような形で、むすびつける人があるよ。うん、ほとんど、もう100％むすびつくと思う。そういう現実なんですよ。

A：まぁ、で、うーん。でも（知人に）一回聞いたんです。一応、すごい、両親がやっぱり70（歳）越えている方で、そういう意識が強い方なんですよね。だから、わたしが靴をはじめるっていうのを、その人たちが「どういうふうに思わはるの？」っていうふうに、1回聞いたことがあります。でも、まぁ、そのとき（知人は）「いや、そんなんいま関係ないですよ」とはいったけど、フフフ、やっぱり、やっぱりね、そういう家庭で育った人いうのは（・）、やっぱり、なんか、もともと小ちゃいときから、なんか、そういう思いあるかな、と。わたしも、やっぱり、そういうたら、わたしもいろんなこと聞かされてきましたけど、うーん、人によって、それをどうとるかね、うーん、あるからぁ。

＊：だから、そういう意味でゆうとね、まわりからそうやって、あの人、じつはそうなのよっていう話ってね。どこも、なにも信憑性のない話だけれども、でも、まわりから何人かがそういうふうにいって、

たとえば、靴を作っている人、U市在住ということの情報だけで、
　　全部それが作られていくんですよね。
　A：ああ、そうですよね。
　＊：だから、なにが正しいのって話とは、ぜんぜん別にね。そういう現
　　実がいまだに……、

　U市といえば、それだけで被差別部落が多いところと認知され、部落差別がおこなわれかねない現実が県境を越えてさえも存在する。そのような意識からすれば、市内に住んで靴の仕事をしているとなると「部落」当事者とみなされる可能性は高い。聞き手はあえてそうした差別的なまなざしの装置があることを指し示すことによって、語り手がそうした誤解を受けた場合の反応で差別意識の有無をたしかめようとしているのである。「あなたが〈部落出身者〉と見られる」ならどうするのか、という調査者のアクティヴ・インタビュー戦略は語り手に〈踏み絵〉を強制する一種の〈仕掛け〉の装置にほかならない。しかし、そうしたインタビュー戦略をもちいることが、語り手に心理的負担を強いたり被害感情を醸成することにならないだろうか。考慮すべき点である。

4.4　トランスクリプトの作成と語り手の関与

　インタビューにおける相互行為と語りの内容を関係を重視するライフストーリー研究の見方では、インタビュー過程を子細に見ることが要請される。そのため、トランスクリプトでは語り手と聞き手のコミュニケーションの全過程を逐語的に書きおこしすることになる。一部、見出しを付けたりするものの、基本的にはインタビュー過程の全容が文字資料化されるわけである。こうしたトランスクリプトは、フィールドへの再訪問のとき、あるいはあらかじめ郵送などで語り手に渡して読んでもらうことになる。その際、今後、このトランスクリプトをどのように使うのかをおおよそ伝えておくことは、語り手の不安をかきたてないためには必須の条件であろう。トランスクリプトの全体あるいは一部を抜粋して利用することなどの記述の仕方の説明

や、語り手自身も含め、語りに出てくる固有名詞をどの程度匿名化にするかについて原則的な基準を相談しておくことなどは語り手に対する礼儀のひとつである。今後の利用についてなんの断りもなく素のトランスクリプトのチェックを求めるのは、いたずらに語り手の不安をかきたてることになりかねないからである。

　語り手は自らの語りを再チェックし、まちがった語りや誤字を修正したり、さらに詳しい話を追加して語ってくれたりもするが、逆に自らの語りの一部の公表を控えることや語りの削除を求めてくることがある。語り手にとって秘密にしておきたいことはなにか、がここであきらかになる。それは語り手の理解を促進する素材にもなりうるものだ。しかし、調査者の側で重要と考えられた出来事や経験について語り手が削除を求めてきたとしても、その語りの意義を伝えて語り手への配慮を最優先しながらも記述に工夫をこらすなど、再調整の交渉がありえることは心しておきたい。もちろん、語り手の自発性や人権への配慮は基本的だが、同時に、語りが語り手だけの独占的所有物ではないことも含め、インタビューの相互行為の産物であることや語りの社会的、公共的意義にも注意を向けて、記述の仕方を交渉していく必要があると思われる。

5　解釈と作品化における倫理

5.1　搾取と被害

　一般的に、ライフストーリーをそのまま論文や書物に引用したり、あるいは個人のライフヒストリーとして作品化するときには、語り手本人の同意を得る必要がある。語り手は長時間のインタビューにつきあい、自分のライフストーリーを語ったあげくに匿名化され、その一方で、調査者は出版をし、それによって地位や名誉、ときに経済的な利益を得るのである。とくにあるひとりの人のライフストーリーをもとに記述しようとするときには、タイトルであれ、著者のひとりであれ、語り手が調査者（研究者）をおなじように表紙に記される必要がある。出版の場合には、共編にすることもあり、研究

者を編者とすることで語り手の協力を得たことを記す場合もある。著作権を共有することも考えられる［Spradley, 1979：36；Thompson, 2000＝2002］。いずれにせよ、なんらかのそうした措置がなされないで出版されると語り手を「搾取」したといわれても仕方がない。ただ、ライフストーリーのほんの一部をさまざまな意見や経験のひとつとして提示するだけの使用においても、それぞれの借り手の同意を原則とするのだろうか。これは、個人として特定されにくいことを勘案すれば、トランスクリプトを最初に渡してチェックをお願いする段階で、引用の仕方やまとめ方、および公表の仕方についておおよその了解を得ておくことで十分だろうと思われる。

　問題は、むしろ作品化、公刊にあたって語り手の同意さえ得られればよい、と結論づけるのはいささか早計だという点である。調査テーマによっては、いくらか問題が残るからである。

　たとえば、わたしがおこなっている被差別者の調査では、語り手個人の了解はいうまでもなく、そうした語り手に紹介の労をとってくれた仲介者、さらに地元の反差別の運動関係者などにもなんらかの了解をもらうことにしている。もちろん、個々人の語りそのもののトランスクリプトを提示して、仲介者や関係者に説明するわけではない。もともと調査をはじめるときには趣旨説明をして協力を得たり、語り手を紹介してもらう便宜をはかってもらった経緯もある。結果の公表においても、研究論文や報告書の全体構成などの概略をあらかじめ説明して、公表にあたっての要望や意見を聞いておく。こうしたことは協力や仲介にあたってくれたことへの礼儀だけではない。語りはきわめて個人的であるものの、公表される論文や報告書では、語りの「主体」はかならずしも語り手本人に限定されるわけではなく、「被差別」カテゴリーに属する当事者（仲介者や運動関係者がふくまれる）も関連しているからである。

　語り手ではなく調査対象となったコミュニティや社会の成員から反発を受けることもある。有名なのは、O. ルイスの『サンチェスの子どもたち』である。当書はアメリカ社会では絶賛されながらも、当のメキシコ社会からは一時期、名誉毀損と低俗の理由で非難を受け出版を差し止められて、裁判沙

汰にもなったほどであった。メキシコ都市スラムに生きる家族のライフストーリーは、メキシコ社会においては恥部であり、損害をあたえるものと受け取られたのである。ライフストーリーの作品化によって家族成員がひどく傷ついた例がわたしの身近でもあった。わたしの指導学生のなかに、卒論でホームレスの男性のライフヒストリーをまとめた学生がいた。卒論完成後しばらくして、語り手本人が亡くなり、ホームレスの支援団体のメンバーが葬儀の際に彼の人生の一端を紹介したいからと卒論を借りにやってきた。わたしは快く貸し出しを許可した。支援団体のメンバーは気を利かしたのだろう、内容を確認しないまま卒論のコピーを葬式に参列した家族に渡してしまった。ところが、それを見た家族からは「怒り」の声があがった。ホームレスのライフストーリーには、それまでの家族の仕打ちなどへの恨みや非難が至る所に語られていたからであった。

　語りについての当事者性は、たしかに語り手自身にとどまらず、彼／彼女の属する社会的カテゴリー（集団、組織、コミュニティ、社会など）の広範囲におよぶが、にもかかわらず、やはり自ずと限度があるというべきだろう。あくまでも語りの主体は語り手自身にほかならず、語り手の意見と了解がもっとも重視されることはあえて断るまでもない。

5.2 オーサーシップと匿名性

　では、作品化にあたって重要なライフストーリーの解釈について語り手から異論や批判が出されたときには、著者（author）としての最終的な権限（authority）は誰にあるのだろうか。たしかに作品のもとになっているのは語り手のライフストーリーであり、語り手が一定のオーサーシップを調査者とともにもっていると認めることができる。しかし、語り手がインタビューに臨むスタンスは、研究者のそれとは異なっている。コミュニティで信頼の厚い人物の依頼だったので断れなかったため、学問的な研究に貢献したいため、あるいは学生相手の教育的な気遣いのためなど、その動機はさまざまである。それに対して、ライフストーリー研究者にとって、インタビューは個人のストーリーがより広い社会的、文化的な過程や現象を表している点に焦

点を合わせている。研究者は多くのライフストーリーを収集しながらも、少数の特定のライフストーリーを選択的に利用し、社会的・文化的なコンテクストを表象しようとする。作品化にあたっての意図や動機は、語り手と研究者とでは明らかに異なっているのである。

　ところで、プライバシーを守るもっとも一般的な手法は語り手の匿名化である。しかし、特定のライフストーリーの詳細な記述は、たとえ語り手を匿名にし、語られる固有名詞や内容の一部を変更したりしても、語り手自身はおろか語り手が属するコミュニティの成員や作品の読者には語り手が特定できてしまうことも少なくない[9]。インタビューを細切れにして全体からパターンを抽出したり、短いインタビューの引用で一般的テーマを述べようとする従来からのやり方なら、この点は避けやすいが、ライフストーリー研究が社会的・文化的コンテクストを詳細に描こうとして、語り手の個性的な側面を記述すればするほど誰であるかが特定されてしまうことになる。ライフストーリー研究が一般化と個性化という相矛盾する二つの方向をめざしていることから、「ライフストーリーのディレンマ」と呼ばれるこうした匿名性の限界に直面することが少なくない［桜井・小林, 2005］。

　わたしは、語り手は情報の提供者であり研究者がその情報の分析者であり解釈者であるという単純な区別をとっていない。語り手も、調査者とのインタビューの相互行為をとおして、出来事がなぜどのように起きたのかを評価し、それがいかなる意味をもっているのか、登場人物の行為や動機が何かを説明する解釈過程に参加している、と考えている。そうであるなら、わたしたち調査者が、語り手のライフストーリーの解釈をとおして社会的・文化的コンテクストを描き出そうとするとき、結局、語り手の経験を調査者の分析手法によって再解釈していることを断る責務があると考えるべきなのだろうか。

　わたしたちは、フィールドでの語り手との出会いからインタビューなどの相互行為という一連の調査過程に至るまで、人びとの経験を詳細に聞きながら、それらをより広いコンテクストに関連づける解釈作業をおこなう。それを語り手に調査の目的として伝えることはできる。一般的なライフストー

リーの利用法を説明し、語り手のアイデンティティを守る配慮も約束できる。だが、どのように個々のライフストーリーを利用し、どのライフストーリーを詳細に分析・解釈して、社会学的な分析をおこなうのかという全体像をあらかじめ提示することはできない。ライフストーリー・インタビューは、語り手と調査者の相互行為だから、インタビュー過程は不確定で、さまざまに展開していく過程にほかならない。少なくとも、わたしたちの分析や解釈は、インタビューによって情報資料を集積しフィールドから帰って、目の前のトランスクリプトなどの資料を見ながらデスクワークからはじまるわけではないということだけは確かである。ただ、インタビューは、個々の語りの解釈を語り手と交渉していくコミュニケーション過程であることを認めた上で、さらなる解釈をともなった最終的なストーリーを描く権限がやはり研究者の側にあることは確認しておきたい。

6 まとめにかえて

　これまでライフストーリー研究の調査プロセスに沿って、それを遂行するにあたって気になる倫理の問題とその懸念やあいまいさについてふれてきた。たとえば「同意書」ひとつ取り上げても、そうした契約を交わすのは当然だという主張もあり、わたしが述べたような懸念を表明して、その時々の状況に合わせた口頭での説明や許諾ですませている人もいる。では、ライフストーリー調査を進めるのには、どこに規準を求めたらよいのだろうか。こうした倫理をめぐる立場の違いを、ライフストーリー研究者の K. プラマーは、倫理的絶対主義（ethical absolutist）と状況的相対主義（situational relativist）の二つの極にわけている［Plummer, 2001：226-7］。

　倫理的絶対主義というのは、通常、普遍主義に通じるもので、すべての社会調査のガイドとなるような確固とした原則のことである。日本社会学会でも策定しようとしている学会綱領などに書かれているものである。これがさまざまな倫理委員会や審査委員会の基礎的なルールとなる。そうした学会では倫理コードがあって、その団体やコミュニティ内の研究者はそれを遵守

しなければならないのである。それに対して状況的相対主義とは、社会調査における倫理的ジレンマは「特別な」ものではなくて、日常生活を営む際に生じる問題と同じようなものであることを意味している。明確に定まった絶対的なガイドラインがあるわけではない。倫理的な生き方ということは、たんに「ルールがあるから従う」というのではなく、文化や歴史から学びながらそのときどきの状況に合った意思決定をしていく過程であって、倫理は具体的状況のなかで創造的に生みだされるものだと考えるのである。したがって、特別なルール集があるわけではない、という立場である。

　ただ、これらはいずれも弱みを抱えている。たとえば、倫理的絶対主義では「インフォームド・コンセント」を強調しているものの、特権的集団は容易に調査を拒否することで相対的に調査の対象にされにくく、なにも失うことのない非特権的集団は調査を受け入れやすく過剰に調査対象にされやすいことになる。いつも、被害者や被差別者の方に調査が集中する理由のひとつである。その一方で、状況的相対主義では倫理的対応は調査者個々人の良心に任されているから、無節操で不道徳な調査者が入ってくることを阻止できないという危険性がある。わたし自身は、すでに述べてきたように、基本的には調査における倫理も日常生活における倫理や道徳の延長であり、人とコミュニケーションをとる際のマナーの問題として相手に応じた対応の仕方があるのではないかと考えている。とりわけ個性をもった個人と出会い、その人に固有のライフストーリーを聞くという点では、その都度、その状況に応じた適切な対応が必要ではないだろうか。たとえば、政治家や著名人などの公人であればインタビューに際して「同意書」も必要であろうが、地域のお年寄りと日常生活のなかで出会ってその語りを聞かせてもらうのにいかにも緊張を強いると思われる「同意書」を必要とするとはかならずしも思わない。その点で、わたしはここでの状況的相対主義の立場に近い。

　ところで、この二つの立場は、じつは両極に位置するわけではなく、倫理的絶対主義の比較的幅のあるガイドラインのもとで、具体的な状況において倫理に関する個々の意思決定を働かせる状況的相対主義の立場を維持することとも考えられる。すなわち、次元の違いとして理解することも可能であ

る。いずれにしても、倫理や道徳の問題は、ライフストーリー研究においては、とくに調査方法論と重ね合わせながら議論を深めることが求められている。その際には、あくまでも個々の具体的な調査に即した倫理や道徳が語られる必要があると思われる。プラマーも示唆するように［Plummer, 2001：229］、権威が規定した抽象的で一般的な原理や原則ではなく、それぞれの具体的な調査の場面で調査者自身が直面した実際の調査のストーリーを提示していくことによって、そうした原理や原則を支える思想を深めていくことが求められていると思う。

注
1）古典的なフェミニスト・リサーチの考え方に対する反省的、批判的な視点は、たとえば、J. Stacey［1991］に見ることができる。
2）今日の社会調査が直面している全般的な状況は、桜井［2003］を参照。
3）そうした事例を耳にしたことはある。なお、ライフヒストリー調査で、個人的記録のひとつである手紙を本人の許諾なく（本人の死後）公開して心理学的解釈をした事例として有名なものに、Allport［1982］がある。
4）もっとも、こうした見方はわたしたちが他者を判断するときにおこなっている日常的なカテゴリー化実践そのものである点に注目したい。シュッツは、このカテゴリー化を類型化（typification）という言葉で表しているが、その基本的な特質のひとつは、「個別的な存在である個人の個別的な行為を、類型的な動機にもとづいて類型的な目的をはたそうとする類型的な社会的役割の類型的な機能にかえる」［Schutz, 1964＝1980：90］ことである。
5）「調査に基礎をもつ自己」とは、調査者の社会的役割にもとづくもので、どこから調査委託を受けているか、よい聞き手であること、一時的な訪問者であることを意味する。それに対して「持ち込まれた自己」とは、調査とは直接関係のないその人に固有の属性であって、性別、年齢、人種や民族、社会的地位などである。また「生みだされた自己」とは、フィールドの状況によって一時的に形成されるもので、コミュニティの一時的な居住者であったり、社会学者でありながら心理学者やソーシャル・ワーカーであることを期待されたり、病気になって病人として扱われることなどを指している［Reinharz, 1997］。
6）わたしは対等な関係構築の失敗例を「警察の尋問みたい」という語り手の発話に導かれながら、インタビューの過程を分析したことがある。桜井［2002］のⅡ－2を参照。
7）佐藤郁哉は、「誘導的質問」について次のように述べる。「インタビュー調査や

サーベイ調査の禁じ手とされているものの一つに〈誘導的質問〉がありますが、これはフィールドワークの場合には必ずしもルール違反だとは言えません」として、場合によっては「むしろ表面的なインタビューでは聞き出せないような深い事情を知る上できわめて有効な質問の仕方」であるという［佐藤，2002：221–222］。

8）桜井［2005］では、引用個所には名前が入っているが、ここではアルファベットに変更してある。トランスクリプトの表記記号については、桜井［2002：177–180］によっているが、ここではそのうち使用したものだけ載せておく。A：語り手、＊：筆者、＋：共同研究者、［　］：直前の語句の意味、（・・・）：沈黙、（・）で約1秒間、＝：割り込み、（　　）：文意をわかりやすくするために補ったもの。

9）ライフストーリーの語り手がすべて匿名での公表を望んでいるかといえば、かならずしもそうではない。むしろ、自らの立場を進んで表明することで自分の話を尊重してほしいと考える人のなかには、実名での公表を望む人もいるのである［Langness & Frank, 1993：174］。

文献

Allport, G. W., 1965, *Letters from Jenny,* New York: Harcourt, Brace & World.（＝1982，青木孝悦・萩原滋訳『ジェニーからの手紙』東京：新曜社.）

Holstein, James A. & Jaber F. Gubrium, 1995, *The Active Interview,* Thousand Oaks: SAGE.（＝2004，山田富秋・兼子一・倉石一郎・矢原隆行訳『アクティヴ・インタビュー——相互行為としての社会調査』東京：せりか書房.）

Langness, L. L. & Gelya Frank, 1981, *Lives: An Anthropological Approach to Biography,* Novat: Chandler & Sharp Publishers.（＝1992，米山俊直・小林多寿子訳『ライフヒストリー研究入門——伝記への人類学的アプローチ』京都：ミネルヴァ書房.）

森岡清美・塩原勉・本間康平編，1993，『新社会学辞典』東京：有斐閣.

Plummer, Ken, 2001, *Documents of Life 2,* London: Sage.

Reinharz, S., 1997, "Who Am I? The Need for a Variety of Selves in the Field," *Reflexivity & Voice,* London: Sage.

桜井厚，2002，『インタビューの社会学』東京：せりか書房.

————，2003，「社会調査の困難——問題の所在をめぐって」『社会学評論』53(4)：452–470.

————，2005，『境界文化のライフストーリー』東京：せりか書房.

桜井厚・小林多寿子，2005，『ライフストーリー・インタビュー——質的研究入門』東京：せりか書房.

佐藤郁哉，1992，『フィールドワーク』東京：新曜社.

———，2002，『フィールドワークの技法』東京：新曜社.
Schutz, A., 1964, *Collected Papers 2,* The Hague: M. Niihoff.（＝1980，桜井厚訳『現象学的社会学の応用』東京：御茶の水書房.）
祖父江孝男，1992,「日本民族学会第2期研究倫理委員会についての報告」『民族學研究』57(1)：70–91.
Spradley, J. P., 1979, *The Ethnographic Interview,* London: Holt, Rinehart & Winston.
Stacey, Judith, 1991, "Can There Be a Feminist Ethnography," *Womens' Words* by Sherne, B. Gluck & Daphne Patai（eds.）, London: Routledge.
Thompson, Paul, 2000, *The Voice of the Past: Oral History Third Edition,* London: Oxford Univ. Press.（＝2002，酒井順子訳『記憶から歴史へ』東京：青木書店.）
Van Mannen, J., P. Manning & M. Miller, 1989, "Editors' Introduction," *Psychoanalytic Aspects of Fieldwork* by J. C. Hunt, Newbury Park, CA: Sage.
好井裕明・桜井厚編，2000,『フィールドワークの経験』東京：せりか書房.

Ethical Dilemmas in Life Story Research

Atsushi Sakurai*

■Abstract

With the diversification in recent years of social research themes, the method of life story research has attracted attention, and is now frequently used. Due to the special character of life story research, the importance of the interview dialog has been stressed, and there is a need to reconsider the proper form of the asymmetrical relationship between the narrator and the investigator. Furthermore, a life story is deeply connected with the privacy of the narrator, and thus there are many ethical points which must be respected by the investigator. This paper looks at the question of what ethics are required at each step in the process of life story investigation, and points out ethical dilemmas where the investigative ethics required in general circumstances are not necessarily appropriate in life story investigation. This paper addresses matters such as: the difficulty of formulating an investigation plan and obtaining the informed consent of the investigation subject at the start of social research, problems in the asymmetrical relationship of the investigator and narrator in the life story interview, the pros and cons of the fact that dialog with the investigator in an active interview increases the psychological burden on the narrator, the scope of authority of the narrator and investigator in interpretation and public disclosure, and the limits of narrator anonymity. Life story investigation is a reciprocal activity with an individual narrator, and is a research method where themes and problems gradually become clear through the investigative process. Thus it requires an ethical response appropriate to the situation, not an ethics which has been decided on and fixed beforehand. In the future too, ethics will need to be discussed not just in general terms, but in linkage with each individual investigation process.

---

*Rikkyo University

Key words: life story, informed consent, asymmetrical relationship, active interview, authorship

「問いかけに気づき、応えること」をめざして

―― 病者・被害者・事件当事者に関する
　　聞き取り調査から

蘭　由岐子[*]

■要　旨

　本稿では、ハンセン病者や血友病専門医、HIV 感染血友病者等の病者／事件当事者を対象とした調査の経験にもとづいて、聞き取り調査が倫理的な営みであることの一端をあきらかにする。

　対話的な聞き取り調査の場は問題に満ちている。とりわけ、著者が経験してきた受苦者を被調査者とした調査においては、被調査者は調査の目的や調査者の正当性をするどく問い、語られてこなかった語りを語ることの困難を語る。それゆえ、それを聞き取る調査者はときに困難にさらされる。それらを被調査者＝語り手から投げかけられる「問いかけ」として受け止め、「応え」をさぐる必要がある。一般的な倫理的手続きは、そのような「問いかけ」に対してあらかじめ用意された「応え」であり、まえもって提示される宣誓のようなものである。ここでは、ハンセン病検証会議の被害実態調査を中心にその手続きの実際について述べる。

　しかし、聞き取り調査の現実は、そのようなあらかじめ用意された手続きの枠内で達成されうるものではない。そもそも手続きはだれのためであるか、手続きの徹底がはらむ被調査者イメージの固定化、語りの聞き取り方、そのときの調査者＝聞き手のあり方等々の問題は残る。そのような問題状況において調査者であるわたしたちはどのように在ればよいのか。アクティヴ・インタビュー論にヒントを得て、アクティヴな聞き手として被調査者の語りを聞き取ることを提案する。

キーワード：聞き取り調査、応答可能性、受苦者、アクティヴな聞き手

---

[*]神戸市看護大学

1　はじめに

「聞き取り調査って、つらいんですね」

　質問紙調査法を習得後聞き取り調査（おもにライフストーリー調査）の方法論を学んだひとりの大学院生が授業最終日にこのようにつぶやいた。聞き取り調査の授業を担当していたのはこのわたしであった。どうやら、わたしのこれまでの調査経験にもとづきながら進行してきた授業がこの学生に「つらい」と表現せざるをえない困難性を自覚させたようだ。このひとことを聞いたとき、わたしは聞き取り調査の「楽しさ・おもしろさ」を伝えきれていなかったことを反省するとともに、やはりわたしの経験してきた病者や被害者などに対する聞き取り調査には「つらい」部分もおおいにあったかもしれないとあらためて思った。聞き取り調査が「つらい」営みに感じられるのは、それが〈ひと〉としてのあり方を問われるまさに倫理的な営みであるからにほかならない。本稿では、ハンセン病者や血友病専門医、HIV感染血友病者、その家族等の病者／事件当事者に聞き取りをしてきたわたしの経験をふり返ることによって、そのことの一端をあきらかにしておきたい。

　わたしの経験した調査は、おもに以下の3つである。

① 　ハンセン病者[1]の「病いの経験」に関する調査：これは単独でおこなったもので、ハンセン病者のライフストーリーに焦点をあて、その経験を聞き取るものであった。調査をはじめたのは、病者たちを制度的に規定していた「らい予防法」が廃止に向かって準備されつつあったころで、その後のハンセン病訴訟[2]提訴・原告勝訴・判決確定の「激動」の時期をカバーした。研究財源はおもに文部省科学研究費（現：学術振興会科学研究費）によっている。おもな成果は著書にまとめた［蘭，2004a］。

② 　ハンセン病問題に関する検証会議によるハンセン病療養所入所者・退所者・家族の被害実態調査：これはハンセン病訴訟原告勝訴を受けてうけられた厚生労働省の委託事業、日弁連法務研究財団ハンセン病問題に関する検証事業の一環でおこなわれたものである。検証会議（座長：

金平輝子元東京都副知事）のもとにもうけられた検討会調査班の研究協力者（調査班アドバイザー）として、ほかの社会学研究者 3 名[3]とともに参加した。調査票を準備した上での聞き取り調査で、全国規模での調査であったため、調査員は社会福祉専門職団体協議会所属のソーシャルワーカーがおこなった。成果は、検証事業報告書の別冊にまとめられている［日弁連法務研究財団，2005］。

③ 輸入血液製剤による HIV 感染被害問題の調査：これは「輸入血液製剤による HIV 感染問題調査研究委員会」のもとでおこなわれている共同研究である。そもそもは大阪 HIV 原告団・弁護団の関係者を中心に大阪で結成された特定非営利活動法人からの依頼ではじまった。2002 年度からは、学術振興会科学研究費を得て、医師および患者・家族・遺族の被害／事件当事者について調査している。成果は、3 冊の報告書にまとめられている［輸入血液製剤による HIV 感染問題調査研究委員会，2003, 2005；栗岡編，2006］。

2 聞き取り調査の経験

2.1 「対話」としての聞き取り

　聞き取り調査の最大の特徴は、調査者と被調査者とが時空間をともにする営みであるところにある。調査者は、相手の顔や目を見つめ、聞きたい質問をすると同時に、被調査者も調査者の顔や目、そして所作をまなざし、質問を解釈し、みずからの経験を語る。質問の意味や意図がわかりにくいときには、その真意をたずね、回答を寄せる。その回答は、イエス-ノー形式の短い答えになることもあれば、みずからの思い、考え、感情をことばに紡ぎ、長い物語となることもある。被調査者は、語り手であるとともに調査者と同じく聞き手ともなりうる。同時に、調査者は、聞き手であるとともに語り手ともなりうる。そのような「対話」的な関係で調査過程は進行する。

2.2 調査の目的と調査者としての正当性

　「おたくは、どういうつもりでうちの話を聞くのか。そのことがはっきりしないあいだは、録音なんちゃしてもろうては困る」

　これは、「らい予防法」が廃止されて数ヵ月たった1996年の夏、わたしがあるハンセン病者のライフストーリーの聞き取りをはじめるにあたり、テーブルの上のテープレコーダーに手をのばそうとしたときにかけられた言葉である。
　ハンセン病国賠訴訟以降、多くのひとがハンセン病者に直接会って話を聞くようになり、とりわけ日本の絶対隔離政策の誤りを学び療養所の歴史を知ろうとする「取材式」聞き取り調査においては上のような問いを発せられることはもはやほとんどないだろう。しかし、それ以前の時期の、しかも「あなたの人生について語ってください」というような、個人に焦点をおいたかたちでの調査は、いわば調査者と被調査者との問題認識が共通しないとき／ところでの実践であり、その齟齬を確認するかのように被調査者は訊ねてきたのである。わたしはよりいっそう克明な説明をしなければならなかった。さらに、ながらくハンセン病者のおかれてきた被差別の状況ゆえに、被調査者は、調査者が個人的なことを含めた微妙なことがらを聞き取るに値する人間かどうかを鋭く問う。調査者であるわたしは、このとき、おおよそ以下のように説明した。すなわち、一般的なハンセン病の医学的知識や政策史やこの療養所の歴史などについて前もって勉強してきたが、きょうはあなた個人の話、とりわけご家族の話を聞きたい。そして、あなたのこれから話すことは、あなたの許可が出るまで個人が特定できるようなかたちでは公表しないからぜひ話してほしい、と。そして、それを受けてそのひとは、1980年代後半以降の世界の民主化の流れの中に現在のハンセン病をとりまく状況もあって、この春「らい予防法」が廃止されたし、その数年前、附属看護学校学生が文化祭でハンセン病問題を取り上げたのだ、と語りはじめた。彼の認めるその学生活動の発端は実はわたしにあった[4]。そこでわたしはそのことを伝えた。そのとたん、彼は、わたしの所望した家族に関する話を語りはじ

め、録音することも許可した［蘭，2004a：60-61］。わたしの「調査者としての正当性」は、この看護学校での活動のエピソードで一挙に獲得できた。彼は、聞き取りという営みが、ハンセン病をめぐる問題を病者以外のひとびとが認識し共有する端緒になる可能性をもつことを認識したがゆえに語り始めたのだろう。

　また、ハンセン病者の場合、このようなことばを通したやりとり以前の段階で、調査者が〈理解者〉であるかどうかも判断されている。たとえば「（ハンセン病者である）自分の淹れたお茶を飲んでくれる」かどうかといった点でなされるのである［蘭，2004a：11-12］。

　同様に、HIV 感染問題にかかわった血友病診療にあたる医師たちは、「事件」発生以降、とりわけ訴訟期においては、なにをいっても「マスコミから揚げ足をとられる」状況をすごしてきた経験をふまえて、わたしたちを聞き手として適当かどうかをさぐり、たとえば、20 年以上さかのぼる「当時」のできごとの聞き取りに際して、「過去の話は記憶違いも多く、役に立たないのではないか」という疑問を呈した。実証主義的な観点にたって仕事（医学研究）をしているという自負をもつ医師たちにとって、唯一の真実を求める実証主義的志向から距離をとったわたしたちの調査目的は理解を超えるものであったにちがいない。したがって、わたしたちは社会学的方法論－とりわけ聞き取り調査のそれ－を提示する必要があった［蘭，2003a］。

　以上のような問いに対する説明や調査者のあり方に調査者が納得したとき、被調査者は、調査者を聞き手に値する者として認め、語りはじめる。

2.3 語られない人生

　しかし、語り始めた病者たちの口から出てくるのは、

> 「ここ（療養所）は、みんな、利口じゃないけど、長年の経験で隠すわけ。だからな、みんな言いたいけれども、みんな本当の話を言わんわけ。」

> 「だれにも言わないから話してごらん、というひとにした話ほど、い

つの間にかまわりに知られてしまっている。だから話さないし、偽名にもする。」

といった語りである。ハンセン病者たちは、療養所の外はいうにおよばず、療養所のなかでさえも（たとえ夫婦の間であってさえも）自分（の来し方や身内）のことを語ってこなかったという。それは、ひとつには話すことで「まわりに知られて」差別や排除を受けたという「長年の経験」からであった。とくに、療養所退所者は、「らい予防法」の存在ゆえに「言えば、（職場を）クビになる」可能性があり療養所に収容されるために語れなかった［蘭，2004a：240-242］。ハンセン病を患うことによって経験した実際の差別・排除（enacted stigma）とそれへのおそれ（felt stigma）のために語れないのである［Scambler, 1984］。これは、ハンセン病者だけでなくHIV感染血友病者にも共通する。HIV感染の事実はいうまでもなく、血友病であることもあまり語られることはなかった（「血友病＝HIV感染」という理解のもとではなおさらである）。前述のHIV感染にかかわった血友病医師たちも、「何を言ってもマスコミから揚げ足をとられる」状態や同じ医療者から差別される状況は、スティグマが貼付されるような状態であったと考えられる。

また、個別の人生は「差異」をつねに抱え込んでおり——それをわたしは「異口」と呼ぶ［蘭，2004a］が——、ハンセン病療養所入所者の場合、それが他の入所者たちとの距離をあからさまにする可能性をもち、それゆえ語られることはめったになかった［蘭，2004b］。とはいえ、目の前にいる語り手は、なんとか調査者の質問にこたえ、みずからの人生を語ろうとする。もちろん、なかには、とうとう人生の長い物語を語るひとたちもいる。

2.4 語ることの困難

しかし、苦しかった過去（＝人生）、めったに語られることのなかった人生をあらためて語ることは、基本的に語り手にとって苦しい実践である。

「過ぎ去ったことを考えるというのは、また、具合悪いですね、いろいろと。ええ思い出ならええけど、悪いことをまた思い起こすことは、ええことない。」

「思い出すと苦しいことばっかりじゃけん、やっぱり話せぬとはほんとじゃないかな。」

なぜならば、語り手は語ることによって経験を再度生きるからだ。すなわち、「思い出したくないことから忘れ去った記憶を蘇らせること、つまりトラウマを記憶の底から引きずり出して語るということは、ある意味では、血を流し肉をそぎ落とすことほどに苦痛を伴う実践で」ある〔河口，1998：147〕。ハンセン病や血友病、さらにはHIV/AIDSの経験は、症状だけでなく、社会的側面においても患者を苦しめてきたし、いまなお苦しめ続けている。河口がいうように「トラウマ」となっている経験も少なくない[5]。そのような経験をした彼らはまさに〈受苦者〉である。したがって、受苦者にその経験を「いま－ここ」で語ってもらうこと／聞き取ることは彼らを再度侵襲する行為にもなりかねない。

また、あるHIV感染血友病者は、現在の生活問題について言葉にするまでに、何度も胸に手をあてまさぐっていた。聞き手のわたしは、胸の痛みがあって心臓発作でも起こすのか、と息をのみながらその所作を見つめていたが、ようやく具体的な生活問題に関する具体的なことばが発せられて心臓発作ではないことがわかり、ほっとしたことがある。このエピソードはHIV感染血友病者という受苦者がことばを紡ぎ出すのにどれほどの困難をかかえているかをあきらかにしている。

2.6　聞き取ることの困難[6]

「先生は、裁判に賛成か反対か」

ハンセン病国賠訴訟がはじまってまもなく、裁判の動向をいくぶん批判的に見ていた入所者からこのようにストレートに訊かれた。過去の日本政府に

よるハンセン病政策とその結果としての病者たちの人生を思うと、国の政策のあやまりは確かなことであって、病者たちのクレイム申し立てとしての裁判は当然の権利であると思っていたし、それを支援するのも当然のことだったが、調査者の裁判への態度によって聞き取りが不可能になる事態を想像するとみずから進んで態度を表明することは避けていた。しかし、訴訟への態度によって人間関係が分断され相互に反目しあうような「訴訟期ハンセン病療養所」においては、原告、非原告それぞれの語りの磁場に引きつけられ、各人の語りをまえにわたしはひどく動揺した。それは、わたし自身の聞き取りのテーマが被調査者個々人のライフストーリー／ライフヒストリーに焦点を当てて、両者の語りを対面的状況で肯定的に聞いていたことによって生じた動揺であった。その後、その過程をトランスクリプトによって反省的にとらえなおすことによって、わたしは基本的に訴訟を支持している存在として非原告の前にあったこと、したがって動揺する必要はなかったことが判明したのだが、調査を実施した時点では、自分の（訴訟についての）「位置」をあきらかにしないで原告でないひとに同調していたにもかかわらず、時をおかず正反対の原告のひとたちに同調した、一種の「裏切り者」のように感じて動揺していたのである［蘭，2004a：273-308］。もちろん、訴訟をめぐる対立だけでなく、その他もろもろの意見の対立がある状況において、聞き取りをすることは困難をともなう。

　HIV感染血友病者への聞き取りでは、裁判で問題にされた、非加熱濃縮血液製剤から（それ以前に使用されていた）クリオ製剤への転換[7]について、それが非現実的であると認識していた医師がいたという話をしたとたん、決してそんなことはないと声を荒げ、顔を真っ赤にした語り手をまえに、わたしはことばをどのようにつぐべきかわからなかった。

　すなわち、わたしは語り手の語りをまえに、葛藤し、困惑し、ことばを失い、心理的におおいに揺らいだのである。

3 「応え」としての倫理的手続きの例

　わたしの調査経験のなかで出会った語りからいくつかの「問いかけ」を挙げておいたが、それらは被調査者が、ハンセン病者やHIV感染者等のスティグマを貼付された病いを生きる人々であったため発せられたにちがいない。そして、そのような問いかけがなされうることはある程度調査開始にあたって予測できるものであり、倫理的配慮をふまえた「手続き」によって「応える」ことのできるものでもあった。したがって、倫理的手続きとは、聞き取りが安全で安心な状況において実行されうることの、まえもっての宣誓のようなものであろう。ここでは、実際に実施した具体的な調査手続きについて報告しておく。

3.1　調査目的と正当な調査者であることの提示

　まず、調査主体が組織的なもの（たとえば、ハンセン病問題に関する検証会議による被害実態調査）や患者団体や支援者団体の協力による調査（当事者参加型調査）となることで、一挙に「公共性」を帯び、正当な調査者でありうる可能性が増すだろう。個別の研究者の場合は、科学研究費や研究助成団体の助成金等があることがひとつの目安として提示できるかもしれない。

　また、調査目的をしっかり説明するとともに、文書のかたちで被調査者に提示することは、社会調査という営みを双方が自覚的におこなうのに役に立つ。

　チームで調査研究している場合（メンバーみずから調査に赴く場合）は、統一の説明書を用意し、それにそって説明してもよい。ハンセン病検証会議の被害実態調査のように、地理的に広範囲にわたりしかも一定（短）期間内におこなわなくてはならない調査では、実際に被調査者個人に聞き取りをおこなう多数の調査員の協力を得なければならず、調査主体（この場合は調査班）は、被調査者全体への広報や説明だけでなく、調査員への説明も徹底しておかねばならない。具体的にこの調査では、社会福祉専門職団体協議会（以下、社専協と略す）の協力を得て全国のソーシャルワーカーのなかから

調査員を募るとともに全国規模の調査体制を組織した。その上で、調査票の適切な使用法、各質問項目の主旨、一連の調査の手続きや注意点（たとえば、調査票の質問を順に訊ねていくのではなく、高齢の被調査者に人生を語ってもらうように調査を進めること等）、ハンセン病／療養所をめぐる用語解説を編んだ「調査マニュアル」を、全国ハンセン病療養所入所者協議会、社専協役員、弁護士等の意見を参考に作成し、調査員に対する「全員打合会」を開き、配布するとともに、調査の目的ほかの詳細について徹底した。一方で、各療養所および自治会には検証会議の座長名で「協力依頼書」を出し、厚生労働省からも各療養所に調査協力要請文書が送られた。個々の被調査者への説明は、「調査のおねがい・ご説明」と題した書面にそっておこなった［日弁連法務研究財団，2005：3-4］。

3.2 秘密保持の遵守

前項の「調査の目的」の説明とともに、病者、事件当事者、被害者調査の場合、万全の注意を払わなくてはならないのが秘密保持についてである。「正当な調査者」であることを求められる理由の大部分はここにあるといえるかもしれない。

ハンセン病被害実態調査では、すべての調査員、および、調査過程において調査票等のデータに接する者たち（調査補助者、事務補助者）すべてに、誓約書への署名を義務づけた。また、個々の被調査者については、前述のように「調査のおねがい・ご説明」と題した書面を用意し、調査の主旨、プライバシー厳守、調査への参加の自由意志による決定、聞き取りのどの段階においても中止・中断が可能であることについて説明した。

通常は、この段階で被調査者による同意書への署名がおこなわれる。被調査者による同意書への署名は、桜井もいうように、医療現場におけるインフォームド・コンセントになぞらえて医師と患者／専門家と素人という非対称性が強調される危険性もあり［桜井，2002：86］、つねに最善の方法であるかどうかは非常にうたがわしいが、事前の倫理審査の条件となっていて通常の調査手続きに加えられていることも多い。しかし、この調査では、一般

的な「調査に関する同意書」の様式とは異なって、被調査者に署名をお願いするのではなく、調査員のほうに2枚の用紙に署名を求め、そのうちの1枚を被調査者に所持してもらうこととした。これは、ハンセン病者たちの氏名に対する複雑な思いや後遺症を考慮してのこと[8]であったが、調査員にとっては、被調査者の目前で「署名する」(あるいは署名したものを提示する)という一種の儀礼的な行為を通して、調査の責任をあらためて喚起する機会となったにちがいない。

　また、個々の被調査者をどのように選択するか、そして、どのようにアクセスするかも秘密保持の遵守と密接に関わっている。スティグマと関連する病気を患う者や被害者たちは、その存在の把握やアクセスが非常に困難な状況にあるので、当事者団体(たとえば、HIV訴訟原告団、ハンセン病療養所自治会等)や被調査者とすでに信頼関係のあるひとたち(たとえば、患者や医師)の紹介によってかろうじてルートが開かれることとなる(つまり、このことはおのずから調査方法を限定する)。

　ハンセン病被害実態調査の場合、調査の主旨を前述のように各療養所に知らせるとともに、調査班委員が直接療養所を訪ね、放送や居室訪問によって入所者たちに広報し、「調査協力者」(被調査者)となる者を募った。そして、調査班責任者・事務局責任者が調査協力を了承した被調査者リストをまずつくり、社専協療養所責任者(各療養所担当の社専協会員を決めた)とともに調査員と被調査者のマッチングをおこなうこととなった。情報流出の危険性を低減するために、被調査者の個人名は実際に対面する調査員ら僅少の限られた調査関係者のみが把握した。

　療養所入所者調査の後からおこなわれた療養所退所者調査は、同居の家族にさえもハンセン病を患った過去を秘密にしている退所者もいるという現実[蘭, 2004a]に鑑み、きわめて厳密な手順をふんでおこなわれた調査であり、特筆に値する。そもそもハンセン病療養所退所者の所在はだれも正確には把握していない。被害実態調査への退所者の協力を呼びかけるための方法や秘密保持を厳守しながらのアクセス方法について考えぬいた結果、退所者の所在をもっともよく把握している厚生労働省の協力を得ることとなった。

同省が退所者の把握をしているのは、ハンセン病訴訟原告勝訴を受けてもうけられた退所者給与金制度の運用をおこなっているからである。そこで、厚生労働省疾病対策課より「退所者給与金の現況届」（給与金の受給のために年 1 回提出する届）用紙を発送している退所者に対し、「ハンセン病問題事実検証のための被害実態調査について」と題する書面および「同意書」を同封してもらい発送した。調査事業そのものの周知をめざしたこの段階では、秘密保持およびこの調査の中立性に鑑みて、調査の主旨および調査班による退所者への連絡の可否（「厚生労働省疾病対策課より調査班に対してあなたの連絡先を開示してよいかどうか。よい場合には、どういう連絡先がよいか」）を確認するにとどめた。もちろん、選択の如何に関わらず不利益は一切生じないことを明記し、これに同意した者に対してのみ、あらためて調査協力を依頼することとした。そして返送された同意書にもとづき、調査班より挨拶状を送付し、調査に関する説明文書の発送の可否を確認した。その後の返事をまってあらためて説明文書（「聞き取り調査のご説明」）と調査協力の意思確認のための文書（「退所者調査への返答書」）を送付し、その返答をまって調査協力への意志を確認するとともに、聞き取り調査における被調査者の条件等（接触の場所、時間、方法の設定等、家族を含む周囲のひとびとに調査を受けることがさとられないようにするための諸条件）の確認をおこなった。これらをもとに調査班責任者・事務局責任者が個別に連絡したうえでリスト作りをし、社専協責任者とともに調査員のマッチングをおこない、各調査員が被調査者の指定する方法で連絡をとった［日弁連法務研究財団, 2005：3-9][9]。

　調査協力を得るために何段階にもおよぶ書類送付と意志確認が必要となった退所者に対応して、実際に調査をおこなう調査員についても入所者調査以上に厳密なガイダンスが必要となった。すなわち、ほとんどの調査員を入所者調査担当調査員（退所者調査開始の時点ですでに入所者への調査を経験している）から希望者を募ることによって準備し、退所者調査における留意点を説明した文書（「退所者調査について」）およびプライバシー保護への配慮を喚起するとともに、退所者調査用のインタビューガイド（「退所者への聞

き取り調査の留意点」）を加えた「調査マニュアル〔退所者調査版〕」を各調査員に配布したのである。個々の被調査者と連絡をとる調査員らの電話口でのひとことでさえも被調査者の秘密を暴露することになりかねず、取り返しのつかない結果を招きかねない。そのような事態をも想定し、調査の侵襲性に対する配慮にちからを注いだのである。

3.3 調査票・録音媒体・トランスクリプトの取扱い

　倫理的配慮と手続きには、実査の過程だけでなく、事後のデータ集約や整理、保存までが含まれる。

　聞き取った語りの録音は、逐語的にトランスクリプトに起こし、その後、被調査者本人に返却し読んでもらう。その際、今後トランスクリプトをどのように使うのか、語りに出てくる人名や地名等の固有名詞をどの程度匿名にするのかの基準を示しておく。語り手が希望する削除や匿名化については可能なかぎり意向を尊重し、相互に交渉して最終的なトランスクリプトを確定する。それが調査の報告に使用できるトランスクリプトとなる。これが現時点におけるトランスクリプトの標準的な扱いである［桜井，2002：181-182］。

　わたし自身のハンセン病者研究においては、当初はトランスクリプトの返却はせず、執筆した草稿や完成稿を被調査者に見てもらっていただけであった。問題となりそうなところはそのときに確認し、本をまとめる際に改稿した。現在は、トランスクリプトを被調査者に返却し、削除や修正する部分を確認してもらっている。しかし、話しことばが自分の語った通りに文字に起こされているトランスクリプトを読んでもらうことは、たとえ文字を読むのに慣れていたとしても、相当苦痛をともなう作業である。このことを常に念頭においておくことは必須であろう。

　HIV調査では、当初からトランスクリプトを語り手に返却して読んでもらい、削除や修正を受けている。チェック済みのトランスクリプトは研究者間で共有している。トランスクリプトの共有に際しては、具体的な取り決めを別途文書につくってまとめている。ただし、修正前のトランスクリプトに

は語った被調査者とそのとき聞き取りを担当した調査者（聞き手）だけが知る情報が満ちていて、語ったことがトランスクリプトに実体化していることに留意すべきであろう。「物」としてのトランスクリプトは、隠しておきたい「秘密」を、他者に知られる可能性のある「情報」として存在させてもいるのである。それゆえ、返却は手渡しによるか、書留郵便（「親展」と明記）であることが必須である。また、差出人の名前や住所、宛先をどこにするか、使用する封筒等について、被調査者の希望を聞き、確認しておく必要がある。これらの確認事項をマニュアル化することは可能である。

　ハンセン病検証会議の被害実態調査では、調査マニュアル、調査票は複写厳禁とし、それらをも含め、聞き取り調査のときに書いたメモ、録音テープなどをすべて回収し検証会議存続中は日弁連法務研究財団ハンセン病検証事業事務局に、会議終了後はハンセン病資料館[10]に保管されることとなった。このときの録音は調査員が聞き取り終了後調査票に回答を書き込むにあたって使用し、トランスクリプトは調査報告書の「国立療養所入所者調査（第2部）」に使用したものを除き、作成していない。

　調査報告書作成に際し、調査に応じた者の調査票（返却されたものすべて）のうち「調査班報告書資料としての使用の承諾」のとれた者の調査票について集計した。調査票にはコード化された選択回答と自由回答欄のテキスト（すべての書き込みをテキストデータとしてコンピュータに入力）のふたつの情報が入っていたが、自由回答欄のテキストの引用の際には、あらためて「調査班報告書資料としての使用の承諾」にかかわる「付帯条件」（たとえば、「所属の療養所名をだしてほしくない」など）の有無を確認し、その条件のもとで記載した。承諾や付帯条件の有無があきらかでない調査票については、調査班委員が社専協療養所担当者等とともに被調査者に再度連絡をとったうえで被調査者の意志の確認をおこない、被調査者本人の意志を最大限に尊重するようにした。

　以上、倫理的配慮にもとづく手続きの実際について述べたが、これらで問題がすべて解決されるわけでは決してない。次節では、手続きを超える問題、あるいは、手続きを厳密にやることによって出てくるあらたな問題状況

の可能性、そして、それらを自覚したうえで聞き取り調査の場においてどのようにあればよいのかについて考えていこう。

4 手続きでは捉えきれない問題を受けとめる

4.1 手続きはだれのためか

　聞き取り調査は、調査をはじめてみないと何がトピックやテーマとなるかわからない営みであるため、前述の倫理的配慮にもとづいた手続きでその全過程をコントロールすることは不可能である。ハンセン病検証会議の被害実態調査の場合は、それが多人数の調査員を動かして実施しなければならない公的な大規模調査であったこと、聞き取りとはいえ、そのガイドラインとなるような調査票があったこと（半構造化された聞き取りであったともいえよう）、それまでに被差別者やハンセン病者への聞き取りをやったことのある研究者がアドバイザーとして参加し、ある程度の被調査者像をあらかじめ想定することができ、二次被害を極力減じようと努力した、等々の理由で、前述のような比較的詳細な倫理的配慮にもとづいた手続きをおこなうことができたといえよう。そして、その手続きの実施については、調査班委員、社専協役員、社専協療養所担当者、調査員、そして被調査者との綿密な連携（つねにコンタクトをとるなど）によって達成されたが、はたしてそれは調査者、被調査者どちらに資するものとなったのであろうか。後日、調査班に関わったメンバーのひとりは「（倫理的配慮に関して）調査者の都合にあわせてリスク管理をしている、という思いは正直つきまとっていました」と語っており、倫理的配慮が被調査者のためというよりも調査者のリスク回避のためであったことが自覚されていた。社会調査という営みは、基本的に調査者側からしか出発しないのではないだろうか。

4.2 倫理的手続きと被調査者イメージの固定化の問題

　倫理的手続きは、ハンセン病検証会議の被害実態調査に見られるように、被調査者がどのような状況におかれているかを理解してはじめてその内容を

検討できる。それは、調査を始める前に、ある一定の被調査者像を構築し、それを前提として調査過程を実践することでもある。いいかえれば、調査に入る前にそのような準備をしっかりすることは、被調査者イメージを固定化してしまう側面があるということだ。とはいえ、たとえば、多くのハンセン病療養所退所者のように、ハンセン病者差別の現実に直面しつつ、ひっそりと（なかばおびえつつ）暮らしている者たちの〈生〉に配慮せずして、調査をおこなうことは、文字通り暴力的で侵襲的な行為の実践となる。したがって、一定の像を描き、その具体的なありかたをあらかじめ知ろうと努めることは必須である。しかし、だからといって、イメージ固定化の問題が等閑視されてはなるまい。

　では、どうすればよいのか。明確なこたえはないが、このようなディレンマを抱えつつ調査をしなければならない現実をしっかり確認し、さらには、つぎのような被調査者の声を聞く耳を持ち続けることを提案したい。

　「入園者は一方的に被害のみを受けてきたのではない。…（中略）…単純に被害というものだけを見てしまったら、一方的な見方になってしまう。大切なのは、入所者がそのときどのように生きて、何を生み出してきたのかということをこれからは検証していくべきである。そうでなければ、ハンセン病問題の全体像が見えてこないと考える（1932年入所、男性）」［日弁連法務研究財団，2005：162］。

　これは、被害実態調査の入所者調査の回答に寄せられた意見である。この調査が「被害実態」を前面に出した調査であったがゆえに、その枠内であきらかになるハンセン病者像は「被害者」の側面に固定化される可能性が高かった。そのことへの違和感をこの被調査者は述べているのだ。

　とりわけ、被差別者についての調査は、さらなるステレオタイプ像を喚起しないように、ひとりひとりの被調査者が〈ひと〉として生きる具体的な人物像を構築する必要がある［好井，2006］。なぜなら、差別問題のひとつのありようは、予断と偏見とにもとづいて差別者にとって都合のよい「虚像」を構築することであるからだ［蘭，2003b，2005b］。これは、最終的にわたしたちが調査の成果を出すときの問題（記述の問題）にもつながるであろう

［蘭，2006］。

4.3 語りをどのように聞きとるか

　聞き取り調査のなかでも、わたしがやってきたようなライフストーリー調査においては、目の前にいる被調査者の語りをどのように聞き取るかが大きな課題である。たとえば、ハンセン病者たちはながらく日本独自の絶対隔離政策のもとに生きることを余儀なくされたがゆえに、とりわけ同じ療養所に長年一緒に暮らしてきた病者たちの「生活としての生」（体験）［Bruner, 1984：7］はほぼ同じと見ることができ、同じ場所で長年暮らしてきた病者たちをとらえて、その「経験としての生」（経験）や「語りとしての生」（語り）も同じだという、一枚岩的な集合的イメージを抱いてしまう可能性がある。しかし、桜井がつとに指摘するように、同じような「生活としての生」を生きてきても、「経験としての生」や「語りとしての生」が同じだとはいえないし、同じような人生を語ったとしても、それが同様の「経験としての生」や「生活としての生」を表出しているとはかぎらないのである［桜井，2002：31-32］。つまり、語り手個人の体験に関する主観的現実（意味づけや解釈）はさまざまであり、それこそが被調査者の語りに表出されるのである。したがって、そこに焦点をまずあてることがわたしたちのやるべきことである。いいかえれば、「現に生きて目の前にいる存在」としての被調査者を自分の目でたしかめながら理解することの大切さを知ることが必要であるとはいえまいか。もちろん、語られた「語りの様式」に注目することで個人の語りから〈社会〉——社会におけるその個人の位置づけやアイデンティティのありよう——をあきらかにしていく［桜井，2002］ことにも意識をそそがねばならないが、その場合の出発点も目の前にいるひとりひとりの人間の語りであることを確認しておきたい。とりわけ、わたしの経験した調査のように、被調査者が病者・被害者といった〈受苦者〉であるとき、その必要は最大のものとなろう。受苦とは、自己を踏みにじられる経験である。そのような経験をもつ者たちの前に、その存在に敬意を払わないあり方で調査者が「在る」ことは、許されないだろう。

これは、治療のために病者の「病いの語り」を傾聴することを主張するクラインマンの「モラル・ウィットネス」（倫理的証人）の概念に通底するところであろう［Kleinman, 1988：246＝1996：326］。すなわち、病者や被害者、事件当事者ひとりひとりの語りに、調査者である聞き手が語り手とともに存在し立ち会うことを意味する。もっとも、社会調査の営みにおいてクラインマンのいうような治療的行為（介入的実践とも言い換えられよう）をめざすことは不適切である。しかし、治療とは異なった次元で彼らの存在を肯定的に受容しその語りを聞き届けるという行為は、決して排除されるべきものではないし、むしろ積極的に取り入れられてよいものではないか。たしかに、聞き取り調査は語り手にとって「語ることの困難」があり、聞き手にとっても「聞き取ることの困難」がある営みであって容易ではないが、受苦や被差別の経験をしてきた病者や被害者、事件当事者たちに対して、その語りを積極的に受け止めようとする（積極的な受動性をもった）聞き手として存在することは、必要不可欠のことではないだろうか。いいかえれば、聞き取り調査という限られた時空間における語り／聞き取りの過程に表出される、受苦者である被調査者の、「形をなさない経験の細部を再考する契機」［江口, 2005］を積極的に支えるのである。そして、その営みは、調査者という聞き手の背後にもっと多くの聞き手（プラマーのいう「聴衆」［Plummer, 1995＝1998：41-42］）の存在があることを語り手に予想させるかもしれない。もちろんそのことを知らせたからといって彼らが語り始めるかどうかは不明だが、少なくとも困難をともなう語りを聞く覚悟をもち準備をした聞き手の存在を知らせる意味はあるだろう。ハーマンの、トラウマの最大の特徴は語ることができないところにあり、そして、トラウマが語られはじめると回復が進むという議論［Herman, 1992＝1996］を参照すれば、受苦者たちの、これまで語られずに来た人生（やできごとやそれらへの意味づけ）についての語りは、肯定的に聞き取られることによって、結果として彼らの〈生〉を積極的な意味につなげる可能性があるかもしれない。たしかに、ハンセン病者の場合は、これまで沈黙されていた語りが訴訟過程を通じて、弁護士たちや支援者たちという聞き手を得て、以前よりはるかに多くの病者た

ちによって語られるようになった。そして勝訴とそれを受けての補償政策[11]によって心理的にも物質的にも確実にハンセン病者をめぐる状況は好転した。同時に、病者たちの語りは、「聴衆」たちにあらたな解釈図式を呈示し社会変革の一端を担った[12]。わたしの小さな営みでさえも、複数の被調査者から感謝の意が表され、語り手を力づけたようだ［蘭，2004a］。すなわち、聞き取り調査はときにこのような潜在的機能をもつのである。しかしながら、このように調査という行為によって「よい」結果がもたらされるにしても、それはあくまでも意図せざる結果であるとしてとらえることが社会学の立場であるとわたしは考えている。「ある調査研究において幸運にもそのような結果が手に入った」というようなとらえかたである。この点で、ソーシャルワークやカウンセリング、ナラティヴ・セラピー、弁護士による調書作成などにおける聞き取りとは異なるといえよう。

　したがって、被調査者の方から「よい」結果をもたらすよう求められる語りに直面したとき、社会調査としての意味は変容する。たとえば、妻にもハンセン病であったことを知らせていないある社会復帰者が、彼のライフストーリー論文を掲載した拙著をさして「ここに本当の自分の人生がある」といい、「死ぬまでにはきょうだいのひとりにこのことを知らせたい。いつか先生のところをそのきょうだいと一緒にたずねていくから、ひとつ説明してください」と語るような場合である。まさに、それは、被調査者の人生のゆくえに深くかかわる事態を喚起する申し出であった。ここにおいて、わたしは自分の調査の営みが別の位相にうつったと認識した［蘭，2005c］。自分の営みが、「もはやこれは社会調査ではないのか」否か、はっきりした結論を出すことはいまだできていないが、被調査者の申し出に承諾の返事をした事実は厳然とあり、その機会が現実のものとなる可能性は持続している。

4.4　アクティヴな聞き手となる

　では、聞き取りの場において具体的にわたしたちはどのようにふるまい、聞き取りをすればよいのか——ひとつのこたえは、ホルスタインらの提唱するアクティヴ・インタビューでいうところの「アクティヴな聞き手(インタビュアー)となるこ

と」にあるとわたしは現在のところ考えている［Holstein et al., 1995＝2004］。アクティヴ・インタビューの前提となる認識は、被調査者は単なる「回答の容器」ではなく、彼らの人生や経験についてアクティヴに語る存在であるというところにある。つまり、被調査者は、「インタビューの中でいま考察中の問題と関連すると思われる内容について解釈を加え」、「その内容が回答として意味が通じるように、あるいはその内容をひとつに合体させると、当該状況において納得される妥当な物語になるように、関連情報を集め」、「経験から得られた情報を語る語り手」、すなわち「経験の語り手（ナレーター）」になるという認識である［Holstein et al., 1995＝2004：82］。このように被調査者がアクティヴな経験の語り手であるとすれば、ひるがえってそのような被調査者に聞き取りを行う調査者には、従来の「質問者としての調査者」以上の者であることが求められる。すなわち、「回答者が調査の対象となる問題に本腰で取り組めるように、物語を話す時の立場や語りのリソース、そして、回答者が取るべき方向づけや、この問題の前例などを示したり、ときには提案さえする」ことである［Holstein et al., 1995＝2004：104］。それゆえ、聞き取りの過程のなかで展開されるさまざまな偶然のコミュニケーションが被調査者に影響を与えることを前提に、聞き手は、「インタビューが進行するに伴って、インタビューに持ち込まれる前例や刺激や抑制や視点というものを避けるのではなく、反対にそれらを提供する準備をしておかなくてはならない」［Holstein et al., 1995＝2004：192］。このようなアクティヴな聞き手として被調査者に向き合うことが被調査者の語りを肯定的に聞くことにつながるとともに、前述の「聞き取ることの困難」を乗り越えていく可能性をもつ。

　具体的に説明しよう。そもそも「大学の研究者が来て話を聞く」というだけでも被調査者に大きな影響を与える。ホルスタインらは、多くの場合、それが語りを引き出す誘因となるという［Holstein et al., 1995＝2004：107-109］。たしかに、わたしのこれまでの調査経験からもその通りだといえる。が、正反対になる可能性もある。たとえば、ハンセン病療養所退所者が「学校に病院は嫌いや、かなわん。わしはよう行かん」とあいさつもそこそこに

切り出した場合である。しかし、その語りを受けて、聞き取り場所の選択肢から「大学の研究室」をはずし彼の意向に添うようなところに替え、さらに「先生」と呼ばれる調査者の自己をハンセン病者に過酷な人生を強いた「専門家」にひきつけつつ[13]、彼の療養所での経験、とりわけ、医師からなされたこと、それへの思いに焦点をあてて聞き取っていくことによって語りは生成し続けた。つまり、聞き取りの過程で展開するすべてのできごと－調査者と被調査者との相互作用－をリソースとして活用し、被調査者の語りを促進することをめざすのである。また、わたしが裁判への態度を異にする病者たちの聞き取りにおいて「動揺」を感じたとき（既述）、本来すべきであったことは、調査のトピック自体を「裁判への態度」に「自覚的に」移行（シフト）させて彼らの語りをその新しいトピックに結びつけながら、その産出を活性化することであった。そうすれば、わたし自身の裁判への態度も聞き取りの場に明示的にあらわれてきたであろうし、その結果、そのことを自覚的に認識したわたしは動揺することもなかったであろう。

　さらに、調査のトピックや被調査者の経験に関連する背景知も聞き手にとって貴重なリソースとなる。ハンセン病療養所という場とその歴史、あるいは、血友病診療の現場といった「ローカルな状況」を知っておくことは、聞き取りをおこなう上で必須であり、そのような背景知と語られる語りを密接に結びつけながら語りを解釈し、被調査者との対話を続けていくこともアクティブな聞き手のなすべきことである。

　このようなアクティヴな聞き取りは「傾聴」とはまったく異なる営みである。アクティヴな聞き手は、積極的に被調査者の語りを産出させなければならないのである。これをわたしは、「聞き取りを耕す」と呼びたい。

　そして、被調査者の語りに耳を傾け、かつ、アクティヴに語りを方向づけ、その産出を活性化するとき、調査者は語り手の語りのタイミングを見逃さないよう、強い関心（志向性）をもってしっかり聞かなくてはならない。桜井が、ライフストーリー・インタビューの過程を分析して、その意識作用（緊張と緩和）をシュッツのリアリティ論にもとづいて解説している［桜井, 2002：127-132］が、そのような意識作用の緩急が訪れる聞き取り過程

は、まさにジャズのセッションもしくは波乗りのようなものといえようし、それは一種の「楽しみ＝醍醐味」につながるだろう。これを味わうことのできる感受性と志向性を持ち続けることも調査者に求められる必須の要素である。

5　むすびにかえて

　以上、どのような聞き取り調査が価値をもち、そして有用なのかを問いつつ、わたしの調査経験を述べてきた。わたしの経験した調査の場合、被調査者が〈受苦者〉であったことが、その方法や調査実践のなかみを規定してきたといえる。倫理的手続きは、そのような受苦者への聞き取りが安全で安心な状況において実行されうることの、前もっての宣誓のようなものであった。しかし、調査をはじめるにあたっていくら厳密な手続きを施したところで、調査過程が実際にどのようなものになるのかは結果をまたなければならないであろう。いいかえれば、「よい」結果は手続きだけでは担保されないということである。そのような手続きで捉えきれない問題に対して、最後まで向き合っていくことこそ、聞き取り調査をおこなう調査者が引き受けていくべきものであり、調査の倫理であるといえよう。

　ここでは、ホルスタインらのアクティヴ・インタビュー論にヒントを得て、調査者は「アクティヴな聞き手」として被調査者に向き合うことを「よい」調査のための指針とするよう述べた。が、どうもホルスタインらが述べたアクティヴな聞き手の原義を拡大解釈した感がぬぐえない。したがって、ここでの議論は暫定的なものとしてとらえてほしい。

　最後に、社会調査はそれをおこなう調査者みずからが調査という「生きられた経験」を生きる過程であるということだけは確認しておきたい。これはどのような調査であろうといえることであると思う。が、被調査者が語りによって「生きられた経験」をわたしたちにあきらかにしてくれるその過程を、好むと好まざるとにかかわらず、私たち調査者もともに生きてしまっていることを、よりいっそう明示してくれるのが聞き取り調査（とりわけ、受

苦者を対象としたそれ）であることはたしかであると思う。だからこそ、調査過程を生きる〈ひと〉として語り手の語りに向き合い、問いかけに応える努力をしなければならないのである。そして、その過程は、気を抜いていてはおこないえない、という意味で、あるひとにとっては「つらい」ものになるのかもしれない。

付記
　本稿は、2005年の第78回日本社会学会大会倫理綱領検討特別委員会ラウンドテーブル「社会調査と倫理」における報告「病者・『事件』当事者・『被害者』等への聞き取り調査における倫理を考えるために——ハンセン病・輸入血液製剤によるHIV感染問題調査の経験から」をもとに執筆した。

注
1）ハンセン病を患った経験をもつひとの呼称には、「元患者」や「回復（恢復）者」などがあるが、本稿では、ハンセン病という疾患が治癒した／しないの次元ではなく、ハンセン病を患うことによって生成されたさまざまな現実に向き合いながら生きてきた／いることをとらえる意味で「ハンセン病者」を使用する［蘭，2004a：46］。
2）1998年夏、鹿児島と熊本にある2つの療養所の13名が1996年春に廃止された「らい予防法」の違憲性を問い国家賠償を請求するために起こした訴訟で、2001年5月11日に第1次～第4次原告勝訴の判決が出た。その後、国は判決を認め控訴を断念し、国の敗訴が確定した。
3）埼玉大学の福岡安則氏、千葉大学（当時）の桜井厚氏、東京大学の青山陽子氏であり、福岡氏は検討会委員もつとめた。
4）当時、療養所附属看護学校で社会学の非常勤講師を勤めていたわたしは1993年前期のレポート課題に「ハンセン病の理解」を課していた。くわしくは、［蘭，2004a：60-61；熊本日日新聞，2006］参照のこと。
5）ハンセン病者にとっての強制収容、家族や従前の社会関係の断絶、断種や堕胎、重病者看護の経験等々、HIV感染血友病者にとってのエイズパニック時代やAIDSによる友人知人との死別の経験等々、血友病診療医にとっての患者へのHIV感染惹起、医療者仲間からの差別、患者関係の崩壊等々である。
6）本多氏による拙著の書評より［本多，2006］。
7）濃縮製剤導入以前に使われていたクリオ製剤は少人数の供血者の血液で作られしかも国内血での製造が可能であっため、輸入の濃縮製剤よりもHIV感染の危険性が低かったので、このことに血友病医師たちが気づき、クリオ製剤を使用し

ておればHIV感染は防げたし、実際にクリオ製剤への転換も可能であったという原告側の主張をさす。

8）ハンセン病者たちの多くは、療養所という閉じられた空間への入所にもかかわらず、「社会」に残された家族や親族のことを考えて、そしてその関係を断絶する意味でも、「偽名」（園内通称）を名乗ってきた。なかには、「偽名」だけでも複数の氏名をもつひともあるし、たとえ本名で暮らしていても周囲にはあまり知られたくないという思いは強く、氏名についての思いは複雑である。署名という行為によって、それらのことを喚起することがもしかしたら侵襲性をもつかもしれないということと、多くのひとが手にハンセン病の後遺症をもち、字を書くこと自体が不自由であるという実際を配慮し、調査員側が署名することにしたのである。

9）厚生労働省疾病対策課からの書類送付対象は2004年10月現在約1300名であり、すべてに同封した同意書のうち返送されたのは、わずか121件であった。この121件に対し、あらためて調査の説明文書を送付し、それへの同意は52名から返ってきた。その他、有志たちの集まりである「退所者の会」等への呼びかけをもおこなって最終的には85名の調査協力を得ることとなった。最終的な有効調査数は69であった。この調査実施人数からも退所者たちがいかに「ハンセン病」とかかわることを避けているのかが読み取れよう［日弁連法務研究財団，2005：13］。

10）東京の国立療養所多磨全生園の隣地に位置する高松宮記念ハンセン病資料館。

11）裁判敗訴を受けて、国は、ハンセン病訴訟法を制定し（2001年6月22日）、訴訟に加わらなかった病者たちにも、判決と同様の条件にもとづいて賠償金と同額の補償をおこなった。その後、補償法は2006年2月3日に一部改正され、日本統治下の「朝鮮」と「台湾」のハンセン病療養所入所者に対しても補償金が支給されるようになった。

12）かつては、「救癩の物語」、「救癩につくした偉人の物語」としてしか存在しなかったハンセン病者をめぐる語りは、「被害の物語」あるいは、「人間回復の物語」と変容したように思える。

13）被調査者の語りや態度は、療養所医師のありようをわたしという「大学教員」に投影し、かつ、過去の医師－患者関係のありようを覆すかのようにわたしに「対してきた」ので、わたしはそれに従ったのである。

文献

蘭由岐子，2003a，「聞き取りの方法論——相互行為としての聞き取り」『輸入血液製剤によるHIV感染被害問題研究－第1次報告書』輸入血液製剤によるHIV感染問題研究委員会：18-21.

―――――，2003b，「恵楓園入所者への宿泊拒否と差別文書」『熊本日日新聞』12月

27 日付.
―――, 2004a,『「病いの経験」を聞き取る――ハンセン病者のライフヒストリー』東京：皓星社.
―――, 2004b,「生活史を語ることの困難――あるハンセン病者の語りから」『歴史評論』656：33-43.
―――, 2005a,「医師は何をどう語ったか――M 医師の語りを中心として」『輸入血液製剤による HIV 感染被害問題研究－第 2 次報告書』輸入血液製剤による HIV 感染問題研究委員会：81-105.
―――, 2005b,「宿泊拒否事件にみるハンセン病者排除の論理――『差別文書綴り』の内容分析から」好井裕明編『繋がりと排除の社会学』東京：明石書店, 175-214.
―――, 2005c,「もはやこれは社会調査ではないのか？」札幌学院大学社会情報学部『社会情報』, Vol. 15 No. 1：61-75.
―――, 2006,「ハンセン病問題へのアプローチ」『保健医療社会学論集』第 16 巻 2 号：39-51.
Bruner, E. M., 1984, *Text, Play, and Story: The construction and Reconstruction of Self and Society,* Washington, D. C.: American Ethnological Society.
江口重幸, 2005,「保健医療と物語的思考：語りや民族誌がなぜ必要なのか？」『日本保健医療行動科学会年報』20：16-25.
Herman, J. L., 1992, *Trauma and Recovery,* New York: Basic Books.（＝1996, 中井久夫訳『心的外傷と回復』東京：みすず書房.）
Holstein, J. & Gubrium, J., 1995, *The Active Interview,* Thousand Oaks, Calif.: Sage Publications.（＝2004, 山田富秋他訳『アクティヴ・インタビュー』東京：せりか書房.）
本多康生, 2006,「書評 蘭由岐子著『「病いの経験」を聞き取る』」『保健医療社会学論集』第 16 巻 2 号：79-80.
河口和也, 1998,「同性愛者の『語り』の政治」風間孝他編『実践するセクシュアリティー同性愛／異性愛の政治学』東京：動くゲイとレズビアンの会.
Kleinman, A., 1988, *The Illness Narratives: Suffering, Healing and the Human Condition,* New York: Basic Books.（＝1996, 江口重幸他訳『病いの語り――慢性の病をめぐる臨床人類学』東京：誠信書房.）
熊本日日新聞,「ハンセン病特集――ハンセン病とともに：第 3 部隣人として」2006 年 5 月 21 日〜5 月 24 日.
栗岡幹英編, 2006,『学術振興会科学研究費助成金研究成果報告書 輸入血液製剤による HIV 感染被害問題の社会学的研究』.
松澤和正, 2005,「語りはなぜ可能なのか：精神科看護の事例から」『日本保健医療行動科学会年報』Vol. 20：26-37.

三浦耕吉郎，2004，「カテゴリー化の罠」好井裕明・三浦耕吉郎編『社会学的フィールドワーク』京都：世界思想社．

中村雄二郎，1992，『臨床の知とは何か』東京：岩波書店．

日弁連法務研究財団，2005，『ハンセン病問題に関する検証会議最終報告書（別冊）ハンセン病問題に関する被害実態調査報告』(http://www.jlf.or.jp/work/hansen_report.shtml)．

Plummer, K., 1995, *Telling Sexual Stories: power, change, and social worlds*, London: Routlege.（＝1998，桜井厚他訳『セクシュアル・ストーリーの時代——語りのポリティクス』東京：新曜社．）

桜井厚，2002，『インタビューの社会学』東京：せりか書房．

Scambler, G., 1984, "Perceiving and Coping with Stigmatizing Illness," R. Fitzpatrick et al.eds., *The Experience of Illness,* New York: Tavistock.

山田富秋編，2005，『ライフストーリーの社会学』東京：北樹出版．

好井裕明，2006，『「あたりまえ」を疑う社会学——質的調査のセンス』東京：光文社．

輸入血液製剤による HIV 感染問題調査研究委員会，2003，『輸入血液製剤による HIV 感染問題調査研究——第 1 次報告書』．

輸入血液製剤による HIV 感染問題調査研究委員会，2005，『輸入血液製剤による HIV 感染問題調査研究——第 2 次報告書』．

To be responsive to the interviewee's narratives

Yukiko Araragi*

■Abstract

 In this paper we clarify that, based on my experience in interviewing former Hansen's disease patients, HIV-hemophilia patients and related persons, and doctors specializing in hemophilia, that interview research is in itself ethical work.

 Conversational interviews are replete with issues. In my experience as an interviewer working with sufferers of different illnesses, the interviewee will sharply question the objectives of the research as well as the appropriateness of the interviewer, making it difficult to hear the interviewee speak of issues that have yet to be spoken of by him or her. We therefore need to accept the *questions* thrown out by the interviewee, or speaker, to further the *response*. In general ethical procedures, there are prepared *responses* for these *questions*, which seem like predetermined oaths upon their recital. Herein I would like to focus on the actual practices followed in interviewing persons with Hansen's disease at the survey on damages carried out by the Verification Committee concerning Hansen's Disease Problems and Research Panel.

 And yet, the actuality of interview research precludes the ability to prepare such procedures in advance. We are left with issues including for whom such procedures are necessary, that the strict adherence to procedure fixes our conceptions of the interviewee, and we wonder how to listen to what is told us, as interviewers become listeners. In light of these issues, how is that we are to be interviewers? Deriving clues from active interviewing theory, I propose that we listen to the interviewee as 'active interviewers.'

Key words: interview, responsiveness, sufferers, active interviewer

---

*Kobe City College of Nursing

マイノリティのための社会調査
——当事者の現実に接近する方法をめざして

豊島　慎一郎*

■要　旨

　本稿の目的は、マイノリティの現実に接近するための社会調査（量的調査）について方法論的に検討し、研究者と当事者の関係形成の観点から調査倫理について考察を試みることである。具体的には、2つの社会調査を実施する作業プロセスで遭遇した経験や手法をとりあげ、その結果にもとづいて社会的に望ましい調査倫理のあり方を検討する。検討の結果、(1) 調査作業プロセスへの当事者の参加と協働、(2) 当事者への配慮行動が必要であることが導きだされた。この結果は、研究者の行動規範や社会的役割といった倫理上の問題を考える上で示唆的であり、研究者と当事者を繋ぐ「市民の方法」として社会調査の可能性を模索し、当事者の現実に接近するための実証的な方法を創出する作業は、社会調査研究ないしは社会学の重要な課題であることを示した。

キーワード：マイノリティ、社会調査（量的調査）、方法論、調査倫理

1　問　題

　本稿は、筆者が参加した2つの社会調査（量的調査）の事例をもとに、マイノリティの現実に接近することがいかに可能なのかを方法論的に検討し、研究者と当事者の関係形成の観点から調査倫理のあり方について考察することを目的とする。その基本的前提として、社会調査をめぐる以下の議論に主

---

*大分大学

眼をおいて論じていきたい。1つはマイノリティ調査と社会参加の可能性について、もう1つは調査環境や方法論、調査倫理などをめぐる社会調査の現状と課題についてである。近年の先行研究として、前者については武田丈［2005］、後者については日本社会学会編［2003］（「特集・社会調査の困難」）、なかでも玉野和志［2003］と宮内泰介［2003］があげられる。武田［2005］は、マイノリティ研究において「実践に役に立つ社会調査」の重視を主張し、当事者を主体とした「参加型リサーチ」の検討とその可能性について提示している。玉野［2003］は、自らの調査経験の蓄積をもとに量的調査（サーベイ調査）全般の現状と問題を明らかにし、調査対象となる市民社会からの要請という観点から社会調査ないしは社会学のあり方を問いなおすことを主張している。そして、宮内［2003］は、社会調査の多義性に着目し、学問的・方法論的厳密性から距離をおいて、当事者である市民の視点で社会調査を再構成し、研究者と市民の協働を通じて問題解決や政策提言をおこなう「社会的に意味ある実践」へと導く「市民調査」の可能性について考察している[1]。

　では、上記の議論を踏まえて、研究者と当事者の関係形成の観点から社会調査における「当事者」をどのように位置づけ、理解することが可能なのだろうか。研究者と当事者が共同しておこなった調査研究の知見をいくつかみてみよう。武田［2005］は、当事者であるマイノリティを「支援するマジョリティ（研究者）――支援されるマイノリティ（研究対象者）」という非対称的な関係から捉えるのではなく、「知識の創造や状況改善のためのパートナーないしは主体」として、宮内［2003］は、当事者である市民を「問題解決の主体と調査の主体が同一、ないし近い」［宮内，2003：571］存在として位置づけている。三浦耕吉郎［1998］は、環境調査において専門的な知とも伝統的な知とも異なる「独自のローカルな生活知」を生みだす主体として、小林久高ほか［2001］は、行政計画策定に関する調査において「行政の庇護を受けるもの」「対決者」ではなく、「行政に政策を提言するもの」「知恵袋」として、当事者である地域住民を捉えている。このように、社会調査における研究者と当事者の参加と協働という営みには、「当事者の主体性」が

重要な要素となっていることがみてとれる。

　本稿では、上記の先行研究における問題設定や知見を踏まえて、日本社会におけるマイノリティの現実への接近を志向する2つの調査実践を検討し、研究者と当事者の関係形成の観点から社会調査における方法と倫理の問題および研究者の主体性について考察する。

　以下、(1) マイノリティ調査における研究者と当事者の参加と協働にもとづく調査実践、(2) マイノリティ問題に関する実態把握と当事者への配慮にもとづく調査実践の事例をとりあげる。まず、日本のマイノリティ研究の代表的な量的調査である「1995年在日韓国人の社会成層と社会意識全国調査（Social Stratification and Social Conscious Survey、以下『SSC調査』と表記）」を事例として、研究者と当事者が調査作業プロセスをともに創りあげる営みについて明らかにする。つぎに、「1997年社会的公正感の研究全国調査（Japanese Social Justice Perception Survey、以下『JSJP調査』と表記）」を事例として、マイノリティ問題に関する質問の作成作業プロセスにとりあげ、当事者がおかれた社会的・政治的状況や人権への配慮にもとづく実態把

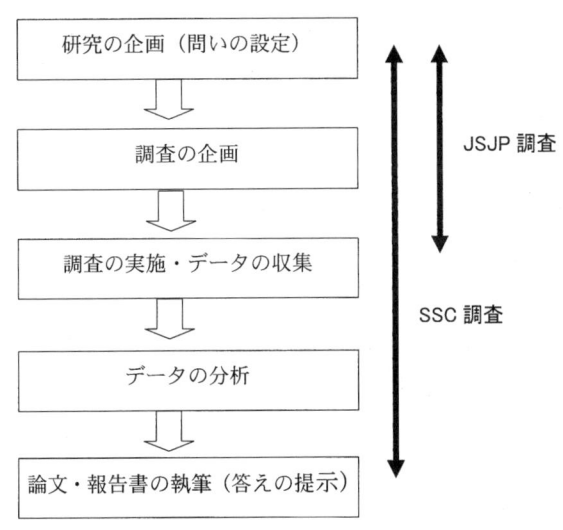

図1　例示の範囲と調査研究プロセスの関係
出所：盛山［2004：43］をもとに筆者が作成

握の可能性を探る。

　図1は、調査研究プロセス全体において、各調査実践に関する事例の対象範囲をあらわしたものである。本稿では、基本的にこの図に沿って事例の説明および検討をおこなうことにする[2]。

2　マイノリティ調査における参加と協働の実践

2.1　SSC調査の事例

　SSC調査は、1994年に在日韓国青年商工人連合会（以下、「青商連合会」と表記）から、「青商連合会設立15周年記念事業」の一環として、在日コリアン研究者の金明秀に委託された調査である[3]。日本に定住する韓国籍の者で満20歳以上の男性を母集団として、在日本大韓民国民団が保有する「韓国国民登録名簿」（在外国民登録者とその家族の名簿）を用いて、各都道府県単位の等間隔無作為抽出によって調査対象者を抽出している。ただし、兵庫県については、1995年1月17日に発生した阪神・淡路大震災に配慮してサンプリングから除いている。調査期間は1995年2月18日〜1996年10月31日で、個別訪問面接調査法によって実施された。調査対象者数1,280人のうち、有効回答者数は899人（有効回収率：70.2％）であった。

　調査作業は、青商連合会と研究班（研究代表者の金と筆者を含む5人の研究者で構成）の共同でおこなわれ、在日大韓民国民団、在日韓国商工会議所、韓国青年会議所、在日韓国青年団、在日韓国学生会といった民族組織が協力している。SSC調査の調査作業プロセスの特徴は3点ある。第1に、研究者と当事者の協働作業のもと、当事者が研究企画から成果報告までのあらゆる調査作業プロセスに主体的に参加していた点である。第2に、調査作業プロセスのあらゆる段階において、当事者への配慮に関わる問題をめぐって研究者と当事者間の討議がおこなわれていた点である。そして、第3に、当事者である研究代表者が「研究者−当事者」および「研究−実践」を繋ぐ役割を担っていた点である。以下、『在日韓国人の社会成層と社会意識全国調査報告書』［金ほか，1997］をもとに、調査作業プロセスの経緯（図1）

に沿って上記の諸特徴について検討する。

2.2 研究の企画

　SSC 調査の研究目的は、エスニシティ研究と社会階層研究を踏まえ、日本最大のエスニック・マイリティである在日コリアンの生活をとりまく実態把握と問題状況を実証的に解明することにある。「調査の概要」では、つぎのように説明されている。

　　　（SSC 調査の）目的は、過去および現在における在日韓朝鮮人の生活
　　と意識の構造、動態を記述することにより、将来の在日韓朝鮮人社会の
　　姿を見通すうえで、一つの、そして限定的ながらも客観的な、判断材料
　　を提供することができる。［金ほか，1997：2］

　つづいて、当事者である青商連合会は、この調査の企画にあたってどのような意図があったのかをみてみよう。

　　　ねらいとしては、在日同胞の職業をはじめ民族意識、生活環境がどの
　　ように変化してきたのか、現状はいったいどうなっているのかを浮き彫
　　りにすることを目的としたが、一人一人訪問面談することで我われ青商
　　の組織力量の充実――会員の視野の拡大とフィールドワークを通じての
　　足腰の強化も企図された。［金ほか，1997：ii］

　この記述から、青商連合会（上記の引用では「青商」と表記）が実査を調査作業プロセスの一環としてだけではなく、民族組織活動の一環としてメンバーの「学び」の実践としても位置づけていることがみてとれる。いいかえれば、青商連合会は、メンバーひとりひとりが調査員として「同胞」に直接出会い、面接を通じて「同胞」との民族的な繋がりを確認し、自分自身がおかれている社会的現実を知る営みとして、社会調査を意味づけているのである。この背景には、若い世代の民族意識の希薄化、民族組織への不参加の実

態、いわゆる「組織離れ」の深刻化などの在日コリアン・コミュニティが直面している民族的な問題があり［金ほか，1997；福岡・金，1997］、その解決策として調査作業プロセスにおいて組織づくりの強化とメンバーの意識向上が要請されたと考えられる。「マイノリティのエンパワーメント」［武田，2005］という観点からみると、SSC調査は当事者主体による実態把握、問題解決、そして政策提言を志向した「アクション・リサーチ」、ないしは「市民調査」［宮内，2003; 2004］の側面をもつといえる。調査の根幹として研究活動と民族的活動の実践の両立が意図されていた点は、マイノリティ調査のあり方や研究者の役割を検討する上で注視すべきだろう。

2.3　調査の企画

　調査の企画は、研究代表者と青商連合会の協議によって検討された。その結果、収集された調査票とデータの所有権は代表研究者に帰属すること、サンプリングと実査は青商連合会が担当すること、調査の企画から分析に至るまですべての手続き（サンプリングと実査を除く）を青商連合会の承諾をえて研究班が直接管理して実施すること、といった基本原則が設けられた。これらの原則の内容から、研究者と当事者それぞれの能力や立場を最大限生かし、互いに助けあい補いあうことが可能な役割分担のあり方を吟味し、社会的・民族的な問題に起因する調査上の困難や制約を克服できる調査作業プロセスをともに創りだそうとする姿勢をみいだすことができる。

　その後、調査コストとサンプルに関する問題、調査員のインストラクションの実施などの具体的な基本指針についての協議が重ねられた。なかでも注目すべき点は、被災した在日コリアンの生活実態に配慮して兵庫県をサンプリングから除外するという基本方針が決定されたことである。在日本大韓民国民団の報告によれば、阪神・淡路大震災による兵庫県下の在日コリアン（韓国人）の犠牲者総数は131名（日本国籍取得者を含む）、住宅の被害状況については一般家屋全壊が3,117戸、半壊が2,628戸であり、なかでも在日コリアンの集住地域である長田区の被害は甚大であった［麦倉・文・浦野，1999］。被災地での各種の調査活動にたいして「調査公害」といった非難の

声が少なからず存在していたことを省みると、こうした調査対象者への配慮の姿勢は調査倫理のあり方について議論する上で示唆的である[4]。

2.4 調査の実施・データの収集

　調査票の作成については、研究班が作成した調査票案を青商連合会で検討し、その結果を受けて研究班が修正し、青商連合会で再度検討されるといった作業を重ねていた[5]。とりわけ、当事者である調査対象者にとって深刻な問題と思われる「問い」を調査票にとりいれる際に、当事者の人権やプライバシー、社会的・政治的状況、歴史的・文化的背景を念頭においた慎重な検討を必要とする。

　SSC調査には、在日コリアンの生活実態と問題状況を実証的に明らかにするために、エスニシティに起因する社会的不平等や差別に関連する質問が設定されている。具体例として、日本人によって差別を受けた体験に関する質問項目についてみてみよう。図2は、日常生活での被差別体験の有無を尋ねる質問項目群の集計結果をまとめたものである。この結果から、多かれ少なかれ、何らかの形で民族差別が存在しているという日本社会の一様相を

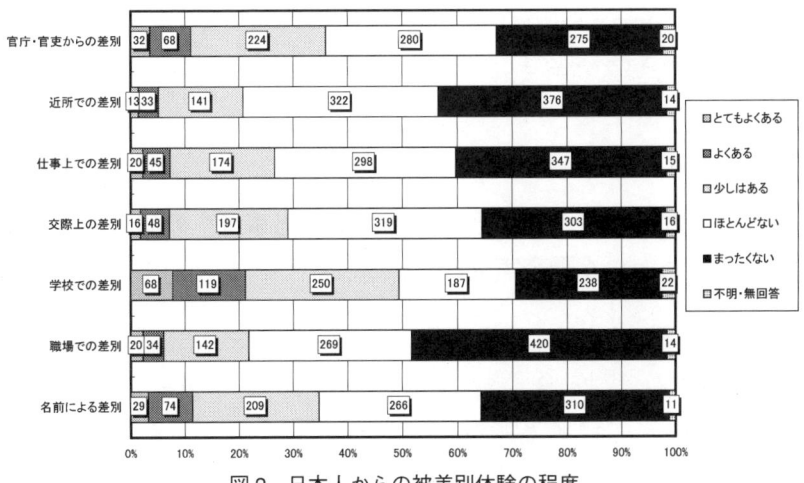

図2　日本人からの被差別体験の程度
資料：SSC調査データ

みてとることができる。また、各質問項目の「不明・無回答」の数値に着目すると、全体の1割にも満たないことがわかる。各項目の有効回答率の高さについては、調査の事前説明によって調査対象者に調査の目的と意義について十分な理解がえられたことだけでなく、調査員が若い世代の「同胞」であったということも調査への理解と協力を深める要因となったと考えられる。また、この点は、調査上の困難や制約があったにもかかわらず、70.2％と有効回収率が比較的高かった事実からもうかがえる。

2.5 報告書の執筆

データの分析および報告書の作成は研究班が担当した[6]。研究代表者は、執筆に際しての基本指針として、多変量解析の分析結果を念頭においた上で、一般読者向けに平易な表現にすること、多変量解析を用いたばあいは簡単な解説を掲載すること、基礎データの単なる提示ではなく、ストーリー性を重視することの3点を設けた［金ほか，1997］。「調査結果の還元」［原・海野，2004］という観点から、これらの基本指針は「知の共有」だけでなく、あらゆる立場の人びとを読者として位置づけ、問題解決や政策提言に向けて人びとの関心を高めて行動に導くことを意図していることがみてとれる。このことから、SSC調査は、研究活動と民族的活動の両立によって社会全体への働きかけをめざした「社会参加の営み」としても捉えることができよう。

3 マイノリティ問題の実態把握と当事者への配慮にもとづく調査実践

3.1 JSJP調査の事例

JSJP調査は、社会的公平感・公正観の理論的分析とメカニズムの解明を研究目的として、宮野勝を研究代表者とした研究グループ（文部省科学研究費補助金基盤研究(B)(1)「社会的公正感の研究（公正判断の意識構造の解明)」）によって実施された[7]。調査期間は1997年8月中旬から11月で、日

本全国の有権者を母集団として無作為抽出をおこなった全国 120 の地点の対象者に個別訪問面接調査法によっておこなわれた。調査対象者数 1,800 人のうち、有効回答者数は 1,112 人（有効回収率：61.8％）であった。

　本節では、マイノリティ問題に関する質問について素案作成から最終版完成までの作業プロセスをとりあげる。このプロセスの特徴は 3 点ある。第 1 に、マイノリティ調査への参加経験と成果を踏まえて質問の作成がおこなわれた点である。第 2 に、マイノリティ（当事者）の社会的立場や人権に配慮して研究グループでの検討と工夫が試みられた点である。そして、第 3 に、マジョリティである調査対象者（日本人）のマイノリティ問題への理解に配慮して研究グループでの検討がおこなわれた点である。以下、筆者の研究［豊島，2003a］をもとに、調査作業プロセスの経緯（図 1）に沿って上記の諸特徴について検討する。

3.2　研究の企画：問題設定と仮説

　筆者の研究は、J. Berger をはじめとするスタンフォード大学の研究グループが提唱した地位特性理論（Status Characteristic Theory）を応用して、マイノリティ政策（マイノリティ問題の解決を目標とした政策）に関する意見形成過程の定式化を試み、経験的データを用いて意見形成の諸要因の検討することがねらいであった[8]。以下、筆者の問題設定と仮説について説明しよう。

　はじめに、日本社会において定住外国人の政治参加が政策課題として議論されている現実を踏まえて、なぜ人びとが「マイノリティ政策の実現は社会全体にとって望ましいものである」と考えてもなかなか具体的な形で実現されず、その政策意図とは逆にマイノリティへの社会的不平等や差別が維持されるのかという「問い」を立てた。いいかえれば、人びとが考える正しい事態（＝理想）と現実の状態（＝現実）の乖離（「社会的標準と社会的現実のギャップ」［R. K. マートン］）が社会的不平等や差別を生みだしているのではないかと考え、そのメカニズムの解明を試みることを研究の目的とした。

　つぎに、地位特性理論の基本的枠組の援用によって、マイノリティ政策に

関する意見形成過程を定式化することで理論的な説明を試み、人びとの意見形成には「マイノリティに関する人びとの現実認知」と「(1) 個人の意見（『自分自身』の理想）と (2) 個人がいだく世間一般の意見（自分自身がいだく『世間』の理想）の乖離」が影響している、いいかえれば社会的相互作用過程において生じる認知的なギャップがマイノリティ政策に関する意見形成過程に影響を及ぼしているという仮説を立てた。この仮説を経験的データによって確認するために、上記の概念を変数として測定する必要がある。前者については既存の質問項目が存在したが、後者については新たに質問を考案・作成しなければならなかった。以下、後者に関する質問として、マイノリティ問題に関する質問を作成する作業プロセスの特徴と問題点を明らかにする。

3.3　調査の企画：質問作成のプロセス
3.3.1　質問の考案・作成作業

実際に JSJP 調査に用いられた質問は、以下のとおりである［Miyano ed., 2000］。

・質問文
　　日本に長く住み、税金を納めている外国籍の人に、選挙で投票する権利を認めるべきかどうかが論じられることがあります。
　（ア）あなたはどうお考えですか
　（イ）世間一般の人はどのように考えていると思いますか
・回答選択肢
　1. 認めるべきである
　2. どちらかといえば認めるべきである
　3. どちらかといえば認めるべきでない
　4. 認めるべきでない

筆者は、前節で示した問題設定と仮説をもとに、マイノリティ政策に関す

る意見形成過程を検討するための質問の考案および作成にあたった。研究目的および問題の設計上、以下の3条件を満たす必要があった。1つ目の条件は人びとがある程度知っているマイノリティ政策を例示すること、2つ目は「個人の意見」と「個人（自分自身）がいだく世間一般の意見」に乖離が生じているかどうかの確認が可能なこと、3つ目は個人の政策意見の形成に世間一般の意見が影響を与えているかどうかの確認が可能なことである。

　ここでは、マイノリティ政策の具体例として定住外国人の参政権をとりあげた。その理由は、定住外国人の地方参政権付与を認めた最高裁判決（1995年2月28日）以降、市民レベルでは在日コリアンを中心とした定住外国人による地方参政権取得に関する草の根的な活動が活発化するとともに、政治レベルでは重要な政策課題のひとつとして議論され、一定レベルの世論が形成されていたからである。

表1　在日コリアンの日本での地方参政権付与に関する意見

内　容	実数	％	内　容	実数	％
日常生活上で必要	713	80.1	同胞全体にとって必要	759	85.8
不必要	177	19.9	不必要	126	14.2
無回答・不明	9	―	無回答・不明	14	―
計	899	100.0	計	899	100.0

資料：SSC 調査データ

　筆者は、事実の確認手段のひとつとして、関連文献や新聞記事以外にも在日コリアンを対象としたSSC調査データを活用した。たとえば、表1では、回答者の日常生活および在日コリアン全体において地方参政権付与が必要との意見が大多数である事が確認できる。マイノリティ調査からえられた成果の活用という営みは、マイノリティの実態把握の準備的検討においても、マイノリティ調査とマジョリティ調査を接続する「調査実践の創出－共有－継承」という意味においても重要な作業だといえる。

3.3.2　研究グループの討議にもとづく検討作業

　筆者が研究グループに示した素案では、質問文の「日本に長く住み、税金

を納めている外国籍の人」の箇所は「定住外国人」、「選挙で投票する権利」の箇所は「地方参政権」という表現を用いていた。研究グループへの素案の提出後、電子メールでの討議を中心にメンバーから問題点の指摘やアイデア、助言を受けて修正作業に入り、再度グループでの検討がおこなわれた。討議において指摘された問題点は大きく2点ある。

　1つめは、表現に関する問題である。「定住外国人」という言葉が多義的であるため、人によって評価的イメージが異なるだろうし、具体的なイメージ（たとえば「在日コリアン」）が浮かばないばあいもありえることから、調査対象者が回答困難に陥る可能性がある。したがって、筆者の研究目的との適合性を勘案して、調査対象者にわかりやすく、かつ定住外国人にたいする固定的なイメージ、とりわけ差別や偏見につながるようなイメージを印象づけないように、説明の具体性と表現の簡明性を重視した議論が展開された。その結果、メンバーのひとりから提案された「日本に長く住み、税金を納めている外国籍の人」という表現が質問文に採用された。

　2つめは、マイノリティ問題についてのマジョリティ（調査対象者）の意識に関する問題である。上記の質問は、マイノリティの社会的・政治的状況や政策課題と直結し、かつ人びとの利害と深く関係し、争点となっている問題について直接尋ねる内容となっている[9]。政策や社会情勢に関する意見についての質問は人びとの評価的判断を尋ねるものであることから［盛山，2004］、政治的立場や思想信条、つきあいの程度などによるマイノリティにたいする理解の差異が回答に支障をきたす可能性がある。討議の結果、マイノリティをめぐるマジョリティの意識の多様性にも考慮し、論争的な要素である「地方参政権」ということばを直接用いずに、より広い意味をもつ「選挙で投票する権利」を用いることになった。

4　考　察

4.1　SSC 調査の事例から

　SSC 調査の作業プロセスの特徴は、研究者と当事者の協働における当事

者の主体的参加、当事者への配慮に関する研究者と当事者の討議、そして「研究者－当事者」および「研究－実践」を繋ぐ役割の存在であった。とりわけ、3点目の特徴が示すように、研究代表者でもあり、当事者でもある金明秀の存在が大きい。金は、SSC調査以前に「1993年在日韓国人青年意識調査」において研究者と当事者の参加と協働にもとづく社会調査（量的調査）を実施していた。福岡安則・金明秀［1997］では、この調査の「誇りうる点」として「当事者である在日韓国青年会中央本部のメンバーと私たち研究者との、文字どおりの共同研究として遂行された点」［福岡・金，1997：ii］があげられている。SSC調査は、この調査の作業プロセスによって独自に考案・工夫された手法や経験が生かされた「調査実践の創出－共有－継承」の成果として理解することができる。

　武田［2005］は、マイノリティ研究における「ファシリテーター（促進者）」としての研究者の役割について言及している。この観点からみると、SSC調査の作業プロセスにおいて、当事者である研究者が「研究者と当事者の参加と協働」と「研究活動と民族的活動の両立」を促進する重要な役割を果たしていたと捉えることができる。また、調査研究にも当事者の現状にも精通した「橋渡し」的な存在は、当事者運動の調査への過度の介入、当事者の基本的人権や問題状況（たとえば、震災後の生活実態）を無視した調査の実施には至らしめない「コーディネーター（調整者）」としての役割を担うことも指摘できる。この点については、問題解決の実践や政策提言において研究者（社会学者）とクライアント（当事者）を架橋する専門家「ミドルマン」（P. F. ラザーズフェルド）に関する髙坂健次による議論［2000］にも通底しており、研究者と当事者の関係形成における研究者の役割、すなわち調査実践において研究者が促進者および調整者としての役割を担うことが可能かどうかを検討する上で示唆的である[10]。このように、研究者と当事者との関係形成において、研究者が促進者および調整者としての役割を果たせるかどうかが調査実践上重要な要素になっていることがうかがえる。

4.2 JSJP 調査の事例から

　JSJP 調査の作業プロセスの特徴は、マイノリティ調査の参加経験と成果の活用、マイノリティの社会的立場や人権への配慮、そしてマジョリティのマイノリティ理解への配慮にもとづく討議であった。

　ここでは、その成果を検討する意味を含めて、JSJP 調査におけるマイノリティ問題に関する結果についてみてみよう。**表2**は、マイノリティ政策についての回答者の意見（「あなたはどうお考えですか」）と回答者自身がいだく「世間一般」の意見（「世間一般の人はどのように考えていると思いますか」）の関係を簡潔にあらわしたものである。表をみると、回答者の半数以上が定住外国人の参政権付与について、回答者自身の意見も回答者がいだく世間一般の意見も肯定的であることがわかる。この結果と**表1**を並べてみると、在日コリアンと日本人の双方において相対的に多くの人びとが肯定的な意見をもつことに気づく。**表2**では、回答者の約3割が自分自身は肯定的な意見をもつ一方、世間一般の意見は否定的をもつと認識しているという「認知的なギャップ」を示す回答パターンがあらわれており、筆者の仮説との適合性が確認できる。マイノリティ問題に関する質問（マイノリティ政策について尋ねる質問）は、差別や偏見に関わる問題や政治的に争点となっている問題を意図的に避けるのではなく、マイノリティへの配慮を基本ルールとした討議と創意工夫によって倫理上の問題を解決しようとした結果、筆

表2　定住外国人の参政権に関する意見についてのクロス表

回答者自身の意見 ＼ 回答者がいだく「世間一般」の意見	「認めるべき」+「どちらかといえば認めるべき」	「認めるべきでない」+「どちらかといえば認めるべきでない」	合計（%）
「認めるべき」+「どちらかといえば認めるべき」	489 (54.6)	273 (30.5)	762 (85.0)
「認めるべきでない」+「どちらかといえば認めるべきでない」	34 (3.8)	100 (11.2)	134 (15.0)
合計（%）	523 (58.4)	373 (41.6)	896 (100.0)

資料：JSJP 調査データ

者の研究目的の適合条件と分析上のニーズを一定程度満たした形で作成された。したがって、表2に示された結果のように、人びとの意識傾向をより明確に浮き彫りにすることを可能にした点は調査実践上の大きな成果といえる。とはいえ、調査方法論上の精査を要することは否めない。だが、調査実践のあり方そのものは、当事者の社会的現実に接近する方法を探る上で有益であると考えられる。

表3　人種・民族・国籍による不公平についての現実認識

内　　容	実数	%
今の日本の社会に人種・民族・国籍による不公平がある	686	61.7
ない	345	31.0
無回答・不明	81	7.3
計	1112	100.0

資料：JSJP 調査データ

表4　貧困の原因についての現実認識

内　　容	実数	%
特定の人々に対する偏見や差別が常に原因である	97	8.7
原因であることが多い	231	20.8
時には原因である	400	36.0
原因であることは少ない	168	15.1
原因ではない	138	12.4
無回答・不明	78	7.0
計	1112	100.0

資料：JSJP 調査データ

　最後に、「マイノリティに関する人びとの現実認知」に関する質問について触れておこう。筆者の研究では、(1) 人種・民族・国籍による不公平と(2) 貧困の原因についての現実認識（「特定の人々に対する偏見や差別」が原因）を尋ねる既存の質問項目を分析に用いた［豊島, 2003a］。表3および表4は、上記2つの質問の集計結果を示したものである。これらの表から、回答者の約6割は、日本社会においてマイノリティであることに起因する不公平、偏見、差別の存在を何らかの形で認識していることがみてとれ

る。このような結果は、在日コリアンが少なからず民族差別を経験しているという SSC 調査の結果（図2）との現実的な繋がりや重なりあいを探ること、すなわち社会的不平等や差別の実態を実証的に明らかにすることに役立つ。マイノリティとマジョリティの双方の立場を踏まえて経験的データを検討し、マイノリティがおかれた実態や問題状況を総合的に把握する作業は、社会的不平等や差別をめぐる社会的現実の「全体像」に近づくことを可能にする重要な営みといえよう。

4.3 当事者の現実に接近する方法と調査倫理について

　以上、2つの量的調査の実践事例をもとに、(1) 研究者と当事者の参加と協働にもとづくマイノリティ調査のあり方、(2) マイノリティの社会的立場や人権への配慮にもとづく実態把握の可能性を検討することで、当事者の現実に接近する方法について論じてきた。

　こうした方法論上の問題を、質的調査ではどのような位置づけがなされているのかについて少し触れておきたい。たとえば、好井裕明［2006］は、「固有の文化を生きる人々、問題に立ち向かい運動する人々、自らの〈ひととなり〉に及んでくる社会からの圧力に対処する人々など」が生きている「固有で具体的な現実に『はいりこむ』営み」が必須だと主張する［好井, 2006：38-39］[11]。このような実践は、量的調査においても、研究者と当事者の参加と協働、当事者の実態や人権への配慮にもとづく討議、「調査実践の創出－共有－継承」といった営みによっても可能である、と筆者は考える。量的調査、質的調査を問わず、研究目的によって「生々しい」社会問題と対峙するばあいが少なからずある。その際、研究者にもとめられるのは、調査実践を通じて自らの問題として当事者の現実に向きあう姿勢であり、「当事者との間に対立や葛藤が生じないように問題を避ける」のではなく、「当事者とともに問題を克服し解決に努める」という姿勢ではないだろうか。社会調査が研究者にとって他者との社会的関係をとりむすぶ社会的行為［盛山, 1992］であるということは、当事者にとっても同様であり、いかによりよい協働関係を創りあげていくかは両者の主体性にかかっている。

この点を敷衍すると、調査倫理について考えることは、調査実践において当事者の主体性や当事者をとりまく社会のあり様を通じて研究者の主体性を問うところからはじまるといえる。上記の検討結果にみられるように、社会問題の実態を把握するために、調査作業プロセスにおいて当事者の視点や主体性を尊重し、社会的立場や人権に配慮することは、マイノリティ調査のみならず、社会調査全体における「研究者の行動規範」という倫理上の問題を考える上で実践的な手がかりを与えうる。また、研究者の社会的役割という観点からいえば、当事者との協働のもとで社会的要請や問題解決、政策提言に対応しうる最良の社会調査をめざして試行錯誤し、創意工夫を重ねる作業プロセスは、学究的な活動としてだけでなく、社会貢献的な活動（社会参加）として重要な意義を有するといえる。

　調査倫理の確立には、研究者コミュニティの閉じた議論に終始するのではなく、マイノリティをはじめ、多様の立場の市民が日常生活のなかで人と人とのかかわりを通じて、社会問題や社会的矛盾についてリアリティをもって理解しようとするにはどうすればよいのかを追究する必要がある[12]。「価値観や倫理は調査実践そのものの一部とならなければならない」[May, 2001＝2005：98] のであれば、研究者と当事者を繋ぐ「市民の方法」として社会調査の可能性を模索し、当事者の現実に接近するための実証的な方法を創出する作業は、社会調査研究ないしは社会学の課題のひとつではないか、と筆者は考える。

付記
　本稿は、2004 年 6 月 15 日　第 2 回関西学院大学 COE 研究会「社会調査研究の使命と倫理——Doing Social Research on Controversial Topics」（於：関西学院大学）での報告を大幅に発展させたものである。

謝辞
　SSC 調査グループ、JSJP 調査グループ、そしてこれらの調査の関係者の方々には大変お世話になりました。また、第 2 回関西学院大学 COE 研究会の司会者、報告者、参加メンバーの方々には貴重なご助言やご意見をいただきました。記して感謝申し上げます。

注

1）市民調査の詳細については、宮内［2004］を参照されたい。
2）盛山［2004］による調査作業のプロセスの概念図を用いたのは、盛山・近藤・岩永［1992］、May［2001＝2005］、Babbie［2001＝2003］、原・海野［2004］などの社会調査の基本テキストを検討した結果、作業の手続きと時間的順序をシンプルに表現しており、調査実践の事例説明に最も適していると判断したからである。
3）在日韓国青年商工人連合会は、「豊かな同胞社会を築き、その自己鍛錬の場」［金ほか，1997：ⅰ］として 1981 年に設立。在日コリアン青年のビジネス・文化の相互交流のネットワークづくりに関する活動をおこなっている。なお、本稿では、民族の呼称として「在日コリアン」という言葉を使用する。
4）桜井［2003］と宮内［2003］は、このような調査者が引き起こす問題を「調査地被害」（宮本常一）の問題として自省的に言及している。
5）調査票は、サンプリングマニュアルおよび面談調査マニュアルとともに、青商連合会と研究班によって2回の合宿を含めた約半年間をかけて作成された［金ほか，1997］。
6）調査結果の詳細については、金ほか［1997］を参照されたい。主な研究成果として、金・稲月「2000」、Kim［2003］、豊島［2003b］があげられる。
7）詳細は Miyano ed.［2000］を参照されたい。
8）地位特性理論は、フォーマル・セオリーの観点から、地位特性（性別、年齢、人種、エスニシティなど）にもとづく社会的な差異が小集団内の権力や威信序列を規定する「秩序形成」のメカニズムを説明することに研究関心をおいている。詳細は豊島［2003b］を参照されたい。
9）Neuman［2004］は、研究者の倫理問題の観点から、社会調査において人びとに論争や対立を生じさせる社会問題をとりあげることに関する議論を試みている。
10）ミドルマンに関する議論の詳細については、髙坂［2000］を参照されたい。髙坂は、ミドルマンと社会学者を職業上独立的な立場と位置づけつつ、現実的には社会学者がミドルマンを兼務することを提案している。
11）好井の主張の前提となるフィールドワークの実践と社会調査に関する論考については、好井・三浦編［2004］に詳しい。
12）桜井［2003］は、玉野［2003］と宮内［2003］の議論を受けて、専門知と日常知の協力関係を基本とする「市民のリサーチ・リテラシー」の可能性を指摘する一方で、研究者と市民の間に成り立ちうる非対称的な権力関係の問題（「専門家の啓蒙主義的傾向」）についても論じている。この点について考える手がかりとして、稲月［2003］があげられる。稲月は、研究者として量的調査と質的調査を通じて、また一市民として在日コリアン高齢者を対象とした識字学級のボラン

ティア活動を通じて在日コリアンの実態と向きあっている。

文献

Babbie, Earl, 2001, *The Practice of Social Research, 9th ed.*, Belmont: Wadsworth, Thomson Learning.（＝2003，渡辺聰子監訳『社会調査法1──基礎と準備編』京都：世界思想社.）

福岡安則・金明秀，1997，『在日韓国人青年の生活と意識』東京：東京大学出版会.

原純輔・海野道郎，2004，『社会調査演習「第2版」』東京：東京大学出版会.

稲月正，2003，「北九州市における民族関係──民族的共生社会づくりとボランティア」『21世紀型都市における産業と社会』北九州市立大学北九州産業社会研究所，1-24.

金明秀・稲月正・中原洪二郎・潮村公弘・豊島慎一郎，1997，『在日韓国人の社会成層と社会意識全国調査報告書』在日韓国青年商工人連合会.

金明秀・稲月正，2000，「在日韓国人の社会移動」高坂健次編『日本の階層システム6　階層社会から新しい市民社会へ』東京：東京大学出版会，181-198.

Kim, Myungsoo, 2003, "Ethnic Stratification and Inter-Generational Differences in Japan," *International Journal of Japanese Sociology*, 12：6-16.

小林久高・高田俊哉・田中寛敬・森脇剛，2001，「行政計画と市民参加－松江市歩道整備計画における社会調査と市民参加」『社会システム論集』6：17-49.

髙坂健次，2000，「ミドルマンのすすめ──『役にたつ』社会学・ノート（一）」『関西学院大学社会学部紀要』87：197-206.

May, Tim, 2001, *Social Research: Issues, Methods and Process, 3rd Ed.*, Buckingham: Open University Press.（＝2005，中野正大監訳『社会調査の考え方──論点と方法』京都：世界思想社.）

三浦耕吉郎，1998，「環境調査と知の生産」石川淳志・佐藤健二・山田一成編『見えないものを見る力【社会調査という認識】』東京：八千代出版，117-132.

Miyano, Masaru ed., 2000, *Japanese Perceptions of Social Justice: How Do They Figure out What Ought to be?*, Ministry of Education, Science, Sports, Culture Grant-in-Aid for Scientific Research Report, grant number 09410050.

宮内泰介，2003，「市民調査という可能性」『社会学評論』53(4)：566-578.

────，2004，『自分で調べる技術　市民のための調査入門』東京：岩波書店.

麦倉哲・文貞實・浦野正樹，1999，「エスニック・コミュニティの被災状況と救援活動──神戸市長田地域でのベトナム人，在日韓国・朝鮮人への救援活動の諸相」岩崎信彦・鵜飼孝造・浦野正樹・辻勝次・似田貝香門・野田隆・山本剛郎編『阪神・淡路大震災の社会学　第2巻　避難生活の社会学』京都：昭和堂，224-247.

Neuman, Lawrence. W., 2004, "*Doing Social Research on Controversial Topics*," 21st Century Center of Excellence, Kwansei Gakuin University, The Study of "Social Research for the Enhancement of Human Well-being" Workshop（working paper）.

日本社会学会編，2003,「特集・社会調査」『社会学評論』53(4).

桜井厚，2003,「社会調査の困難――問題の所在をめぐって」『社会学評論』53(4)：452-470.

盛山和夫・近藤博之・岩永雅也，1992,『社会調査法』東京：放送大学教育振興会.

盛山和夫，1992,「社会調査とは何か」盛山和夫・近藤博之・岩永雅也『社会調査法』東京：放送大学教育振興会，11-21.

―――，2004,『社会調査法入門』東京：有斐閣.

武田丈，2005,「PLA（Participatory Learning & Action）によるマイノリティ研究の可能性－人類の幸福のための社会『調査』から『アクション』へ」『先端社会研究』3, 163-207.

玉野和志，2003,「サーベイ調査の困難と社会学の課題」『社会学評論』53(4)：537-551.

豊島慎一郎，2003a,「マイノリティ政策に関する意見形成過程――地位特性理論の応用的研究」『大分大学経済論集』54(416)：126-150.

―――，2003b,「エスニック・マイノリティとグローバル時代の日本社会――在日コリアンの「名前」をめぐる現実という視点から」大分大学経済学部編『グローバル化と日本の経済・社会』京都：ミネルヴァ書房，266-281.

好井裕明・三浦耕吉郎編，2004,『社会学的フィールドワーク』京都：世界思想社.

好井裕明，2006,『「あたりまえ」を疑う社会学　質的調査のセンス』東京：光文社.

Social Research for Minorities:
Aiming for an approach to address the realities of minorities in social surveys

Shin'ichiro Toyoshima*

■Abstract

The objective of this paper is to investigate social (quantitative) research methodologically for the purpose of addressing the realities of minorities, and to consider research ethics from the standpoint of forming relationships between researcher and subject. Specifically, this project focuses on the experiences and methods encountered in the process of carrying out two social surveys, and looks into socially ideal research ethics based on the results of those surveys. As a result of those investigations, it can be inferred that: (1) the participation and cooperation of subjects in the survey process and (2) acting in consideration of the subject are necessary. These results provide hints for considering such ethical issues as the conduct standards and social roles of researchers, explore the potential of social surveys as a *people's method* of connecting researchers and subjects, and indicate that the work of establishing empirical methods of addressing the realities of survey subjects is a vital issue for social research and sociology at large.

Key words: minorities, social (quantitative) surveys, methodology, ethics in social research

*Oita University

アメリカ合衆国における「IRB 制度」の構造的特徴と問題点

―― 日本の社会科学研究における
　　研究対象者保護制度の構築に向けて

藤本　加代*

■要　旨

　本稿の目的は、米国の「IRB（施設内研究倫理審査委員会）制度」の構造的特徴と問題点を示すことにより、日本に研究対象者保護制度を導入する際の留意点を提案することである。米国の IRB 制度を構成するフレームワークは、IRB 制度の目的に即したフレームワークである概念フレームワークと、その目的を達成するためのプロセスとなるフレームワークである実践フレームワークに分けられる。概念フレームワークに関しては、研究によるリスクを最小限にするという「ミニマムリスク」の概念と、対象者が自主的に研究に参加するという目的に即した「インフォームドコンセント」の概念を述べる。実践フレームワークに関しては、米国社会特有の契約概念により成り立っている「研究施設による契約的保証」と IRB 審査について述べる。最後に、米国の IRB 制度に準ずる研究対象者保護制度を日本に導入する際の留意点を提起する。具体的には、社会調査による不利益の社会的・文化的特殊性について考慮すること、対象者から研究参加の同意を得るプロセスとしてのインフォームドコンセントの概念を普及・徹底させること、そして、研究者を対象にした倫理教育を制度化することを提案する。

キーワード：IRB 制度、研究施設による契約的保証、IRB 審査、
　　　　　　ミニマムリスク、インフォームドコンセント

---

*日本学術振興会（PD）・関西学院大学

1　はじめに

　2005年4月1日より施行された個人情報保護法への過剰対処が社会問題になるなど、日本においてプライヴァシーや個人情報の保護についての社会意識が変わりつつある。さまざまな社会調査に対する人々の受け止め方にも大きな変化がみられ、調査対象者が外部に提供する情報を制限しようとする傾向が高まっている。こういった風潮は、社会調査での低回収率の問題と無縁ではないだろう。調査対象者が安心して情報を提供できるような仕組みを採用した、倫理的に信用のある社会調査の推進に貢献できる対象者保護制度を日本に構築することが必要である。この制度の導入により、社会調査に対する人々の信頼を高め、対象者が社会調査の重要性を理解した上で自由意志により調査に協力してもらうという効果が期待できる。

　日本社会学会が策定した倫理綱領（2005年10月施行）には、「研究者の社会的責任と倫理、対象者の人権の尊重やプライヴァシーの保護、被りうる不利益への十二分な配慮などの基本的原則を忘れては、対象者の信頼および社会的理解を得ることはできない」と記されている。それでは実際に、どのようにしてこれらの基本的原則を実践すればよいのだろうか。問題の所在は、どのような方法で研究者が社会的責任と倫理を確認し、対象者の人権尊重とプライヴァシーの保護を徹底し、社会調査により対象者が被りうる不利益を研究者が十二分に配慮するかにある。

　本稿の目的は、倫理的に信用のある社会調査を促進するために、対象者保護のためのどのような制度を構築するのが有効であるかについて考察することである。本稿では既に確立されている米国におけるIRB制度に着目する。日本における対象者保護制度は未成熟であり、今後それを構築するためのフレームワークを構成する上で、米国のIRB制度には参考になる点が多いと思われるからである。もっとも、米国のIRB制度をそのままのかたちで日本社会に適用してよいと考えているわけではない。米国のIRB制度にも、のちに詳論するようにいくつかの問題点があるし、まして異なる文化的社会的土壌に導入するにはいくつかの点に留意する必要があるだろう。

本稿では、まず次節において IRB 制度の中軸である対象者保護のための連邦規定について略説する。次に、IRB 制度を構成するフレームワークを概念的なものと実践的なものに分類し、それらを詳説した上で、米国の社会科学研究における IRB 制度の問題点について述べる。第三節では、日本の対象者保護制度の構築にあたって、米国の IRB 制度を参考にする際の留意点や必須要件を提案する。

2　IRB 制度の構造的特徴

米国における対象者保護システムは IRB 制度を基盤にしている。IRB 制度とは、各研究機関が研究対象者保護のための連邦政策・規定を順守して、独自の審査手順により、連邦機関から資金を受ける、人間を対象とする研究の倫理的側面を審査する制度である[1]。審査を行うのは IRB（Institutional Review Board；施設内研究倫理審査委員会）である。すなわち、IRB とは、人間を科学的研究の対象とする研究計画を審議する諮問委員会である。IRB は、後に述べる対象者保護のための連邦政策・規定（コモンルール）に従った上で、独自の審査手順を決める権限と柔軟性を持っており、地域社会の基準や慣行を研究計画の審査の過程に組み込むことが可能な非中央集権型構造を特徴とする。

IRB の主な責務は、第三者的な公平な視点で新規・継続研究計画を審査し、対象者と研究者間の同意過程を監督し、研究者の倫理教育を行うことである。IRB は、少なくとも五人の委員から構成される。委員は、科学者のみならず非科学者も含み、少なくとも一人は研究施設に属さない委員が含まれる。具体的には、弁護士[2]や倫理学の教授、また社会的弱者である対象者に関する専門知識を持つ委員が含まれる場合もある。これは見解の多様性と集合的専門知識を確保するためである。

IRB は施設内研究倫理審査委員会であると述べたが、実は、必ずしも施設内にのみ存在するとは限らない。また、ひとつの施設内における複数の Sub-IRB から構成されていることも多い。以下に、IRB の種類を紹介しよう。

2.1 IRB の種類

　連邦政府が出資する、人間を対象とする研究計画を審査する各研究施設内のIRBとは別に、特定の研究施設に属さないインディペンデントIRBが存在する。インディペンデントIRBは民間のIRBのことであり、連邦規定に従って、主に民間組織が研究費を出資する、人間を対象とする研究計画（ほとんどの場合生物医学研究）を審議する。インディペンデントIRBは、研究者が所属する研究施設がIRBを持たない場合や民間企業である場合、またマルチサイトで行われる生物医学研究を審査する場合に利用されることが多い。インディペンデントIRBの利用者として、製薬会社に勤める研究者やクリニックに勤める医師が挙げられる。図1は、米国の対象者保護システムにおけるIRBの位置づけを示したものである。

　実線は、IRB制度を取り囲む社会的・法的制約の領域を示し、破線は、IRBの種類（施設内かインディペンデントか）を指す。星印は、研究者を示して

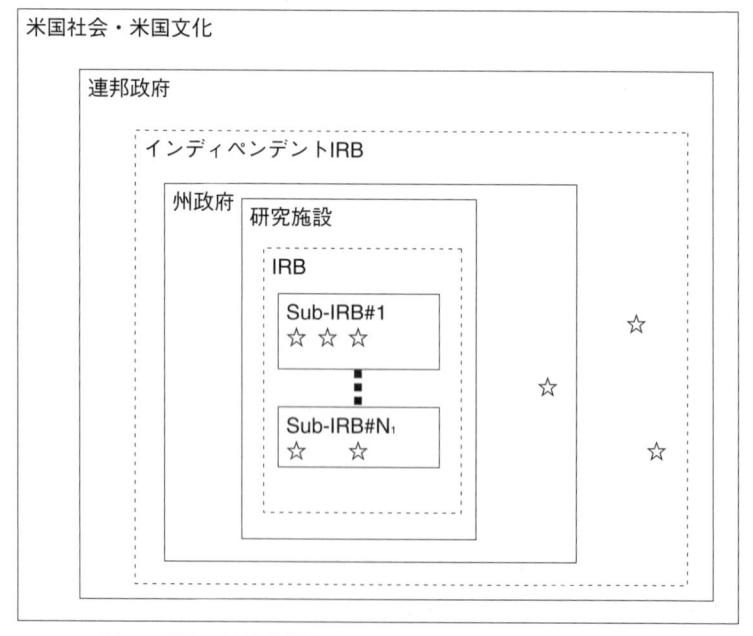

図1　米国の対象者保護システムにおけるネスティング関係

いる。研究施設（実践ボックス）の外に位置する研究者は、特定の研究施設に属していない研究者を指す。IRB（破線ボックス）の中に、研究領域に応じて専門のSub-IRBが存在する場合がある。例えば、総合大学では、生物医学研究を専門に審査するSub-IRB、工学研究を専門に審査するSub-IRB、社会科学研究を専門に審査するSub-IRBに分かれている場合が多く、これらのSub-IRBを構成する委員も異なる[3]。研究施設内のIRBとインディペンデントIRBは、IRBのフレームワークにおいて大きな違いはないので、本稿では主に社会科学研究においてより重要とされている施設内のIRBについて論じることにする。以下では、米国におけるIRB制度がどのような倫理原則を基盤にして規定化され、制度化されていったのか、その歴史的経過について詳説する。

2.2 対象者保護のための連邦規定

米国における研究対象者保護のための連邦政策・規定[4]は「45 CFR 46」であり、これは『ベルモントレポート』に記されている倫理三原則とガイドランを基盤にしている。1979年に発行された『ベルモントレポート』には、人間を対象とする研究に関する倫理三原則である「個人の人格尊重」（Respect for Persons）、「裨益（人の助けとなり役立つこと）」（Beneficence）、「正義」（Justice）と、これら三原則のガイドラインである「インフォームドコンセント」、「リスク・ベネフィット評価」、「対象者選出の公平性」が記述されている。これらのガイドラインは、後述するが、IRB制度のフレームワークを構成する上で重要な役割を果たしている。

「45 CFR 46」は、のちに発行された『ベルモントレポート』にいたる倫理的指針に基づき、1974年に米国保健教育福祉省（HEW: The U.S. Department of Health, Education, and Welfare）により対象者保護のための包括的な規定として策定された。「45 CFR 46」には、IRBの審査・承認なしではいかなる研究も支持しない、と記述されている。その後、「45 CFR 46」は1981年に米国保健社会福祉省（The U. S. Department of Health and Human Services、以下、HHSと略称する）によって改訂された。1991年には、その一部（subpart A）

が17の連邦政府機関[5]により「対象者保護のための共通連邦政策」[6]として採択され、「コモンルール（共通規定）」と呼ばれるようになった[7]。コモンルールには、「研究」・「研究対象者」・「ミニマムリスク」をはじめとする用語の定義、連邦規定を順守する研究施設による契約的保証、IRB委員の構成・権限・運営、IRB審査免除またはIRB迅速審査を適用できる研究の種類、IRB審査基準、インフォームドコンセントの内容が規定されている。本稿では、これらの規定の内容を、「研究施設による契約的保証」、「IRB審査」、「ミニマムリスク」、「インフォームドコンセント」という対象者保護のための基本的原則に分類し、IRB制度を構成する主要なフレームワークとみなすことにする。

本稿では、IRB制度を構成する目的に即したフレームワークを「概念フレームワーク」と呼び、その目的を達成するためのプロセスとなるフレームワークを「実践フレームワーク」と呼ぶ。このように概念面と実践面とを分けることにより、IRB制度を構成するフレームワークの全体像をいっそう明確にできると考える。それらについて順に述べていこう。

2.3 概念フレームワーク

IRB制度の目的とは、「研究によるリスクを最小限にすること」と、「対象者が研究によるリスクと利益を理解し、それを受け入れた上で研究に自主的に参加することにより、対象者の自主性を尊重すること」である。これらの目的は、それぞれミニマムリスクとインフォームドコンセントの概念に対応している。

2.3.1 ミニマムリスク

『ベルモントレポート』（Part C）によると、「リスク」とは、「不利益が生じる確率」を指す。一方、研究による「利益」とは、「対象者の健康や福祉に関してプラスであること」を指す。このように利益はリスクと異なり、確率を表現する言葉ではない。その上で、『ベルモントレポート』では、「不利益が生じる確率や度合い」と「予想された利益」を考慮する「リスク・ベネフィット評価」を、倫理原則のひとつである「裨益」の実践として挙げてい

る。それでは、研究がミニマムリスクであるとはどういう意味であろうか。

コモンルールにおいて、ミニマムリスクは、「研究によって予想される不利益や不快症状の確率（probability）とその度合い（magnitude）が、日常生活上または定期健康診断、心理検査によって直面するそれらより高くないこと」[8]と定義されている。すなわち、ミニマムリスクは、「不利益が生じる確率」と「不利益の度合い」という両者の意味をもったリスクの概念により成り立っており、それに基づいてリスク・ベネフィット評価を適切に行う必要がある。特定の研究計画がミニマムリスクであるかどうかを IRB が判断する際、さまざまな不利益が生じる確率はどの程度か、その不利益はどれほどの深刻さを持つかを、合理的に見積もることが重要になってくる。しかし、IRB 制度の目的はリスクを最小限にすることだけではない。対象者がリスクを理解し自主的に研究参加を承諾することも、IRB 制度における重要な目的である。

2.3.2 インフォームドコンセント

インフォームドコンセントという概念は、「対象者が研究によるリスクと利益を受け入れた上で自主的に研究に参加することにより、研究者が対象者の自主性を尊重する」という目的に即した、IRB 制度を構成する概念フレームワークのひとつである。つまり、インフォームドコンセントとは、研究者が、研究目的、研究内容、研究方法、個人情報の秘密性保護対策を主とした研究に関する情報と、研究によるリスクと利益を対象者に提供し説明した上で、対象者から研究参加の自主的な同意を得る「プロセス」のことである。そういったプロセスを踏んだことを証明する手段として、主に生物医学研究においては、研究者は対象者から研究参加の承諾書をとる場合が多い。その理由は、生物医学研究により対象者が被り得る不利益は、最悪の場合は死に至るなど深刻であり、そういった事態が生じた場合に、署名つきの承諾書が法的効力を持つからである。

一方、社会科学研究におけるインフォームドコンセントとは、研究によるリスクを最小限にして、研究によって得られる利益は個人にあるというよりも「社会」にある（に還元される）ことを対象者が理解した上で、対象者

から研究参加の自発的な承諾を得るプロセスであると言える。研究によるリスクを最小限にするために、例えば、個人情報が漏洩する確率はゼロではないが、それを最小限にするために個人情報の秘密保護対策を講じることが考えられる。社会科学研究における研究がもたらす利益として、例えば、調査データを回収することにより、社会的・経済的不平等から生じる社会格差是正のための政策形成に影響を与える、といったことが考えられる。

社会科学研究における承諾書の必要性に関しては、同意のプロセスを踏んだことを証明する手段として、対象者から承諾書を得ることが妥当であるとは限らない。その理由として、まず、社会科学研究によって対象者が被り得る不利益は個人情報の漏洩によって生じることが挙げられる。例えば、センシティヴな内容（アルコール・薬物依存症、ドメスティック・ヴァイオレンス、不法滞在など）に関する事例調査を行う場合は、対象者の回答が漏洩した場合、承諾書という物的証拠があることによって逆に対象者が社会的・法的・経済的な不利益を被る確率が高い。そのような場合は、承諾書をとらない方が対象者を保護できると考えられる。社会的・法的・経済的な不利益の例として、対象者の世間体が悪くなること、対象者が刑事・民事責任を受けること、対象者の雇用の可能性が低下することにより財政状態が悪化することが挙げられる。

社会科学研究において承諾書を必ずしも必要としない他の理由として、社会科学研究によって対象者が被り得る不利益は、生物医学研究による不利益より深刻ではないことが考えられる。したがって、たいていの場合ミニマムリスクである社会科学研究においては、対象者に不利益が生じた場合に、承諾書を有効な法的手段として使用する確率は極めて低い。その場合、承諾書を得ることが、かえって倫理的に有効な研究の妨げになる場合がある。例えば、ミニマムリスク研究において事前に対象者に対して承諾書に署名を要求することにより、そうでなければ参加していたであろう対象者が、自主的に研究に参加しなくなる可能性が指摘されている［Citro, et al., 2003］。このように、社会科学研究においては、同意のプロセスであるインフォームドコンセントと、それを証明する承諾書を対象者から得ることは、必ずしも両立し

ない場合が多い。

2.4 実践フレームワーク

　IRB 制度を構成する実践フレームワークは、「研究施設による契約的保証」と「IRB 審査」に分けられる。これらは、米国社会特有の「契約」の概念により成り立っていると解釈できる。まず「研究施設による契約的保証」とは何かを説明し、それがどのように契約の概念のもとに成り立っているのかを考察する。

2.4.1 研究施設による契約的保証

　「研究施設による契約的保証」とは、連邦政府機関から研究資金援助を受ける研究施設が、人間を対象とする研究を行う際に、IRB を介して「45 CFR 46」を順守することを、HHS（米国保健社会福祉省）に保証することである。つまり、「研究施設による契約的保証」は、各研究施設と連邦政府との間に交わされる、対象者保護に関する制度上の契約であると解釈できる。IRB 制度はそういった契約のもとに成り立っており、米国社会に住む対象者の権利と福祉が保証されるという仕組みであると言える。この契約により、研究施設は「45 CFR 46」を順守するという法的責任を担い、施設内で IRB 審査を行う認定を受けられる。実際に認定を行うのは、HHS 内の「人間研究保護局」（Office for Human Research Protections、以下、OHRP と略称する）である。この OHRP による認定は「連邦政府認定」（Federalwide Assurance for Institutions、以下、FWA と略称する）と呼ばれ、認定を受けた研究施設は FWA 番号を与えられる[9]。この FWA 認定は、コモンルールを採択している、HHS 以外の連邦政府機関が出資する、人間を対象とした研究にも利用され、その場合、FWA 番号の提示が必要となる[10]。FWA 認定の有効期間は 3 年間である[11]。

　FWA 認定を受けるために、各研究施設は OHRP に申請を行う。ここで重要なのは、FWA 申請書に調印をする者は研究施設を代表する法的権限をもった者（理事長や学長）でなければならないということである。したがって、IRB 委員長は FWA の調印者として認められない。申請書には、コ

モンルールによって規定された内容を記述しなければならない[12]。その内容とは、対象者の権利と福祉を保護する職責を研究施設が遂行するにあたっての、独自の主要な指針（例えば、既存の倫理規定、倫理原則、後に述べる倫理教育プログラム）や、IRB 委員のリスト（名前、取得した学位など各委員の IRB による審議への主な貢献を十分に記載した情報）などである。

　研究施設を代表する調印者や IRB 委員長は、OHRP に FWA 申請を行う前に、OHRP が提供する FWA 教育プログラムを修了する必要がある。FWA 教育プログラムは、OHRP のウェブサイトを利用して受けることができ、申請書の調印者や IRB 委員長としての責任と義務を学ぶ仕組みになっている。

　研究施設が FWA 認定を受けるためには、「45 CFR 46」の順守以外に、OHRP が定める規約も順守することを HHS に保証しなければならない。その主な規約のひとつに、「研究施設による倫理教育プログラムの確立」がある。これによって、IRB 委員は研究計画を審査する前に自身も倫理教育プログラムを修了することになっている。同様に研究者も研究遂行前に倫理教育プログラムを修了する義務がある。倫理教育は、IRB 委員や研究者が、対象者保護に関する様々な方針・規定（「45 CFR 46」や IRB 審査手順、OHRP によるガイダンス、州法、地域法、研究施設独自の対象者保護のための倫理綱領など）を理解し、それらを実際の研究活動において順守する手助けになると考えられる。

　研究者を対象にした倫理教育では、多くの研究機関は、独自に開発した（または他の研究機関により開発された）ウェブベースの倫理教育プログラムを用意している。一般的に、倫理教育プログラムはいくつかのモジュール[13]で構成され、その中には、生物医学研究や社会科学研究等の研究部門を専門にしたサブモジュールも含まれる。たいていの場合、研究者はまず研究全般に関するオンラインコースを受け、その後、その内容についてのテストを受ける。そこでは、コモンルールにおける人間を対象とする研究の定義、『ベルモントレポート』における倫理三原則、対象者保護に関する研究施設独自の倫理綱領、インフォームドコンセントなどがカバーされる。次に、研究者は専門とする研究部門に関するオンラインコースを受ける。例えば、社

会科学研究に関するコースを受けた場合、社会科学研究特有の問題（例えば、研究遂行のために対象者を騙す必要がある場合の倫理的問題や、個人情報の秘密性保護問題など）を学ぶ。このようにしてオンラインコースを受け、テストに合格した研究者は、倫理教育プログラムを修了したことを示す証明書を与えられ、IRB 審査を受ける資格を得る[14]。

このように、「研究施設による契約的保証」における重要な要素である「研究施設による倫理教育プログラムの確立」は、研究施設と連邦政府間の契約履行を施設内の研究に従事する者全員に徹底させるという重要な役割を担うものである。次に、「研究施設による契約的保証」が、実際の IRB による審査においてどのように履行されるのかを述べる。

2.4.2 IRB 審査

「IRB 審査」とは、提出された新規・継続研究計画を、コモンルールに従って第三者的な視点で公平無私に審査することである。その際、IRB が重視するのは、研究による対象者へのリスクが最小限であるか、またリスクが研究により予測される利益に関して妥当であるかである。そのリスクの程度より、IRB の審査手順が異なる。IRB による審査の手続き方法は、IRB 委員長または委員長より指名された IRB 委員によって行われる「審査免除」または「迅速審査」の方法か、IRB 全員により審査する「完全審査」の方法に分類できる。社会科学研究などのミニマムリスク研究（研究の必要上対象者を騙す場合は除く）においては、「審査免除」または「迅速審査」の方法が適用される場合が多い。

IRB は、『ベルモントレポート』における倫理原則である「対象者選出の公平性」も審査する。具体的には、IRB は特定の人種・民族的少数派、生活保護を受けている階級の人々などを便宜的に（研究目的・内容に関係なく）対象者として選んでいないかを審査する。ただ「対象者選出の公平性」は研究内容によってはあてはまらないことがある。例えば、生活保護を受けている人々に関する調査を行う場合、対象者は生活保護を受けている特定の集団である。この場合、研究目的・内容と対象者選択方法との間に関係性が認められるので問題ない。

ここで、実際に研究者がどのような書類で IRB 審査の申請をするかについて述べる。一例として、ノースウエスタン大学の、社会科学研究を対象にした IRB 審査の申請書の内容を簡単に紹介する[15]。この申請書は 12 ページにわたり、大きく分けて①研究計画に関する項目、②対象者に関する項目、③個人情報の秘密性保護に関する項目、④インフォームドコンセントに関する項目、⑤規定順守に関する項目、⑥研究者に関する項目に分類できる。

　①研究計画に関する項目では、研究者は、研究一般に関する記述である主題、研究背景、研究方法、研究期間、研究費出資機関、研究を行う場所、研究によるリスクと利益を記載する。また、研究計画の代替案があるかどうかも記載しなければならない。研究者はこの欄で研究に必要なデータが既に存在しないことを記載する必要がある。もし、存在する場合は、なぜそのデータを二次分析するだけでは十分でないのかを記述しなければならない。これは、研究費を無駄に使わないための研究者の義務である。補足として、研究者は、研究に利益が絡む場合（例えば、特定の結果を得ることにより、スポンサーから報酬を受ける場合）は、そのことを正直に申請書に記載しなければならない。

　②対象者に関する項目では、対象者の特徴、対象者数、対象者選出基準、対象者募集方法、謝礼方法、対象者の義務を記載する。

　③個人情報の秘密性保護に関する項目では、どのような方法で個人情報を保護するのか、また、特定の対象者が識別されるのを防ぐための個人情報保護に関する具体的な対策を記載する。

　④インフォームドコンセントに関する項目では、インフォームドコンセントが行われる手順を記載する。また、研究計画によっては、同意書や、対象者を騙す必要がある場合に対象者に研究後そのことを報告するときに使用する原稿や同意書（Post-Debrief Release Form）に関する書類も、必要である[16]。

　⑤規定順守に関する項目では、研究者が所属する学部の学部長は、研究計画について承知していることを、申請書に署名することによって IRB に対して保証する。また、研究者は、医療関連機関で研究を行う場合、対象者の

プライヴァシー保護のための連邦法である「医療保険の携行性と責任に関する法律」（Health Insurance Portability and Accountability Act，以下、HIPAA法と略称する）に順守することを、申請書に署名することによってIRBに対して保証する。HIPAA法については、第三節で取り上げる。

⑥研究者に関する項目では、研究者は、研究従事者氏名を記入し、申請書に記載されていることに間違いはなく、対象者保護に関するいかなる規定も順守するという趣旨の欄に署名をする。申請者が学生の場合は、指導教員も署名する必要がある。ここで重要なのは、IRB審査の申請において、研究者とIRB、研究者が属する学部の学部長とIRB、申請者が学生である場合は指導教員とIRBが、対象者保護のための規定順守に関する契約を結ぶということである。

これまで本稿は、IRB制度を構成するフレームワークを概念的なものと実践的なものに分類した上で、IRB制度の構造的特徴を示した。次に、米国の社会科学研究におけるIRB制度の実態を考察する。

2.5　社会科学研究における「IRB制度」の問題点

「IRB・調査・社会科学研究審議会」（The Panel on Institutional Review Boards, Surveys, and Social Science Research[17]）が2003年度に発行した最新の報告書である『対象者保護と社会・行動科学研究の促進』によると、IRBは、審査の過程で対象者保護よりも事務的な手続きにこだわり、連邦規定上の柔軟性を利用しないのが現状である。例えば、コモンルールによれば研究の内容によって簡易な審査手続きである「審査免除」か「迅速審査」を適用できるのだが、IRBはこういった柔軟な手続きをなかなか利用しないという現状がある。その理由として、IRB委員の間に、研究計画を承認したことにより研究対象者に何らかの不利益が生じた場合、自分たちが非難されることを恐れる風潮があるからである ［Citro, et al., 2003］。その結果、IRBはできるだけ危険回避的に研究計画を審査する傾向がある。

IRBが、コモンルール上の同意書の免除に関する規定を利用せずに、同意を文書化することに取り組みすぎていることにも問題がある[18]。具体的に

は、コモンルールによると、(1) 同意書が、対象者と研究を結びつける唯一の記録であり、研究に参加したことの発覚が主なリスクである場合、(2) 対象者へのリスクが最小限に過ぎない場合もしくは書面による同意が、研究以外の状況では通常必要ではない場合[19]の、いずれかであれば、IRB は「署名つきの同意書」を免除することができる[20]。多くの社会科学研究は、上記の条件にあてはまるので、IRB は署名つき同意書を免除できるはずである。しかし、実際には、IRB は上記の規定を利用しない傾向がある。

　以上の問題から、IRB 制度を構成する実践フレームワークである IRB 審査は、社会科学研究計画を審査する上では適切に行われていないことが伺える。その背景には、「研究施設による契約的保証」という強力な法的メカニズムが働いていると推測できる。ここまでに述べてきた米国の IRB 制度の構造と、社会科学研究におけるその問題点を参考に、日本で社会科学研究における対象者保護制度を構築する場合、どのような点に注意しなければならないかを次節で提案する。

3　日本の社会調査における対象者保護システムの構築に向けて

　本節では、まず日米間における社会的・文化的相違に着目し、日本で社会調査を行う際に何が対象者にとって不利益となり得るかについて考える。次に、日本の社会調査において、研究のリスクと利益を対象者が理解し、積極的な研究への参加を得る同意のプロセスであるインフォームドコンセントの概念の変革を促す必要があることを述べる。最後に、米国でも実施されている、研究者に対する倫理教育プログラムを開発し実行に移す必要性について論じる。

3.1　不利益の社会的・文化的相違

　IRB 制度は元来、研究によるリスクを最小限にするために作られた制度である。しかし、社会科学研究において何が対象者にとって不利益になるかは、社会的・文化的なものに因るところが大きい。生物医学研究により生じ

得る不利益は身体的不利益が主であるが、社会科学研究により生じ得る不利益の種類は、社会的不利益、法的不利益、精神的不利益、経済的不利益と多様であり、それらは社会的・文化的影響を受けやすい[21]。

そこで、日本における対象者保護制度を構築する際は、日本社会において何が社会調査による不利益となり得るのか、そういった不利益が生じる確率すなわちリスクはどれくらいあるのかを明確にする必要があると考えられる。一例として、医療社会学研究を行う場合、日米間で個人情報の漏洩が生じる確率（リスク）の相違について述べよう。

米国の医療関連機関では、HIPAA 法により、患者の個人情報やプライヴァシーが保護されている。HIPAA 法のプライヴァシーに関する規定は 2003 年 4 月に施行され、医療関連機関に患者のプライヴァシーの権利と個人の識別可能な医療情報のセキュリティを保護する法律上の義務を課している。例として、医療社会学者が個人を特定可能な HIV 感染者間のネットワーク研究を行う場合を想定してみよう。もし、医療社会学者の所属が医療に関連する機関（例えば大学の公衆衛生学部）であれば、その研究者は HIPAA 法を順守しなければならない。一方、社会学部に所属する医療社会学者が医療関連機関の外部で上記のネットワーク調査を行う場合は、この医療社会学者は医療機関に所属しているわけではないので、HIPAA の適用対象にならない。しかし、医療社会学者が医療関連機関で調査を行う場合はいつでも HIPAA 法の対象となる。したがって、たいていの医療社会科学研究に従事する研究者は HIPAA 法を順守する法律上の義務がある。

米国の HIPAA 法は、日本で 2005 年 4 月に施行された個人情報保護法に対応する。個人情報保護法は、5,000 件以上の個人を特定できる情報を保有する民間事業者（独立行政法人では 1,000 件以上）に対し、個人データの取り扱いに関して義務を課す法律である。しかし、個人情報保護法は、学術研究を目的とする場合には特例が認められ（法第 50 条）、事業者の保持する個人情報の利用が認められている[22]。

HIPAA 法と個人情報保護法の違いは、HIPAA 法は医療関連機関で行われるすべての研究に適用されるが、個人情報保護法は小規模な事業者は適用対

象ではなく、学術研究は特例とされている点である。米国の IRB 制度においては、IRB 審査を通して研究者の HIPAA 法順守を確実にするメカニズムが備わっている。このような日米間の制度上の相違を考えると、医療社会学研究における不利益を生じさせる主な原因である個人情報の漏洩が生じる確率（リスク）は、米国の方が日本よりも低いといえるだろう。

　日米間の社会制度上の相違とリスクの関連性のほかに、日米間の文化的・社会的相違と社会科学研究による不利益の関連性も考慮する必要がある。例えば、エイズに対する恐怖による「エイズノイローゼ」（HIV 検査の結果が陰性であるにもかかわらず、陽性であると思い込むことにより発症するうつ病や恐怖症性不安障害）は、日本社会特有の神経症であると考えられている。その背景には、日本文化の特徴とされる「うちとそと」の区別、外国人恐怖症、清潔に対する執着、伝染病に対する過度な恐れが起因していると指摘されている［Miller, 1998］。このように「エイズノイローゼ」が日本社会固有の病気であると考えられていることは、HIV 感染者に対する過度な偏見・差別が存在するという日本社会における問題を示している。米国に居住する日本国籍を持つ HIV 感染者を対象にした調査結果によると、多くの対象者は、米国のほうが日本よりも HIV 感染について公然と話すことができ、偏見を受けた体験が少ないと回答している［Nemoto, 2004］。したがって、個人情報が漏洩することにより対象者が被り得る社会的汚名を主とする不利益は米国より深刻であるといえるだろう。

3.2　インフォームドコンセント制度の確立

　倫理的に信用のある社会調査を推進する上で、対象者の自由意志による調査協力を得るプロセスとしてのインフォームドコンセントの概念の普及と、その徹底が重要である。日本にインフォームドコンセントという概念が米国から入ってきたのは、1990 年代初頭である[23]。年刊用語辞典である『現代用語の基礎知識』（2005 年度版）によると、インフォームドコンセントとは「十分な情報を受けた上での同意」と定義されおり、医療の現場と医学研究においてのみ行われている。また、患者または研究対象者からの承諾書を必

要とする場合が通常である。

　米国の社会科学研究におけるインフォームドコンセントとは、対象者の研究参加の自主性を尊重することを目的とし、研究によるリスクは最小限で利益は社会に還元されることを説明した上で、対象者が研究参加を決定する際のインフォームド・ディシジョンの手助けをするプロセスである。本稿は、プロセスとしてのインフォームドコンセントの概念を、日本で社会調査を行う際に徹底することを提案する。そうすることで、以下の4つの効果が期待できる。

　第一に、インフォームドコンセントを行うことにより、研究者は、対象者の「受身による了解」または、「暗黙の承諾」を得ていないかを確認することができる。また、研究者は、自分の価値観を結果的に対象者に押しつけていないかを確認するためにもインフォームドコンセントは必要である。

　第二に、研究者は、インフォームドコンセントを行うことにより、何のために社会調査を行うのか、また、調査によってはどのようにして結果報告がなされるのかを対象者に説明することができる。そうすることで、対象者の社会調査に対する不信感を減じる効果が期待できる。

　第三に、研究者は、インフォームドコンセントを通してプライヴァシー保護や個人情報の秘密性を保護することを対象者に明確にし、そのための具体的な対策方法を説明できる。個人情報保護対策に関する対象者の質問に十分に答えることにより、対象者は安心して情報を提供でき、社会調査の信頼度を高めることが期待できる。また、研究者にとっても、対象者に質問された場合に備えて、社会調査による個人情報漏洩のリスクや影響を徹底的に調べる動機づけにもなり得る。

　最後に、研究者と対象者間の誤解を防ぐ役割を果たすことが期待できる。例えば、研究者の側からすると、社会調査は、対象者との信頼関係の上で行われていると思っていても、対象者は、調査が研究者・調査員の実利的な目的のため行われていると感じているかもしれない。その場合、インフォームドコンセントを行うことにより、社会調査による利益は社会的還元にある（研究者・調査員の実績に還元するわけではない）ことを説明して了解し

てもらうことにより、両者間の誤解を未然に防ぐことが期待できる。

　社会調査における承諾書の必要性に関しては、米国では社会科学研究において IRB の審査が柔軟性を欠いているという問題点をさきに指摘した。つまり、社会調査を遂行する前に承諾書を必ずしも必要としないはずであるが、米国の IRB はこれを認めることを躊躇する傾向がある。米国の IRB 制度で生じているこういった問題点を、日本でも繰り返すことは賢明でない。プロセスとしてのインフォームドコンセントという概念を浸透させるとともに、そのプロセスの結果を証明する承諾書にこだわるなど日本の対象者保護制度が硬直した審査機関にならないように注意し続ける必要がある。

3.3　倫理教育の制度化

　最後に、研究従事者を対象とした倫理教育を制度化することの必要性を主張する。倫理教育を義務づけることは、社会調査における主なリスクである個人情報の秘密性保護の重要性と責任を研究者が確認する手助けになると考えられる。

　実際に日本の対象者保護制度において倫理教育プログラムを構築する際は、その目的をはっきりとさせ、その目的に沿った内容を教育プログラムに組み込むことが重要になるだろう。米国の例を挙げると、IRB 制度における倫理教育プログラムの目的は二つあると考えられる。ひとつは、対象者保護に関する連邦規定、州法、地域法、各 IRB 独自の倫理綱領を研究者が学ぶことである。もうひとつは、これらの規定・規程をどのように実際の研究活動に応用するかについて研究者が訓練を受けることである。米国の IRB 制度における倫理教育プログラムの内容は、これらの目的に沿って組まれている。

　それでは、日本の社会調査において具体的にどういった倫理プログラムを構築するのが適切だろうか。倫理プログラムの目的は、研究者が対象者保護に関する既存の規定を学び、その応用方法を学ぶことである。したがって、最小限、日本社会学会により策定された倫理綱領と、今後策定予定である倫理規定を研究者が学ぶことは必要であろう。そして、これらの倫理綱領・規

定の具体的な応用方法を、研究者の専門によって教育することが考えられる。例えば、研究者は、量的調査（主に標本調査）と質的調査（主に事例調査）のどちらかを選択し、倫理綱領・規定を実践する具体的な方法を学ぶことが考えられる。

　倫理教育の修了認定をどのように行うのかも、米国の例を参考にできる。例えば、IRB 制度における倫理教育の終了認定のための手続きとしては、研究施設が独自に提供する（または研究施設が指定する）倫理教育プログラムを修了した後、それに関する試験に合格した研究者のみに認定書が与えられ、IRB の審査を受ける資格が与えられる。日本において倫理教育の終了認定を発行する場合は、まず、どこが倫理教育プログラムを開発し終了認定を行うのかを検討する必要があるだろう。その後に、終了認定の手続きについての具体的な指針を作成する必要があると考えられる。

　ここで、日本においてどこが第三者機関となって社会調査の倫理的側面を審査するのがよいかという問題が生じる。この問題に関しては、現在の日本の社会調査において住民基本台帳や選挙人名簿の閲覧の「研究の公益性」を実践するためには、第三者機関の事前許可が必要であると指摘されているという点からしても重要である。例えば、前述した民間の施設外 IRB（インディペンデント IRB）に審査を委託するか、それとも各研究施設内 IRB で審査をするかを決定するのは今後の課題となるであろう。

4　おわりに

　本稿では、IRB 制度を構成する概念フレームワークとして、ミニマムリスクとインフォームドコンセントの概念を紹介した。また、IRB 制度は連邦政府と研究施設間の対象者保護のための制度上の契約により成り立っており、IRB はこの契約内容に従って研究計画を審査しているという実践フレームワークを紹介した。このような制度上の契約が米国の社会科学研究に与える問題として、IRB は、社会科学研究計画を危険回避的に審査し、インフォームドコンセントに必要な書類などの形式的なものばかりにこだわり、有益な

社会科学研究の進行が滞るという悪影響を紹介した。

　本稿において、日本で対象者保護制度を構築する場合、(1) 社会調査による不利益を明確にすること、(2) インフォームドコンセント制度の確立、(3) 倫理教育の制度化の三点を主張した。具体的に、(1) に関しては、日本社会では何が社会調査による不利益となり得るのか、その不利益はどれくらいの確率で生じるのかを明確にする必要性を述べた。(2) に関しては、日本の社会調査において、プロセスとしてのインフォームドコンセントという概念を浸透させるとともに、承諾書にこだわることにより日本の対象者保護制度が硬直した審査機関にならないように注意し続ける必要性を述べた。(3) に関しては、倫理教育プログラムの開発と終了認定制度の必要性を提案した。これらの提案が、倫理的に信頼性のある日本における対象者保護制度を構築する際に何らかのヒントを読者に与えてくれることを願う。

付記

　本稿は、2002 年度に American Sociological Association Annual Meeting で開催された "Human Research Protections in Sociology and the Social Sciences" のコースで使用された発表資料を参考にした。これらの資料は、以下のサイト (http://www.aera.net/aera.old/humansubjects/courses/asa_agenda.htm, 2006 年 3 月 31 日閲覧) からダウンロードできる。また、2003 年度に American Educational Research Association により開催された "Human Research Protections in Education Research" のコースで使用された発表資料も参考にした。これらの資料は、以下のサイト (http://www.aera.net/aera.old/humansubjects/courses/aera.htm, 2006 年 3 月 31 日閲覧) からダウンロードできる。

謝辞

　本稿の執筆にあたり、2005 年 12 月 9 日に開催された COE 主催の「調査倫理討論会」での髙坂健次教授（関西学院大学）をはじめパネリストや討論者の方々の意見やコメント、また、2006 年 3 月 17 日に開催された「調査倫理研究会」における討論は、日本の社会調査における倫理的問題を理解する上で大いに参考になった。また、米国のエモリ大学で社会科学研究の IRB 委員を務めた社会学者の Karen Hegtvedt に、実際の IRB 審査についての貴重な情報を提供してくれたことにここで謝辞を表しておきたい。

注
1）連邦規定をすべての研究（連邦政府機関が関与しない研究を含む）に適用することにおいては各研究施設の裁量に任せられる。
2）医療研究の場合、インフォームドコンセントにおける同意書を作成するとき、弁護士をIRBのメンバーに加えることによって、同意書の内容を確認する役割がある一方、研究施設を法的に保護する役割もある。
3）例えばUCLAのIRBは、2つの医学研究を専門にするSub-IRBを含む5つのSub-IRBsによって成り立っている。
4）「45 CFR 46」は、「Code of Federal Regulations, TITLE 45, Part 46」の略である。2005年11月17日に更新された最新の「45 CFR 46」は、以下のサイトで閲覧できる。(http://www.hhs.gov/ohrp/humansubjects/guidance/45cfr46.htm)
5）コモンルールは、連法政府機関の10省（The Departments of Agriculture; Commerce; Defense; Education; Energy; Health and Human Services; Housing and Urban Development; Justice; Transportation; and Veterans Affairs）と7局（the Agency for International Development; the Central Intelligence Agency; the Consumer Product Safety Commission; the Environmental Protection Agency; the National Aeronautics and Space Administration; the National Science Foundation; the Social Security Administration）によって採択された。
6）英語の名称は、"Common Federal Policy for the Protection of Human Subjects (Common Rule)"である。
7）「45 CFR 46」には、妊婦や人間の胎児、および新生児を研究対象とする追加保護（subpart B）、服役囚を研究対象とする生物医学と行動科学研究に関連する追加保護（subpart C）、18歳未満の未成年者を研究対象とする追加保護（subpart D）に関する規定も含まれる。
8）45 CFR 46. 102(i)
9）例として、実際のFWA認定の通知書は、以下のUCLAのサイトで閲覧できる。(http://www.oprs.ucla.edu/human/manual/hspcmanual/FWA, 2006年3月31日閲覧)
10）研究者が連邦政府機関に研究費の助成申請を行う場合、研究計画書と共に研究者が所属する研究施設が発行するFWA番号を提示する必要がある。
11）FWAの更新を行うときは、新規のFWA申請書を再度OHRPに提出しなければならない。
12）45 CFR 46. 103(b)
13）モジュールとは、複数のファイルでまとめられたソフトウェアのことを指す。
14）例えば、ノースウエスタン大学の場合は、社会科学研究の倫理教育プログラムは、13個のモジュールと2個のオプショナルモジュールから成り立っており、それらのモジュールを終える推定時間は3-6時間で、70-80%以上の正解率で合

格となる。

15) 本稿で参考にした IRB 審査のための申請書は、以下のノースウエスタン大学のサイトからダウンロードできる。URL は以下である。(http://www.research.northwestern.edu/research/OPRS/irb/forms/docs/NPSFBehavioralScience.doc, 2006 年 3 月 31 日閲覧)
16) これらの書類のテンプレートは、ヴァージニア大学のサイトからダウンロードできる。URL は以下である。(http://www.virginia.edu/vprgs/irbsbsschedform.html, 2006 年 3 月 31 日閲覧)
17) 「IRB・調査・社会科学研究審議会」は、「米国学術研究会議」(National Research Council) により 2001 年度に設立された。
18) その理由のひとつに、コモンルールは、同意書を必要とする「インフォームドコンセント」を前提に規定を設けていることが挙げられる。これは、多くの社会科学研究に規定を適用する上で問題となっている。
19) 例えば、通りすがりの人を観察する場合や、市場調査の回答を依頼する場合が挙げられる。
20) 45 CFR 46. 117(c)
21) 社会調査による不利益の種類と、どのような特徴をした対象者がそのような不利益に最もさらされやすいかについて参考になる表 (Table A) が、米国の社会科学研究における対象者保護のためのワーキンググループにより作成されている。この表は以下のサイトで閲覧可能である。(http://www.aera.net/aera.old/humansubjects/risk-harm.pdf, 2006 年 3 月 31 日閲覧)
22) 特例が認められたとしても、住民基本台帳や選挙人名簿の閲覧制度に変化がみられるように、現実の地方自治体での運用において受け入れられるかどうかの問題がある。
23) 用語の社会的普及度の一指標となる『現代用語の基礎知識』にインフォームドコンセントという言葉が出始めたのは 1989 年度版からである。一方、米国においてインフォームドコンセントの概念が普及し始めたのは 1970 年代である。

文献

Citro, Constance F., Ilgen, Daniel R., and Marrett, Cora B. (Eds.), 2003, *Protecting Participants and Facilitating Social and Behavioral Sciences Research,* Panel on Institutional Review Boards, Surveys, and Social Science Research, Washington, D. C.: The National Academies Press.
自由国民社, 1989, 『現代用語の基礎知識』東京：自由国民社.
自由国民社, 2005, 『現代用語の基礎知識』東京：自由国民社.
Miller, Elizabeth, 1998, "The Uses of Culture in the Making of AID Neurosis in Japan," *Psychosomatic Medicine,* 60: 402-409.

Nemoto, Tooru, 2004, "HIV/AIDS Surveillance and Prevention Studies in Japan: Summary and Recommendations," *AIDS Education and Prevention,* 16, Supplement A: 27–42.
The Belmont Report, 1979, *Ethical Principles and Guidelines for the Protection of Human Subjects of Research,* The National Commission for the Protection of Human Subjects of Biomedical and Behavioral Research, Department of Health, Education, and Welfare.

The Framework of the IRB System in the United States and its Problems:
Towards Establishing a System of Research Participant Protections in the Japanese Social Sciences

Kayo Fujimoto*

■Abstract

This paper examines key features of the Institutional Review Board (IRB) system in the United States as well as problems in applying an IRB system to social science research. This examination will point out the caveats in the US system and propose essential elements necessary to establishing a research subject protection system in social science research in Japan. This paper divides the IRB system into two frameworks: conceptual and practical. The Conceptual framework is a framework that is associated with the goals of the IRB system. The Practical framework is a framework that serves as the process to follow in order to achieve those goals. For the Conceptual framework, I will address the two major concepts of "minimum risk" and "informed consent". For the Practical, I will examine the procedures known as "institutional assurances" and "IRB review", both of which are based on a social contract that is characteristic of American society. I will also consider several issues with the introduction of such an IRB system to the Japanese counterparts through a discussion of the culturally and socially influenced definition of "harm" that may be caused by social science research. Finally, I will argue the necessity of championing the concept of informed consent as a process of obtaining voluntary participation from subjects, and institutionalizing the ethical training of researchers before actually conducting such research.

Key words: IRB system, institutional assurances, IRB review, minimum risk, informed consent

*Kwansei Gakuin University

社会調査と倫理

―― 日本社会学会の対応と今後の課題

長谷川　公一*

■要　旨

　2005 年 10 月、日本社会学会は、「社会学の研究・教育および学会運営にあたって依拠すべき基本原則と理念」である「日本社会学会倫理綱領」を制定した。本稿では、日本社会学会が倫理綱領を制定した背景、主な検討内容や論点を解説する。抽象的・理念的な「倫理宣言」、職業倫理のミニマムを定めた「倫理綱領」、具体的な行動指針としての「倫理規定」の 3 つのレベルがある。まず倫理綱領レベルのものを策定し、それをふまえ倫理規定案を現在策定中である。倫理綱領は、(1) 職業倫理に関する明文化された規定であるとともに、(2) 研究者教育の指針であり、(3) 社会に対する組織体としての学会の宣言であり、(4) さらに高い倫理的な目標・課題への自覚の要請である。ミスコンダクトに対する審査・処分などの規定は設けなかったが、綱領制定と同時に、会員やひろく一般社会からの倫理問題に関する質問・相談・苦情・問題提起の窓口として「日本社会学会倫理委員会」が発足した。アメリカの大学で一般的な、全学レベルでの Institutional Review Board は、医学・薬学系主導の運営になり、社会調査の実状に合致せず、社会調査を硬直化させがちであるなど弊害の大きさがアメリカ社会学会で指摘されている。社会調査教育、社会学教育における調査倫理や研究者倫理の指導の充実のためにも、調査倫理・研究者倫理に関するデータ・知見などの早期の組織化が求められる。

　キーワード：調査倫理、研究者倫理、倫理綱領、Institutional Review Board

---

*東北大学

1　日本社会学会の倫理問題への取り組み

　2005年10月22日に開催された第78回日本社会学会大会総会（於　法政大学）で「日本社会学会倫理綱領」（案）が原案どおり承認され、あわせて「日本社会学会倫理委員会」が発足した。日本社会学会倫理綱領は、「社会学の研究・教育および学会運営にあたって依拠すべき基本原則と理念」を定めたものである。

　2003年秋に発足した細谷昂会長のもとでの今期の日本社会学会理事会にとって、倫理綱領の制定は、財務問題、学会組織の法人化の検討、国際社会学会の世界社会学会議の誘致の検討などとともに、最重要課題の一つだった。後述のように研究者のミスコンダクト（不正行為）が社会的に問題になり、日本学術会議などが各学会に対して対応を呼びかけるのにやや先だって、日本社会学会は倫理綱領策定の準備をすすめ制定したことになる。本稿執筆段階でも引き続き行動指針の策定作業が進行中である。

　日本社会学会の庶務理事として、この問題に中心的にかかわってきた一人として、以下検討内容や主な論点についてまとめておきたい。なお本稿では日本社会学会の倫理綱領に関する解説的な記述に力点を置くことをあらかじめお断りしておきたい。社会学における倫理問題の中心的な焦点が、社会学者が社会と接するもっとも特徴的な機会である社会調査にあることは言うまでもないが、社会学会の倫理綱領は、社会調査を含みながらも、さらに一般的なレベルで、研究・教育、学会運営にかかわる倫理を扱っている。

1.1　経緯

　日本社会学会が倫理問題に本格的に取り組むことになった第一の契機は、2000～2003年度にかけて、社会調査士資格認定機構の準備プロセスで、「社会調査倫理綱領」の策定がすすんだことである。「社会調査倫理綱領」（資料3）は、事実上、「日本社会学会倫理綱領」のモデルとなったといえる［長谷川，2004］。塩原勉前会長のもとでのこの期の日本社会学会理事会で倫理綱領の必要性が認識されはじめたが、「社会調査倫理綱領」の策定を待って、

日本社会学会としてもこれと整合的な綱領を策定する方針だった。

　第二にとりわけ倫理綱領の必要性を痛切に認識させたのは、2002年から2003年にかけて、東京大学と京都大学で会員に関わる倫理問題が表面化したことである。

　2003年10月、今期の理事会が発足すると、10名の委員からなる倫理綱領検討特別委員会がおかれることになった（委員は、当初、栗岡幹英、立岩真也、福岡安則、宝月誠、丸山定巳、牟田和恵、森元孝、矢澤澄子、と長谷川の9名だったが、2004年7月の第3回委員会から森岡清志理事が加わり10名となった）。委員長は宝月誠常務理事である。特別委員会は、会則の第10条4項の規定にもとづいて設置される臨時的な委員会である。第1回の会合は、2003年12月に開かれている。委員会のスタートにあたって、単に倫理綱領を策定するにとどまらず、策定過程での会員に対するフィードバックや会員間での問題の共有化を重視することを基本方針とした。

　11月29日には社会調査士資格認定機構が発足し、同時に、「社会調査倫理綱領」が施行され、「社会調査士倫理委員会」が設置された。同委員会の委員長には、吉野諒氏が就任している。

　第三に、2005年4月から個人情報保護法が施行されたことも、倫理綱領の制定に大きな影響を及ぼすことになり、倫理綱領の制定が当初の見通しよりも1年早まる契機となった。個人情報保護法の施行にともなって、総務省がこれまで原則公開となっていた住民基本台帳と選挙人名簿抄本の閲覧制限の見直しの検討を開始したからである[1]。総務省の方針転換は、個人情報の目的外使用を禁止する個人情報保護法と住民基本台帳の原則公開との間に齟齬が生じてきたからであり、住民基本台帳の閲覧目的の約7割を占めるダイレクト・メールのための大量閲覧に対する社会的批判が高まってきたからである。

　日本社会学会は、社会調査のための閲覧が大幅に制限されたり、掲載を希望する者のみの情報の閲覧を許可する「オプトイン」方式による台帳になりかねず、科学的なサンプリング調査が事実上やれなくなることなどに対して大きな危機感を抱き、社会調査士資格認定機構、日本教育社会学会、日本グ

ループ・ダイナミックス学会、日本行動計量学会、日本社会心理学会、日本都市社会学会、日本マス・コミュニケーション学会の隣接 6 学会とともに、8 団体の連名で総務省の検討委員会に対して 6 月に要望書を提出した。この要望書の提出によって、7 月の公開ヒアリングに招かれ、主要なステイクホルダーとして実状を説明した（注 1）参照）。総務省および検討会との折衝の中で、とくに個人情報の保護、学術目的への限定、調査結果の社会的還元などの点について、倫理綱領の早期策定の必要性を痛感させられた。倫理問題への学会としての組織的な取り組みが、社会の側および政府側からも注視されていることを意識させられたのである。

　総務省の検討委員会の答申では、住民基本台帳については学術目的の社会調査のための閲覧を認めることになり、選挙人名簿についても、政治や選挙に関する社会調査のための閲覧を認めることになった。2006 年 5 月末現在、この答申に則したかたちで法改正が進行中である。

　第四に、学界全般において、近年、旧石器ねつ造事件などのねつ造事件や、データや実験結果のねつ造や医療ミス、セクシャル・ハラスメント、アカデミック・ハラスメント、経理の不適正な処理等のミスコンダクト的な行為に関連して、アカデミックな世界に対する倫理的要求が高まり、また人権やプライバシー、個人情報の扱いや会計処理などに関して、市民の側、社会の側がいよいよセンシティブになってきたという状況がある。ルールの厳格な遵守が求められるようになってきたのである。

　第五に、教育や研究者・実務家養成の点でも、流動性が高まり、その半面じっくりと腰を据えた教育を行うことが難しくなってきたという促成化の問題がある。しかも大学間・個人間の業績競争は強まっている。ミスコンダクトが誘発されやすい構造的背景がある。

　こうした状況に対して、日本社会学会としても倫理綱領を制定し、会員の啓発が求められるようになってきたのである。

　むろん、ミスコンダクトの組織的な防止策と研究者倫理の自覚と組織的な対応が求められる状況は社会学に固有の課題ではない。日本学術会議は、2005 年から「科学者の行動規範に関する検討委員会」を設置し、日本学術

会議［2006］などを起草している。

　なお国際社会学会、アメリカ社会学会、イギリス社会学会など、海外の代表的な社会学会は、詳しい倫理綱領を整備している[2]。

　2005 年 7 月には倫理綱領の原案を策定し、学会ニュースで、会員から、この原案に対する質問や意見を募集した。また引き続き倫理綱領にもとづく行動指針案を検討することになった。10 月の学会大会総会で、倫理綱領案は原案どおり承認され、「日本社会学会倫理委員会」も同日から発足した。なお会員への問題提起と関心喚起のために、倫理綱領検討特別委員会の主催で、学会大会の初日午後、「社会調査と倫理」と題するラウンドテーブルを開催し、約 100 名程度が参加し活発な議論が展開された。司会は森岡委員と長谷川が務め、委員の福岡安則氏がパネリストの 1 人として登壇した。以下は、大会要旨集に掲載した、同ラウンドテーブルの要旨の一部であり、ラウンドテーブルのねらいを述べたものである。

　　倫理問題は、ややもすれば、タテマエ的で教科書的な、表面的考察にとどまりがちである。けれども、実際の調査のプロセスは、試行錯誤の連続であったり、時間的・予算的制約の中で、人的制約の中で、苦渋の決断を迫られる場合も少なくない。先行研究や先例的な調査の少ないパイオニア的な研究であるほど、乗りこえるべき課題も障害も多い。研究者の倫理と社会的責任、科学性という重い十字架を背負いながら、坂道を昇るようなものかもしれない。また社会調査は、調査対象者という「相手」のある問題であり、聴取にせよ、調査票への記入にせよ、調査対象者に、何らかの迷惑をかけざるをえない。調査者は、プライバシーに立ち入ろうとする「よそもの」的存在でもある。調査は、大なり小なり「社会学的介入」という側面をもっている。一方で、多くの場合、調査は共同研究者や院生・学生との共同作業によって遂行される。こうした現実との緊張関係の中で、状況に応じてそのつど、さまざまのレベルでの決断と配慮が求められる。調査チームとして、また研究者として、これらの課題をいかに乗りこえてゆくのか。社会調査の倫理は、その乗

りこえ方の中で、まさしくフィールドという現場で、試される（同ラウンドテーブルの要旨から）。

　2006年5月現在、倫理綱領にもとづく研究指針案を検討中である（2006年10月の学会大会総会で報告了承された）。社会調査のプロセスに即した項目も、そこでは詳しく扱われている（本特集の森岡論文参照）。

1.2　倫理綱領の性格
　倫理綱領の策定の水準としては、倫理宣言・倫理綱領・倫理規定の3つがありうる。

　日本教育社会学会では、資料4のような研究倫理宣言を2001年10月8日に制定している[3]。同学会の「研究倫理に関するワーキンググループ」の答申では、倫理宣言は、「当該の研究分野を超えた抽象的・普遍的な倫理を提示し、それを"尊重すること"を学会として宣言するレベル」、倫理綱領は「当該の研究分野についての一般的な倫理を、『綱領』として定めるレベル」、倫理規定は「研究活動を遂行する上での具体的な行動基準を『規定』として定めるレベル」であるとして、同学会としては、拙速を避けるために、時間的制約などから、当面、倫理宣言を策定するとしている（たとえば、日本教育社会学会［2001］を参照）。ただしその後、倫理綱領・倫理規定レベルの策定やそのための取り組みは行われていないということである。同ワーキンググループのメンバーだった岩本健良氏は岩本［1997］を発表しており、倫理問題についての先駆的な研究者である。社会学会の倫理綱領検討特別委員会でもゲストに招いた。

　なお日本社会学会社会学文献情報データベース（富山大学サイト）で、調査倫理をキーワードとして検索できる文献は1件のみであり、研究倫理をキーワードとして検索できる文献は、この岩本［1997］や日本教育社会学会［2001］など4件のみであり、これまで日本の社会学者の関心は相対的に低かったといえる。

　日本教育社会学会の規定も参考にしながら整理すれば、倫理綱領・倫理規

定には抽象的・理念的な「倫理宣言」、職業倫理のミニマム的なものを定めた「倫理綱領」、具体的な行動指針としての「倫理規定」。この3つのレベルがあることになる。倫理綱領は「してはならない」というように、一般にミスコンダクトを禁止するトーンとなるが、倫理規定は「すべきである」「のぞましい」という、より具体的な状況に即した当為的規定である。

　倫理綱領検討特別委員会では、倫理宣言では、抽象的一般的過ぎて社会学会・社会学界に固有の内容になりにくいため、まず倫理綱領のレベルで策定を検討することにし、倫理規定は、倫理綱領の次の課題とすることにした。

　では倫理綱領とはどのような性格のものなのか。基本的には（1）職業倫理に関する明文化された規定であるとともに、（2）社会学教育とくに研究者教育の指針である。（3）社会に対して組織体としての学会の宣言である。（4）しかもさらに高い倫理的な目標・課題への自覚の要請である。以上の4つの性格を持っている。学会の綱領だから、名宛人は会員である。この点は、「社会調査倫理綱領」の名宛人・対象者が調査員を含む「ひろく社会調査に従事する者」であったのと異なっている。なお単に会員個人をしばるだけでなく、学会運営の基本原則でもある。

　さらに高い倫理的な目標・課題への自覚の要請というのは、ミニマム的なものを定めたということの裏返しでもある。倫理綱領は、組織体の学会の免罪符やアリバイ証明的なものであってはならない。倫理については、ここまででよい、というようなものがあるわけではない。倫理は、個々の研究者を規定し、日々の研究・教育活動を支え、律する内面的な確信であるべきである。

　学会としての倫理綱領は、そのための会員共通の土台であり、その土台のうえに、会員個々人の内面的な研究倫理の自覚が要請される。

　とりわけ何のための、誰のための研究なのか、どのような社会的波及効果がありうるのか、という研究目的と社会的影響の自覚は、倫理問題の永遠の原点である。この点で、リフレクシビリティを強調したGouldnerらの営為[Gouldner, 1970＝1978] と、それらを批判的に受け止めて近年2003年度から4年度にかけてアメリカ社会学会会長だったBurawoyを提唱者としてア

メリカ社会学会が組織的に展開している public sociologies が注目される[Burawoy, 2005][4]。

　学術的な研究は本来創造的な行為であるとして、学問研究・表現の自由という観点から、倫理綱領の諸規定を研究上の過剰な制約や桎梏と受け止める意見もありうるが、この綱領では、ミニマム的なものにすることによって、それらの危惧を払拭しようと努めた。前文［策定の趣旨と目的］の末尾の段落に記したように、「創造的な研究の一層の進展のためにも、本綱領は社会的に要請され、必要とされている」というのが私たちの認識である。「研究者の社会的責任と倫理、対象者の人権の尊重やプライバシーの保護、対象者が被りうる不利益への十二分な配慮などの基本的原則を忘れては、対象者の信頼および社会的理解を得ることはできない」ということは、現代における社会学的研究の大原則であろう。何よりも重要なことは、「研究の目的や手法、その必要性、起こりうる社会的影響について」、企画段階から成果の発表に至るまで、研究の全プロセスにおいて、研究者自身が自覚的であることである。

　むろん、例えば現実社会という場で、実験的な研究や調査がどこまで許されるのか、未成年者を対象とするような研究がどこまで許されるのか、などの論点はある。しかし、例えば、学問の自由の名のもとに、ひとりよがりな研究が行われることは、半ば自殺行為的なものになりかねないことに注意しなければならない。

1.3　審査権・処分権を持つべきか

　倫理綱領策定にあたってもっとも大きな論点は、ミスコンダクトに対して、学会がどのように審査権・処分権を持ちうるかであった。

　罰則などの処分をなしうるためには当該の問題について事実関係や違反の有無に関する調査委員会などの設置が必要になる。

　アメリカ社会学会は詳細な倫理規定（Ethical Standards）をもっているが（たとえば、American Sociological Association ［1997a］を参照）、その実効性を担保する機関として、3年任期の9名の委員からなる、Committee on Professional Ethics（職業倫理委員会、略称 COPE）が存在し、倫理問題の啓発・倫理コードの見直しだけでなく、倫理問題に関する苦情処理および違反の認定と、違反者へのサンクションの内容を決定している。ここが裁判所的な審査権と処分権を持っているのである［American Sociological Association, 1997b］。

　イギリス社会学会にはこうした司法的な手続きはないが、倫理綱領のほか、会員の平等性について、包括的なガイドラインを設けている［British Sociological Association, 2002b］。

　日本の場合、勤務先の大学や研究所と研究者は雇用関係にあるから、所属機関は懲戒や解雇などの処分権を持っている。ミスコンダクトがあった場合には大学院の研究科や学部内に調査委員会が設置され、調査委員会の調査にもとづいて、全学の評議会などのレベルで全学的な処分が下されるのが一般的である。大学院生の場合には、所属大学院が懲戒・停学・退学などの処分権をもっている。

　日本社会学会は、会則第9条前段に「会員にしていちじるしく学会の名誉を傷つけたときは理事会の決議により除名する」という規定と、長期の会費滞納者を「退会したものと見做す」という規定をもっている（会則第9条後段）。負のサンクションに関してはこの規定しかない。しかも除名規定が適用され、除名された先例はない。この規定があるのみで、取扱い細則など、除名に関する手続きが定められているわけでもない。

　しかも除名処分は不名誉な事態ではあるが、そのことによって社会学の教鞭がとれなくなったり、研究活動ができなくなるというわけではないから、除名処分がどの程度、実効的なサンクション足りうるか、という問題もある。

　以上を総合的に判断して、今回の倫理綱領では、倫理問題に関する審査権・処分権に関する規定は設けなかった。

1.4　倫理委員会の設置

　そもそも学会は「良心的な研究者」の集団であることを大前提としてい

る。これまでは、悪意をもって学会を利用したり、学会員としての立場を悪用するようなことは基本的にないものと想定してきたといえる。しかも除名が検討されたような悪質な例もなかった。

　会員相互の基本的な信頼こそは学会運営の大原則である。

　しかし今後は、例えば、総務省側が懸念していたように、原則非公開となった住民基本台帳を商業目的で閲覧することを主なねらいとして、日本社会学会の会員資格を悪用したり、会員を利用するかたちで、学術的な調査を装おうなどの行為が行われないとは限らない。

　その意味からも、綱領に実効性を持たせていくことが課題である。

　日本社会学会では、倫理綱領の施行と同時に、会員やひろく一般社会に対する倫理問題に関する質問・相談・苦情・問題提起の窓口として、7名からなる「日本社会学会倫理委員会」（委員長・森岡清志）を設置することにした（資料2　日本社会学会倫理委員会規程参照）。この委員会を常設することによって、具体的な相談や苦情の実例やトラブルの組織的な収集が可能になり、倫理問題とその対応の先例集的なものが積み上げられていくことを期待している。そのことは、長期的に日本社会学会への信頼形成につながろう。個々の具体的な事案について倫理委員会自体の調査能力は限られたものではあるが、倫理委員会自身が第三者機関的に機能し、所属機関内部でいわゆる握りつぶしなどの事態が生じることなどが相対的に避けやすくなるという効果もあろう。所属機関が対応してくれないという場合には、この委員会に対して問題提起をすればよいからである。

　なお倫理綱領検討特別委員会の任期は2006年10月の学会大会時までである。倫理綱領や行動指針は必要に応じて絶えず見直されるべきものだが、見直しに関しては、2006年10月以降は、この倫理委員会があたることになっている。

1.5　調査計画書の事前審査制度について

　アメリカの大学では、通常、Institutional Review Board（大学内研究倫理審査委員会、略称IRB）を設置し、学部学生であれ、人間を対象として調査や

実験を行う場合には、事前に対象者の同意書を含む調査計画書の提出を義務づけ、この委員会が許可を与えた場合にのみ、調査や実験を行うことができるという制度を採用している[5]。日本では、医学部を中心に導入が始まり、近年は心理学にもひろがりつつある。筆者の勤務先の東北大学大学院文学研究科では、東北大学大学院文学研究科調査・実験倫理委員会を設け、「東北大学大学院文学研究科・文学部において実施される調査および実験に関する内規」にもとづき、2006年夏から、大学院以上の「人間を対象として行う調査および実験」に対して、研究科内部での事前審査制を採用することになった（委員には、研究科外の委員を含んでいる）。その契機となったのは、心理学関係の論文の投稿に際して、実験の事前同意書の提出や事前審査による実験許可書が求められるようになってきたことである。

　社会調査との関連では、住民基本台帳の閲覧などのために、自治体の窓口などが、研究の公益性・閲覧の必要性などを証明する文書として、今後、所属機関もしくは学会など第三者機関の事前許可・承認などを要求するようになる可能性がある。当面は、研究科長や学部長など、所属長による学術目的の調査であることの証明文書などの提出ですむだろうが、やがて、事前審査が求められるようになる可能性がある。

　したがって長期的には、住民基本台帳の閲覧などのための事前審査制度に、学会としてどのように対応すべきか、という課題がある。前述の東北大学大学院文学研究科のように、事前審査制度をもっている部局や大学の場合などは所属機関が対応すればいいが、事前審査制度をもたない所属機関に属する会員に対しては、社会調査士資格認定機構が事前審査機関的な機能をはたすようにするという方策が考えられる。所属研究機関以外に事前審査機関を一元化するとすれば、もっとも適切なのは、社会調査士資格認定機構であろう。

　なおアメリカの IRB の特色は、大学単位で、しかも医学、生物学などの自然科学から、社会学を含む人文・社会科学まで、人間を対象として調査や実験を行う限りにおいて、あらゆる分野について全学的に審査する点にある。

そのために、1）IRB に関しては、生命や身体に直接かかわる医学系、薬学系などの発言力が強く、医学や薬学と同様のスタンダードで、生命や身体にかかわる危害を与える可能性の乏しい社会調査までもが処理されてしまいがちだという問題がある。2）したがって IRB は、同業者からのピア・レビューというよりも、医学・薬学や心理学などの学内の他分野の専門家による外側からの強制力として機能しがちである。実際、IRB の評価委員に社会学者や人類学者が著しく少なかったり、まったくいないにもかかわらず、社会調査の専門家でない者が、社会調査の研究計画について平然と素人的な口出しをすることの問題性などがアメリカでは指摘されている（注6）参照）。3）IRB は、伝統的にリスク便益分析的な発想で、研究の潜在的リスクに対して得られる便益が大きければ、当該の実験や研究を承認してきたが、社会調査の場合にはリスクも少ないが、便益も直接的ではないという根本的な問題がある。4）IRB が肝心の研究の自主性や自発性を損ないがちで、真の倫理問題から目をそむけさせ、形式的手続き的なトリビアリズム（瑣末主義）に陥らせがちだという弊害もある。5）とくに、対象者の同意書や所属機関の許可書がない段階では、しかも同意書や許可書の範囲内でしか、調査に入れないということになれば、調査のプロセスは著しく硬直的なものになり、研究活動は萎縮しかねない。社会学の場合には、とくに質的な調査の場合には、調査活動の開始は必ずしも明確であるとは限らない。観察や日常的な接触から事実上の調査過程が始まる場合も少なくないし、研究の途中段階から、研究の内的な発展のゆえに、大きく焦点や対象者を変更するよう迫られる場合もありうるからである。6）そしてアメリカの文脈では、IRB は、対象者や被験者の側から起こされうる訴訟対策・訴訟防止的な側面がある。調査に義務づけられている事前同意書の存在が、訴訟を抑止するからである。7）つまり、IRB は、アメリカ社会のような、他者への不信（distrust）を前提とした社会で発達してきた制度である。したがって日本社会のような、長期的な信頼関係に基本的な価値をおく社会にふさわしいか、という問題もある。一例をあげれば日本社会では、事前同意書に対象者の署名を求めること自体が、かえって対象者に調査目的や調査の意図などに関する不信感を巻き

起こしかねない。

実際、アメリカ社会学会でも、IRB の弊害やどのように改善を求めていくべきかの検討が本格的に始まったばかりである[6]。

以上から、アメリカ的な IRB 制度を日本にそのまま導入することには大きな問題と弊害があろう。

2 社会調査と倫理──今後の課題

ここまで倫理問題、倫理綱領に関する日本社会学会の対応について、経過と論点を述べてきたが、行動指針（倫理規定）の策定に続いて優先されるべき今後の課題は、問題をどのように処理してきたか、という事例集を作成することだろう。社会調査士資格認定機構の倫理委員会や日本社会学会倫理委員会などが、関連学会の会員などに呼びかけて、これまで従事した社会調査に関して、調査対象者との間で、どのような問題や苦情を経験したことがあるか、その際どのように問題や苦情に対処したのかなどの事例を集めて、その対処の仕方がどの程度的確であったか、どのような問題があったか、などを検討していくことが望ましい。そのような事例をもとに、苦情処理の手引きなどを作成することが次の課題だろう。

IRB 制度の社会学・社会調査にとっての問題点や是正策についての情報収集、海外の社会学会の倫理問題についての対応や課題に関する情報収集も体系的に行われるべきである。

社会調査における倫理問題については、認定機構の必修科目のうち、a「社会調査の基本的事項に関する科目」で、調査倫理について扱うことになっているが、現行の社会調査のテキスト類や社会学教科書では、調査倫理や研究倫理の扱いがきわめて乏しい。今後、社会調査関係のテキストが刊行される際には、機構の倫理綱領や日本社会学会の倫理綱領などが掲載されたり、調査倫理・研究倫理について1章が割かれるなど、社会調査教育、社会学教育において、倫理問題が的確に位置づけられるべきである。そのためにも調査倫理・研究者倫理に関するデータ・知見類などの組織化が早期に求

められる。

3 資　　料

資料1　日本社会学会倫理綱領

［策定の趣旨と目的］

　日本社会学会は、社会学の研究・教育および学会運営にあたって依拠すべき基本原則と理念を定め、「日本社会学会倫理綱領」として発表する。

　本綱領は、日本社会学会会員が心がけるべき倫理綱領であり、会員は、社会学研究の進展および社会の信頼に応えるために、本綱領を十分に認識し、遵守しなければならない。社会学の研究は、人間や社会集団を対象にしており、対象者の人権を最大限尊重し、社会的影響について配慮すべきものである。また社会学の教育・指導をする際には、本綱領にもとづいて、社会学教育および社会学の研究における倫理的な問題について十分配慮し、学習者に注意を促さなければならない。

　プライバシーや権利の意識の変化などにともなって、近年、社会学的な研究・教育に対する社会の側の受け止め方には、大きな変化がある。研究者の社会的責任と倫理、対象者の人権の尊重やプライバシーの保護、対象者が被る可能性のある不利益への十二分な配慮などの基本原則を忘れては、対象者の信頼および社会的理解を得ることはできない。会員は、研究の目的や手法、その必要性、起こりうる社会的影響について何よりも自覚的でなければならない。

　社会学研究・教育の発展と質的向上、創造的な研究の一層の進展のためにも、本綱領は社会的に要請され、必要とされている。本綱領は、日本社会学会会員に対し、社会学の研究・教育における倫理的な問題への自覚を強く促すものである。

第1条　〔公正と信頼の確保〕社会学の研究・教育を行うに際して、また学
　　　　会運営にあたって、会員は、公正を維持し、社会の信頼を損なわない

よう努めなければならない。

第2条 〔目的と研究手法の倫理的妥当性〕会員は、社会的影響を配慮して、研究目的と研究手法の倫理的妥当性を考慮しなければならない。

第3条 〔プライバシーの保護と人権の尊重〕社会調査を実施するにあたって、また社会調査に関する教育を行うにあたって、会員は、調査対象者のプライバシーの保護と人権の尊重に最大限留意しなければならない。

第4条 〔差別の禁止〕会員は、思想信条・性別・性的指向・年齢・出自・宗教・民族的背景・障害の有無・家族状況などに関して差別的な取り扱いをしてはならない。

第5条 〔ハラスメントの禁止〕会員は、セクシャル・ハラスメントやアカデミック・ハラスメントなど、ハラスメントにあたる行為をしてはならない。

第6条 〔研究資金の適正な取り扱い〕会員は、研究資金を適正に取り扱わなければならない。

第7条 〔著作権侵害の禁止〕会員は、研究者のオリジナリティを尊重し、著作権などを侵害してはならない。剽窃・盗用や二重投稿をしてはならない。

第8条 〔研究成果の公表〕会員は、研究の公益性と社会的責任を自覚し、研究成果の公表に努め、社会的還元に留意しなければならない。

第9条 〔相互批判・相互検証の場の確保〕会員は、開かれた態度を保持し、相互批判・相互検証の場の確保に努めなければならない。

付則

(1) 日本社会学会は、社会学の研究・教育における倫理的な問題に関する質問・相談などに応じるため、「日本社会学会倫理委員会」をおく。

(2) 本綱領は 2005 年 10 月 22 日より施行する。

(3) 本綱領の変更は、日本社会学会理事会の議を経ることを要する。

資料2　日本社会学会倫理委員会規程

2005 年 10 月 22 日

1．目的

　本「倫理委員会」は「日本社会学会倫理綱領」に基づき設置されるものである。社会学の研究・教育・社会活動等における倫理的な問題に関する会員からの質問・相談・苦情・問題提起に対して、本委員会は理事会及び各種委員会と連携して、これらの対応に当たる。

2．委員会構成

　1　委員は理事から3名及び会員から4名を理事会で選出し、委員長は委員の互選による。

　2　委員の任期は理事の任期と同期間とする。ただし、委員の再任はさまたげない。

3．職務

　1　委員会によせられた質問・相談・苦情・問題提起の内容を精査して、理事会や関連する委員会、関係会員と協議する。その際、必要に応じて会員や専門家等の意見を求めることができる。

　2　委員会としての検討内容を、理事会に報告して、理事会の承認を得る。

　3　委員会の審議経過を関係者に通知する。

4．事務担当

　倫理委員会の職務に伴う事務は、学会の事務局が担当する。

資料3　社会調査倫理綱領

〔策定の趣旨と目的〕

　社会調査士資格認定機構は発足にあたって、企画から実施、結果の報告に至る社会調査の全過程において依拠すべき基本原則と理念を定め、これを「社会調査倫理綱領」として社会的に宣言する。

　本綱領は、当機構が資格を認定する社会調査士・専門社会調査士のみならず、ひろく社会調査に従事する者（以下、「調査者」と述べる。調査員を含

む）が、また社会調査に関する研究・教育にあたる者が、社会調査の目的と手法のいかんを問わず、心がけるべき倫理綱領である。調査者は、調査対象者および社会の信頼に応えるために、本綱領を十分に認識・遵守し、社会調査を公正かつ客観的に実施しなければならない。社会調査は、調査対象者の協力があってはじめて成立することを自覚し、調査対象者の立場を尊重しなければならない。また社会調査について教育・指導する際には、本綱領にもとづいて、社会調査における倫理的な問題について十分配慮し、調査員や学習者に注意を促さなければならない。

　社会調査士資格認定機構は、機構内に社会調査倫理委員会を置き、本綱領の解釈及び社会調査を企画・実施するにあたって予測されうる特定の問題に対してどのように対処すべきかなどに関する質問・相談に対応するとともに、本綱領にもとづいて、社会調査に関するさまざまの相談や苦情の受けつけなどにあたる。

　学術的な研究は本来創造的な行為であるとして、学問研究・表現の自由という観点から、本綱領の諸規定を調査・研究上の過剰な制約や桎梏と受け止めるむきもあるやもしれない。本綱領は、学問研究・表現の自由を阻害することを意図するものではない。いかに高邁な研究目的であろうとも、研究者の社会的責任と倫理、調査対象者の人権やプライバシーの保護、被りうる不利益への十二分な配慮などの基本的原則を忘れては、調査対象者の信頼および社会的理解を得ることはできない。とくに通常とは異なる調査手法を導入する場合には、採用した調査手法の特質とその必然性、起こりうる社会的影響について調査者は自覚的でなければならない。本綱領の各規定それぞれは、調査者への自覚の要請でもある。社会調査の発展と質的向上、社会調査にもとづく創造的な研究の一層の進展のためにも、本綱領は社会的に要請され、必要とされている。

第1条　社会調査は、常に科学的な手続きにのっとり、客観的に実施されなければならない。調査者は、絶えず調査技術や作業の水準の向上に努めなければならない。

第 2 条　社会調査は、実施する国々の国内法規及び国際的諸法規を遵守して実施されなければならない。調査者は、故意、不注意にかかわらず社会調査に対する社会の信頼を損なうようないかなる行為もしてはならない。

第 3 条　調査対象者の協力は、自由意志によるものでなければならない。調査者は、調査対象者に協力を求める際、この点について誤解を招くようなことがあってはならない。

第 4 条　調査者は、調査対象者から求められた場合、調査データの提供先と使用目的を知らせなければならない。調査者は、当初の調査目的の趣旨に合致した 2 次分析や社会調査のアーカイブ・データとして利用される場合および教育研究機関で教育的な目的で利用される場合を除いて、調査データが当該社会調査以外の目的には使用されないことを保証しなければならない。

第 5 条　調査対象者が求めた場合には、調査員は調査員としての身元を明らかにしなければならない。

第 6 条　調査者は、調査対象者のプライバシーの保護を最大限尊重し、調査対象者との信頼関係の構築・維持に努めなければならない。社会調査に協力したことによって調査対象者が不利益を被ることがないよう、適切な予防策を講じなければならない。

第 7 条　調査者は、調査対象者をその性別・年齢・出自・人種・エスニシティ・障害の有無などによって差別的に取り扱ってはならない。調査票や報告書などに差別的な表現が含まれないよう注意しなければならない。調査者は、調査の過程において、調査対象者および調査員を不快にするような性的な言動や行動がなされないよう十分配慮しなければならない。

第 8 条　調査対象者が年少者である場合には、調査者は特にその人権について配慮しなければならない。調査対象者が満 15 歳以下である場合には、まず保護者もしくは学校長などの責任ある成人の承諾を得なければならない。

第9条　記録機材を用いる場合には、原則として調査対象者に調査の前または後に、調査の目的および記録機材を使用することを知らせなければならない。調査対象者から要請があった場合には、当該部分の記録を破棄または削除しなければならない。

第10条　調査者は、調査記録を安全に管理しなければならない。とくに調査票原票・標本リスト・記録媒体は厳重に管理しなければならない。

付則
（1）本綱領は2003年11月29日より施行する。
（2）本綱領の変更は、社会調査士資格認定機構理事会の議を経ることを要する。

資料4　日本教育社会学会研究倫理宣言

　日本教育社会学会および会員は、人間の尊厳を重視し、基本的人権を尊重すべき責任を有している。その活動は、人間の幸福と社会の福祉に貢献することを目的とする。

　会員は、学問水準の維持向上に努めるのみならず、教育という人間にとって枢要な営みを対象としていることを深く自覚し、自らの行為に倫理的責任をもたなければならない。

　会員は、学問的誠実性の原理にもとづき、正直であること、公正であることに努め、他者の権利とその成果を尊重しなければならない。

　会員は、専門家としての行為が、個人と社会に対して影響があることを認識し、責任ある行動をとらなければならない。

　学会および会員は、この宣言を尊重して行動し、宣言の精神を広く浸透させるよう努めなければならない。

　2001年10月8日

　　　　　　　　　　　　　　　　　　　　　　　　　　　日本教育社会学会

注

1) 「住民基本台帳の閲覧制度等のあり方に関する検討会」の審議内容・議事録や資料などは総務省［2005］ですべて公開されている。委員は 16 名で、学識経験者は委員長の堀部政男氏を含め 4 名だが、いずれも行政法の専門家である。社会調査のために住民基本台帳や選挙人名簿抄本を閲覧してきた社会学者などが委員に 1 人も選ばれていないことは、社会調査の重要性や意義が総務省の担当部局によってすら、いかに認識されてこなかったかを端的に示している（委員のうち、清原慶子三鷹市長は社会学者ではあるが市長として選任されている）。メディアからも論説委員など 4 名が委員に選任されているが、世論調査をするセクションの担当者を委員には含んでいない。ダイレクト・メールを送る側の業者からは委員が 1 人選任されている。

　なお社会調査で、住民基本台帳や選挙人名簿抄本をどのように利用し、個人情報の保護にどのように配慮してきたか、という実状については、第 3 回の同検討会のヒアリングの際、日本社会学会から盛山和夫庶務理事と長谷川が、日本都市社会学会から松本康会長が出席し説明した。

2) 国際社会学会の倫理綱領は 2001 年秋に制定されている［International Sociological Association, 2001］。アメリカ社会学会の倫理綱領の現行版は 1997 年春に制定されたものである［American Sociological Association, 1997a］。イギリス社会学会の倫理綱領の現行版は 2002 年 3 月に制定されたものである［British Sociological Association, 2002a］。

3) 日本教育社会学会のウェブページでは「学会研究倫理」のコーナーを設け、「研究倫理宣言」（本文、資料 4）のほか、「研究倫理綱領案の策定について（答申）」、「宣言の主旨」を公開している［日本教育社会学会，2001］。日本社会学会のウェブページでも、日本社会学会倫理綱領（資料 1）を掲載している。

4) 社会学と価値関心は、ウェーバー以来、社会学のもっとも基本的な論点の 1 つだが、近年注目されるのは、社会学の基本的な価値を市民社会との対話および市民社会の防衛にもとめる Burawoy の「公共社会学（public sociologies）」の提唱である［Burawoy, 2005］。

5) 例えば、筆者が 2004 年に安倍フェローシップによる在外研究において滞在したミネソタ大学の場合の IRB に関する規定や書式などについては、University of Minnesota［2006］参照。

6) 2005 年のアメリカ社会学会大会では、社会学研究や社会調査にとっての IRB の問題点などを検討し、「IRB の社会学」を創始しようというセッションがあった。IRB の弊害は、本文に記したように、きわめて深刻に受け止められている。当該セッションでの報告と討論の要点は、Inside Higher Education News に掲載されている［Inside Higher Education News, 2005］。

文献

American Sociological Association, 1997a, "American Sociological Association Code of Ethics,"（http://www.asanet.org/page.ww?section=Ethics&name=Code+of+Ethics+Table+of+Contents, 2006 年 5 月 31 日閲覧）.

American Sociological Association, 1997b, "Committee on Professional Ethics American Sociological Association,"（http://www.asanet.org/page.ww?name=COPE+Policies+and+Procedures&section=Ethics#top, 2006 年 5 月 31 日閲覧）.

British Sociological Association, 2002a, "Statement of Ethical Practice for the British Sociological Association,"（http://www.britsoc.co.uk/equality/63.htm, 2006 年 5 月 31 日閲覧）.

British Sociological Association, 2002b, "Equality & Diversity,"（http://www.britsoc.co.uk/equality/ 2006 年 5 月 31 日閲覧）.

Burawoy, M., 2005, "For Public Sociology" *American Sociological Review*, 70：4-28.

Gouldner, Alwin W., 1970, *Coming Crisis of Western Sociology*, New York: Basic Books.（＝1978, 岡田直之ほか訳『社会学の再生を求めて』（合本版）東京：新曜社.）

長谷川公一, 2004, 「社会調査倫理綱領をめぐる諸問題」細谷昂編『社会調査の教育と実践化についての総合的研究』2002・2003 年度科学研究費補助金研究成果報告書, 岩手県立大学：33-46.

Inside Higher Education News, 2005, "The Sociology of IRB's,"（http://www.insidehighered.com/news/2005/08/15/irb, 2006 年 5 月 31 日閲覧）.

International Sociological Association, 2001, "Code of Ethics,"（http://www.ucm.es/info/isa/about/isa_code_of_ethics.htm, 2006 年 5 月 31 日閲覧）.

岩本健良, 1997, 「社会制度としての研究倫理――アメリカ社会学会の実例と日本の社会学者の課題」『理論と方法』12-1：69-84.

日本学術会議, 2006, 「科学者の行動規範（暫定版）」(http://www.scj.go.jp/ja/info/iinkai/kodo/index.html, 2006 年 5 月 20 日閲覧）.

日本教育社会学会, 2001, 「学会研究倫理」(http://www.gakkai.ne.jp/jses/secretariat/ethics.html, 2006 年 5 月 31 日閲覧）.

総務省, 2005, 「住民基本台帳の閲覧制度等のあり方に関する検討会」（http://www.soumu.go.jp/menu_03/shingi_kenkyu/kenkyu/daityo_eturan/, 2006 年 5 月 31 日閲覧）.

University of Minnesota, 2006, "Institutional Review Board,"（http://www.research.umn.edu/irb/, 2006 年 5 月 31 日閲覧）.

Social Research and Its Ethics:
A Case of the Japan Sociological Society

Koichi Hasegawa*

■Abstract

In October 2005, the Japan Sociological Society established the Japan Sociological Society Code of Ethics, which offers "the idea and basic principles of sociological research and education, and working of academic society." This article aims to highlight the background to the Japan Sociological Society's implementation of the code, as well as the major matters investigated and discussed in that process.

Generally, ethical standards have three levels of principles: (a) the abstract, idealistic *General Principles*; (b) *the Code of Ethics* which is a statement of minimum required work ethics; and (c) *the Conduct Guidelines*, which are a body of concrete guidelines for specific situations and procedures. The society began by formulating the Code of Ethics, and is currently working on the conduct guidelines based on the code. The Code of Ethics is:

(1) A statement of the society's work ethics requirements;
(2) A statement of guiding principles for researchers' education and training;
(3) A statement to the public by an academic society; and
(4) A statement of expectation of awareness of higher ethical objectives and targets.

While there are no provisions for investigating or punishing misconduct, the society did establish the Committee on Professional Ethics when implementing the Code of Ethics as an institution for JSS members—and, indeed, the community at large—to ask questions, seek advice, lodge complaints and raise issues pertaining to ethics. Institutional Review Board applicable to all faculties is common in US

*Tohoku University

colleges, and there has been criticism among members of the American Sociological Association that such board is overly focussed on medical and pharmaceutical interests, thus losing touch with the reality of social research and tending to contribute to stagnation in social research.

Organizing data, experience and knowledge pertaining to ethical standards in social research and professional ethics is urgently required in order to elaborate teaching skill of and training in social research and sociology.

Key words: ethical standards in social research, professional ethics, code of ethics, Institutional Review Board

統計的調査と記述的調査における倫理問題

―― 研究指針の作成をとおして

森岡　清志*

■要　旨

　日本社会学会倫理綱領の大会総会での承認を受け、この倫理綱領を具体化する研究指針の作成が進められている。倫理綱領検討特別委員会での指針案作成過程の中でも、とりわけ社会調査の倫理に関する指針が、いかなる整理軸のもとで記述されているのか、この点を中心に指針案の紹介を試みる。

　社会調査は、どのような方法を採用するにせよ、遵守するべき基本的倫理とでも言いうる事項がある。社会調査に関する正確な知識の修得、対象者への説明責任、データの厳正な管理、プライヴァシーの保護、データの捏造・改ざんの禁止、調査倫理に関する教育の実施などである。一方、倫理事項の具体的実践を考えると、調査法の差異によって、実践や対処の仕方に大きな差異の生ずることが分かる。統計的標本調査（標本調査）と記述的質的調査（事例調査）でこの差異はしばしば明瞭にあらわれてくる。

　標本調査と事例調査における倫理的実践問題の差異は、何に由来して生ずるのか、この点を考察することを通して、社会調査の倫理問題を整理する軸を見出すことが、小稿の課題である。ここでは、対象者の匿名性とデータの物語性という2つの軸によって、この問題の整理を試みる。すなわち標本調査が対象者の匿名性において高くデータの物語性において低いがゆえに、また事例調査が対象者の匿名性において低く、データの物語性において高いがゆえに、それぞれに特色ある倫理問題を発生させている。

　匿名性の高さは、調査者と対象者の距離のとり方を含む、社会調査に関する正確な知識の修得を要請する。データの物語性の低さは、調査者・分析者に対してデータおよび集計結果を意味づける物語の構築を要請する。他方、匿名性の低さは、対象者のプライヴァシーや利益の保護について、個別に注意深い配慮、説明、相談の必要を生じさせる。また物語性の高さは、対象者の語りの自己物語性にのみ依存する安易な調査態度からの脱却を求める。

　以上の整理を踏まえ、社会調査の倫理が広く理解される一助となることを期

*首都大学東京

待して、現在ではまだ案の段階であるが作成中の研究指針の一部を紹介する。

キーワード：基本的倫理、標本調査、事例調査、匿名性、物語性

　2005年10月22日に開催の第78回日本社会学会大会総会（法政大学多摩キャンパス）において、日本社会学会倫理綱領が承認された。同時に綱領をより具体化する研究指針の作成についても承認を得た。これを受けて倫理綱領検討特別委員会は、引き続き、研究指針案の作成作業に入った。2006年7月現在、この案は、理事会で審議中であり、10月29日の第79回日本社会学会大会総会（立命館大学衣笠キャンパス）において承認を得る予定でいる。小稿の課題は、研究指針案の中の社会調査にかかわる箇所を紹介し、社会調査の倫理的問題をどのように整理し指針にまとめたのか、この過程を簡潔に説明することにある。

1　研究指針作成の背景

　社会調査を取り巻く環境は、2005年4月に個人情報保護法が施行されて以降、大きく変化した。とりわけプライヴァシー保護の優先を当然視する市民意識の変化に伴って、さまざまな局面に、これまでにない影響が表われ始めた。たとえば各種の名簿の取り扱いに慎重さが求められるになり、住民基本台帳や選挙人名簿抄本の閲覧に関しても、厳格なルールの適用を求める動きがにわかに活発になった。総じて、社会調査を取り巻く環境は急速に厳しさを増してきたと言える。社会学者が倫理的要請にきちんと答えうる調査を実施しなければ、社会学会全体の信用さえ失いかねない状況も生まれている。社会調査不要論も容易に勢いを増すことになる。その結果、調査対象者の選定（サンプリング）作業は、閲覧の原則禁止などの大きな困難に直面するようになり、また、調査拒否の続出による回収票の大幅な減少、すなわち回収率の大幅な低下という深刻な事態も招来するようになる。このような予

測可能な近未来が現実のものとなる前に、その防止のためにも、さらには、より積極的に高い倫理的要請に適う調査を実施するためにも、社会調査の倫理に関する具体的な行動の手引きを作成することが求められたのである。

とりわけ研究期間の短い若手研究者のための行動の手引きとなることが必要であった。質の高い社会調査を支える倫理のありようを明示し、かつそれが次世代に伝達されてゆく点を、委員会では重視したのである。これから、本格的に社会調査に従事する者が、調査者と対象者間に生ずるある種の権力関係について鈍感であることは、もはや許されない状況にある。対象者には一片の情報も与えず、調査者のみが一方的に情報を収集する関係が、社会調査の実査の中では生じやすく、それゆえ、社会調査が、ともすると、このような権力関係を発生させがちである点についての自覚が求められる。また、発生を防ぐための対処の仕方を知っておくことも必要になる。これらはすべて社会調査の倫理に関することであるが、それらを学び内面化してゆくことが、特に若手研究者に強く求められている。

そうは言っても、社会調査はその実践過程において矛盾する二つの行為を常に含むものである。つまり、信頼性の高いデータの収集という行為と、倫理の実践という行為の間に横たわる矛盾である。信頼しうるデータの収集は、すぐれた研究の基礎であり、社会調査の諸実践の中で最も重要な事柄の一つであって、そのこと自体は、良い研究を遂行するという研究者集団内の倫理と矛盾するものではない。また、信頼しうるデータの収集は、調査者と対象者間の信頼関係に基礎づけられた良好なコミュニケーションの成立抜きにはなしえないことである。この点でも、両者は矛盾するものではない。ところが、データの信頼性を高めるための調査者の努力や働きかけが、時として対象者にとっては、とんでもなく迷惑な行為に転じてしまうことがある。調査者が良い研究をしたいという純粋な動機にかられて熱心に対象者宅に通い、聴き取りのデータを収集する場合でも、対象者にとっては自分のためになることはほとんどなく、自分の時間を調査者のために、むりやり浪費させられるだけだと感じてしまうことがある。あるいは、あまり語りたくないことをうまく語らされてしまったと思ったり、プライヴァシーの侵害だと感じ

たりすることもある。単に不快だと対象者から思われるだけでなく、実際に相当の被害を対象者に与えてしまうことや、問題がこじれて、訴えられることさえないわけではない。このように、信頼性の高いデータを収集しようと努める行為が調査の倫理に背反してしまうケースは、少なからず存在する。しかも、この矛盾は、調査者の側が無意識のうちに対象者と権力的関係を結んでしまっていることに由来して発生している。このようなケースの頻出を防止するには、調査の倫理の一つとして、権力的関係からの注意深い回避の必要性を自覚すること、また、その具体的対処の仕方を学ぶことを含めて指針に記述することが求められる。

　質的記述的調査における、このようなジレンマは、形こそ異なるが統計的調査においても見出される。回収率の低下を防ぐための調査者の努力が対象者の反感を招くという事態である。近年は対象者宅を訪問してもインターホンごしの会話になることが多く、対面的接触を伴わないために、調査を拒否されやすい。早朝から夜遅くまで帰宅しない対象者も増えている。対象者不在と拒否の増加のために回収率は年々低下の傾向にあり、社会調査を実施する側にとっては、深刻な問題となっている。したがって、この状況の中で、対象者のプライヴァシー優先をいわば建前として、たとえば最初の訪問で調査を拒否された対象者に対して、再度の訪問、調査依頼を実施することなく、あっさりと断念するならば、回収率の上昇や回復など決して見込むことはできない。ところが一方、対象者宅を何回も訪問し、何とか回収率を上昇させようと説得につとめることは、時としてトラブルの基になる。

　さまざまな意味で調査がやりにくくなってきた状況の中で、調査者はこれまで以上に調査倫理の遵守を求められているが、同時に回収率を上げなくてはならないというジレンマに立たされている。研究指針では、調査の遂行と倫理の実践の間に、時として生ずる矛盾ないしジレンマにどのように対処したらよいのか、経験の浅い若手研究者に対して、この点にも言及する必要があった。

2 社会調査における倫理問題の共通性

　社会調査は多様な方法に依拠して実施される。どの方法を採用するか、このこと自体、重要な選択事項である。テーマおよび問題関心、対象の特性、予算、人的資源等、さまざまな要素を勘案して調査方法を慎重に決定する必要がある。その際、社会調査に関する一定の知識を理解し、きちんと習得していることは、当然の前提とみなされる。社会調査の知識の習得なしに、そもそも、調査方法の選択など不可能である。きちんとした知識の習得もまた、専門家としての責務の一つであり、倫理であると言える。このように、社会調査は、どのような方法を採用するにせよ、共通の遵守事項、基本的倫理を備えている。その一つとして、調査の知識の習得を位置づけることができる。

　共通の基本的倫理ないし、社会調査における共通の遵守事項として挙げられるのは、この他に次のようなものがある。まず一次データ収集の必要性についての自覚が共通に求められる。データはよく言われるように一次データと二次データに大別されるが、社会調査は何よりも一次データの現場での収集という点に特色がある。しかし、調査者が知りたいと思うことは、調査をしなければ分からないことばかりではない。二次データの収集、加工、再分析によって知りうることも多い。本当に調査をしなければ、そして一次データを収集しなければ捉えることのできない問題であるのかどうか、この点を充分に吟味することが必要である。社会調査は、何らかの形で対象者に迷惑をかける行為を伴うものであるから、それでも知りうるに足る問題であるのかどうか、常に自覚しておくことが求められる。

　このことは対象者への説明責任をきちんと果たすという、もう一つの基本的倫理とも深く関連する事柄である。同時に、聴き取り調査だけがメインではなく、さまざまな方法を採用してよいこと、とりわけ、実査過程や、分析過程での二次データの活用が重要であることを再認識させる契機ともなりうる事柄である。記述的質的調査では、一次および二次の記録データ（書かれた資料）による実証の詰めが必要であるし、時には記録データをメインと

し、隙間を埋めるために聴き取り調査を活用するという調査方法が採られる場合さえありうる。統計的標本調査では、二次データはサンプリングに必要な資料となり、また回収票の分布と母集団との比較において、さらに分析過程での知見の意味づけや解釈においても必要となる。二次データの重要性を自覚することと、一次データ収集の必要性を自覚することとは、実は表裏一体であると考えることができる。

　基本的倫理の一つとして挙げた対象者への説明責任では、調査の目的、実施機関、研究費の出所、調査対象者の選定方法についてきちんと説明することはもちろんであるが、対象者に調査を拒否する権利があることを事前に伝えることも遵守事項に含めてよいと思われる。統計的標本調査では、拒否する権利のあることを対象者に伝えなくても、調査者とのつながりが薄いために、対象者は比較的容易に拒否することができるが、対象者とのつながりの深い記述的質的調査（事例調査）では、この点を対象者に説明しておくことが、調査中あるいは調査後のトラブルを避けるためにも必要である。

　同時に、事例調査では、公表内容についても対象者の了解を得ておくことが求められる。対象者のプライヴァシーを守るために、どこまで具体的な記述が許されるのか、対象者と慎重に協議し了解に達していることも必要である。一方、標本調査でも、公表内容に言及し了解を求めなければならないが、個人名が出ないことや、データから調査票が特定されない措置をとること、調査票の管理を徹底することなどを説明し、対象者のプライヴァシーを保護するためにどのような処置を講じているか、対象者に分かりやすく説明することが求められる。

　共通の基本倫理の中で、特に重要であるのは、データの捏造・改ざんの禁止である。分析や報告書作成の過程でデータの一部を修正した時には、必ずそのことを明記しなければならない。また、どの箇所をどのように修正したのか、この点が判明するような、また、修正過程を追跡できるような、つまり、細部にわたり検証可能な記録が残されていなければならない。この記録がない時に自然科学の世界ではデータの恣意的な改ざんが行われたと判定されるが、社会学の場合も同様である。近年、データの捏造・改ざんの行為が

発覚し問題化するケースが増加している。私達はこの行為の禁止という倫理的規準をますます厳しく遵守する必要に迫られている。

モデルの有効性をテストするために架空の、あるいは過去のデータの修正版を用いることは、よく行われている。この場合でも、テストのための架空データ、修正データであることを論文中に明記することは当然である。モデルのテストでもないのに、修正データを用いることは通常ありえないが、かりにそのようなデータを使用した時には、なぜあえて修正データを用いたのか、また、どのような修正を加えたのか、この点に関する詳細な説明が不可欠である。

社会調査には、調査の種類にかかわらず、遵守すべき共通の倫理事項があり、そのことの教育もまた重要である。社会調査に関する倫理教育を、社会調査法等の講義の中で必ず実施することも共通の倫理基準の一つと考えられる。社会調査法関連科目の担当者が、この点を充分に理解されることが求められる。また統計的調査で個別面接法を採用する時に、調査員用の「調査の手引き」を作成し、この中で調査の倫理に関する遵守事項を具体的に記述しておくことも望まれる。

3 標本調査と事例調査における倫理的実践のちがい

このように共通の倫理基準を設定する時、たとえば対象者への説明責任という倫理規準の設定時に、規準の遵守の仕方について具体的に考えてゆくと、調査法のちがいによって対象者への説明のしかたなど、倫理の具体的実践のありようには、相当な差異のあることが分かる。特に統計的標本調査と記述的質的調査では、倫理的実践のあり方はしばしば異なってくる。二つの方法の、このような倫理的実践の差異がどこから生ずるものなのか、研究指針の作成にあたって、差異の由来を考慮した上で、倫理的実践の差異を整理するための軸を考える必要があった。

記述的質的調査の多くは実際には事例調査と呼んでよいものである（同様に統計的調査の大半は標本調査と言ってよい）。したがって、標本調査と事

例調査のそれぞれにおいて、倫理の具体化という局面で異なる対応が生ずるのはどのような事情によるものなのか、整理軸の設定は、この点を明らかにすることに緊密に結びついている。

　対象者への説明責任という倫理規準が具体的実践に移される時に生ずる問題を考えてみよう。標本調査でも事例調査でも、対象者に対して、調査の目的、資金の出所や調査主体、データの管理の仕方等について説明する倫理的責務を負う点は共通である。しかし、なぜあなたが対象者として選ばれたのか、あなたのプライヴァシーはどのようにして守られるのか、報告書の中であなたから得たデータはどのように使われ、またあなたのことはどのように書かれるのか、これらの点の説明は大きく異なる。調査を拒否する権利を持つことの説明も、相当にニュアンスを異にする。標本調査で対象者に対してまともに「調査を拒否する権利があなたにはあります」などと告げたら、調査拒否を奨励することになりかねない。標本調査と事例調査とのこのような違いは、調査者と対象者の社会的距離の長短と密接にかかわっている。標本調査では社会的距離は長く、事例調査では相対的に短い。なぜなのか。標本調査では調査者は対象者との個人的なつながりを全くと言ってよいほど有しない。個別面接を実施した場合でも、氏名は本人確認のためだけに記憶され、調査後はほとんどすぐに忘れられてしまう。実査後、エラーチェックまで、氏名はサンプルナンバーに形を変えて残るが、分析に入るとそれさえ忘れ去られてしまう。郵送調査であればなおさらである。調査者は、郵送時に住所と氏名を記入するだけであり、対象者の顔も知らない。もちろん、対象者の氏名と顔も一致しない。このように標本調査では、対象者の氏名と顔はほとんど意味を持たない。すなわち対象者の匿名性がきわめて高い調査と言えるのである。これに対して事例調査では、匿名性はきわめて低い。対象者の氏名や顔を知らない事例調査などありえないと思われる。

　標本調査と事例調査の倫理的実践における差異は、一つには、対象者の匿名性の程度に由来して生じていると考えられる[1]。標本調査では匿名性の程度の高さゆえに、どの対象者に対しても、社会調査に関する正確な知識に裏打ちされた慎重な礼儀正しい対応が求められる。逆に言えば、正確な知識の

修得がなく、また対象者との間に慎重に一定の距離をとる用心深さに欠け、あるいは礼儀正しいとは言えない態度であった時に、問題が生じているようである。

　一方、事例調査では、氏名を知ることはもちろん、対象者との間に良好なコミュニケーションが成立し、時には人格的交流が生まれることさえ珍しくはない。ここでは匿名性がほとんどない関係であるがゆえに、倫理的問題が発生するとさえ言いうる。問題はきわめて個別具体的な形で表出する。対象者の個性、人柄、パーソナリティ、そして調査者との間の複雑なつながりの糸、対象者を取り囲む状況などが影響するからである。それゆえ、倫理的対応は、原則は共通していても、対象者に応じて変えてゆかねばならない場合が多い。たとえば、研究テーマと事例によっては、調査していることをあらかじめ説明できないことさえある。データの公表の仕方にも、注意を要する。事例研究であるために対象者のプライヴァシーを暴かなくてはならないことも多い。そのことも含めて調査に対する対象者の理解を得、公表についての同意を得ることが必要になる。良い事例調査の多くは、おそらく、調査者と対象者の共同作業という性質を身に帯びていると思われる。しかし、その場合でも、対象者との深い交流ゆえにはじめて収集しえたデータであるがゆえに、データの搾取という別の問題も生じやすい。共同作業によってこのジレンマを乗り越えうるかどうか、今後の検討課題であろう。

　標本調査と事例調査における倫理的実践を区別するもう一つの軸は、収集データの物語性の程度という軸である。これまで標本調査では説明という言葉がよく用いられ、事例調査では解釈という言葉がよく用いられてきた。近代科学性にも拘泥せず、個別性にも拘泥せずに、より幅広く、両者に共通する「意味づけ」という側面に照準して、ここでは物語性という言葉を使用して見よう。物語性は、データを一定程度秩序づけるような意味的世界とでも定義しておく[2]。

　標本調査が収集するデータは、それ自体としては物語性を持たず、調査者が分析の過程で、あるいは報告書作成の段階で、物語性を与えてゆかねばならないものである。一方、事例調査が収集するデータは、データ自体が物語

性を持つ。調査者はこのデータの自己物語性に依拠して、データ自体が提示する物語の意味世界を読みとらなければならない。

　標本調査のデータ、とりわけ入力後のデータは、数値ないし文字の無意味な行列にすぎない。データを秩序づける意味など、どこを探しても見出すことはできない。この単なる数値の行列に、筋の通った意味を付与するのは、調査し分析する者の仕事である。近年、さまざまな統計ソフトが普及し、単純集計、クロス集計、Wクロス集計、平均値の算出など、きわめて手軽にできるようになっている。瞬く間にたくさんの集計結果が出力され印字される。私達は集計結果の示す数値や表やグラフから、一定の「知見」を簡単に得ることができるようになった。ところが、それに応じて、「知見」の大半は常識的な（つまらない）知見になっている。知見を意味づける物語を作る努力を放棄して、これらのつまらない「知見」の羅列に終わる報告書が次々と生産される事態も、残念ながら散見されるようである。このまま事態を放置すると、標本調査は魅力のない調査、けれど世間が必要とするから仕方なく実施する調査というレッテルをますます固定化させることになる。これをはがしてゆくことさえ困難になる。

　確かに、物語を作ってゆくこと、有意義な知見を積み重ねてゆくこと、この二つの作業の往復運動を繰り返しながら、「知見」に保障される物語を構成し、また、この物語によって「知見」に新しい意味を与えてゆくことは容易な作業ではない。しかし、この作業を抜きにして「おもしろい」標本調査は誕生しない。標本調査が収集するデータの物語性の欠如という特質は、調査者に対して、社会学的物語の構築を責務とするような、より高次の倫理基準を要請するのである。

　一方、データ自体がすでに一定の物語性を持つことの多い事例調査の場合、求められる高次の倫理基準の内容は、標本調査とは大きく異なってくる。対象者の語りが、しばしば自己物語性を保有するために、調査者は対象者が秩序づける意味世界の解釈へとまっすぐに突き進むことができる。事例調査は、標本調査と異なり、一次データ自体がおもしろいことが多いのである。もちろん語りを読み解く力を調査者は求められる。調査者もまた、一次

データを再構成し新たに秩序づける意味世界をもっていなくてはならない。ただし、標本調査のように、調査者が一から物語を構築してゆくわけではなく、対象者の自己物語を参照し、あるいはそれに依拠して調査者の物語を構築してゆくことができる。ここでは物語ははるかに作りやすい。

　高次の倫理問題は、この点に潜んでいる。対象者の自己物語に依拠できるがゆえに事例調査の調査者自身の物語も作りやすくなるということは、多くの社会学者にとって、とりわけ初心者にとって、事例調査は、おもしろく、とっつきやすい調査とみなされることに結びつきやすい。この結果、経験の浅い調査者が、対象者への聴き取りに限定された調査を実施し、対象者の語りに全面的に依存した報告を書くケースもふえているようである。聴き取りに限定する調査には、二つのタイプがある。一つは、対象者自身の状態や周囲の状況から判断して、あるいは他にデータを収集する手立てがないために対象者個人の聞き取りに限定せざるを得ない調査である。もう一つは、対象者以外の人にも対象者の話をチェックするための聴き取りができるチャンスがあったり、あるいは聴き取り以外にも各種の記録類などデータ入手のチャンスがあり、むしろそれらによって聴き取りデータのチェックや補強ができうる場合でも、聴き取りのみの調査で実査を終えてしまう調査である。近年は、後者のタイプの調査が多くなったように思える。

　対象者の語りの持つ自己物語性に依存して調査結果をまとめることは、比較的楽な仕事である。しかしそれでは、対象者の無自覚な記憶ちがいや善意のうそや思い込みによる事実誤認を修正することはできない。まして、なぜ対象者がそのような思い込みをしたのか、合理化をしてしまったのか、記憶を曲げてしまったのか、等々の、事例調査にとってポイントになる事柄を対象者の内面に即して理解する機会を得ることも、時には生活史のターニングポイントや対象者の主観の核にふれることのできるような深みのある聴き取りをすることもできない。質の高い事例調査、今も読みつがれている事例調査が、公表後、予期せざる不幸な事態を招いていることもある。オスカー・ルイスのように、調査地をあまりにも有名にしてしまった結果、対象者が村人から批難されるような結果をもたらす場合さえあり、このような不幸を対

象者にもたらした責任を、調査する私達は引き受けなくてはいけないのである。そこまでの覚悟と責任をもって、本来、事例調査は実施されるべきものであり、幅広い素養、専門への深い理解と経験の蓄積を伴って、初めて良質の成果を手にし得るものである。

　事例調査の収集データの持つ特質は、時として調査者を標本調査とは異なる怠慢に導きやすい。データの自己物語性の高さが、調査結果の物語性をかなりの程度保障するために、かえって、データ自体のチェックや、聴き取り以外のデータ収集の放棄につながり、調査の信頼性自体をそこないかねない。事例調査における高次の倫理的要請は、調査者の語りに全面的に依存することなく、調査者が自らの判断でデータをチェックし、自らの物語をつくる努力を続けることを求めるものである。

　標本調査と事例調査における倫理問題のちがいを整理するために、匿名性の程度と物語性の程度という二つの軸を用意した。標本調査は匿名性が高く、物語性が低いという特質を持ち、事例調査は匿名性が低く物語性が高いという特質を持つ。この特質に由来して、それぞれに異なる倫理問題が発生し、異なる倫理的規準が要請されるのである。研究指針では、この整理軸に準拠して問題を整理し、倫理的基準に関する具体的提案を行っている。

4　社会調査にかかわる指針案

　以下では、日本社会学会理事会での審議に付する前の、倫理綱領検討特別委員会において作成された研究指針案の、社会調査にかかわる箇所を紹介する。この指針案は、今後の審議の中で、文章表現、ことばづかいなどがさらに修正されて、本年 10 月の総会にかかるものと予想される[3]。これは、あくまでも途中経過の案の一部であることを、念のため再度お断りしておく。指針案は委員会の委員全員の熱心な議論をもとに、執筆もまた共同作業によって作成された。委員は次の方々である。

　栗岡幹英、立岩真也、長谷川公一（庶務理事）、福岡安則、宝月誠（常

務理事、委員長)、丸山定巳、牟田和恵、森元孝、森岡清志(担当理事)、矢澤澄子　　　　　　　　　　　　　　(アイウエオ順、敬称略)

「日本社会学会倫理綱領にもとづく研究指針(案)」

1. 研究と調査における基本的配慮事項

　社会学の研究や調査は、さまざまな方法を用いて実施されています。特に調査は、通常、統計的量的調査と記述的質的調査にわけられます。どちらの方法を採用するにしても、社会学研究者として遵守すべき事柄や、遵守することが望ましい事柄があります。以下ではまず基本的に配慮すべき点を指摘し、さらに特に配慮することが望ましい点について述べます。

(1) 研究・調査における社会正義と人権の尊重

　研究を企画する際には、その研究の目的・過程および結果が、社会正義に反することがないか、もしくは個人の人権を侵害する恐れがないか、慎重に検討してください。とりわけ、個人や団体、組織等の名誉を毀損したり、無用に個人情報を開示したりすることがないか、などについて十分注意することが必要です。

(2) 研究・調査に関する知識の確実な修得と正確な理解

　研究対象の特質、問題関心、テーマや人的物的資源に照らして、どの方法が適切か、的確に判断するためには、調査方法の基礎を十分理解しておかなければなりません。自分がどのような情報を求めているのかを自覚するとともに、調査の意図やねらいを対象者に明確に伝えるためにも、先行研究など社会学的研究の蓄積をふまえることが必要です。特に成果をまとめる際には、社会学研究法に関する知識を正確に修得しているかどうかが問われます。このような知識を確実に修得し、理解していることが、専門家としての、また調査者としての責任であることを認識しておきましょう。

(3) 社会調査を実施する必要性についての自覚

　社会調査はどのような方法であれ、対象者に負担をかけるものです。多かれ少なかれ調査対象者の思想・心情や生活、社会関係等に影響を与え、また

個人情報の漏洩の危険を含んでいます。そもそもその調査が必要なのか、調査設計の段階で先行研究を十分精査しておきましょう。また研究計画について指導教員や先輩・同輩、当該分野の専門家などから助言を求めるようにしましょう。

　知りたいことが、二次データ・資料の活用によってかなりの程度明らかにできることは少なくありません。それでもその調査を実施しなければ知ることのできない事柄であるかどうか、また明らかにすることにどの程度社会学的意義があるかどうか、慎重に検討してください。その上で調査にのぞむことが、対象者の理解を得るためにも、有意義な研究を導くためにも重要です。

(4) 所属研究機関の手続き等の尊重

　最近では調査者が所属する機関や調査対象者の側の組織等に倫理委員会等が設けられる場合が増えてきました。こうした組織がある場合には、そこが定める手続きにしたがって調査を行うことが必要です。

(5) 研究・調査対象者の保護

対象者の保護に関しては次のことに留意してください。

a. 研究・調査対象者への説明と得られた情報の管理

　　対象者から直接データ・情報を得る場合、収集方法がいかなるものであろうと、対象者に対し、原則として事前の説明を書面または口頭で行い、承諾を得る必要があります。(a) 研究・調査の目的、(b) 助成や委託を受けている場合には助成や委託している団体、(c) データ・情報のまとめ方や結果の利用方法、(d) 公開の仕方、(e) 得られた個人情報の管理の仕方や範囲などについてあらかじめ説明しましょう。とりわけ、なぜ対象者から話を聴くのか、対象者から得た情報がどのように保護されるのか、などの点について、わかりやすく丁寧な説明をこころがけましょう。特にデータ・情報の管理については、具体的に保護策を講じ、それを説明する必要があります。場合によっては、調査対象者から同意書に署名（および捺印）をもらうことなどを考慮しても良いでしょう。

b. 調査への協力を拒否する自由

　　このように丁寧な説明を試みても、調査対象者から調査の協力を断られる場合があります。協力してもらえるよう誠意をもって説得することが重要ですが、同時に対象者には、原則としていつでも調査への協力を拒否する権利があることも伝えておかなくてはなりません。

　　調査者は、対象者には調査を拒否する権利があることを明確に自覚していなければなりません。

c. 調査対象者への誠実な対応

　　いかなる場合にも、対象者に対する真摯な関心と敬意を欠いた研究・調査をしてはならないということに留意してください。

　　特に研究・調査対象者から当該研究・調査について疑問を出されたり、批判を受けた場合は、真摯にその声に耳を傾け、対象者の納得が得られるよう努力してください。行った研究・調査の成果を守ろうと防衛的になるあまり、不誠実な対応になることは許されません。

(6) 結果の公表

a. 調査対象者への配慮

　　研究・調査結果の公表の際には、それによって調査対象者が多大かつ回復不可能な損害を被ることがないか、十分検討しましょう。

　　とりわけ社会調査は、調査の企画にはじまり、結果のまとめと公表に至る全過程から成り立つものであり、実査や集計・分析だけにとどまるものではありません。調査結果の公表は、調査者の社会的責任という点からも、適切になされる必要があります。

b. 事前了解等の配慮

　　公表予定の内容について骨子やデータ、原稿そのものを事前に示し、調査対象者の了解を得ることも心がけましょう。また対象者から研究・調査結果を知りたいと要望があった場合には、誠実に対応しましょう。

(7) データの扱い方

a. 偽造・捏造・改ざんの禁止

　　研究・調査によって得られたデータは公正に取り扱わねばなりませ

ん。偽造・捏造・改ざんなどは固く禁じられています。データの偽造・捏造は、それを行った者の研究者生命にかかわる問題であり、調査対象者や共同研究者に対する背信行為です。

　　データの修正や編集が必要になった場合には、その旨明記し読者の注意を喚起しなければなりません。
b. データの管理

　　調査で得られたデータは、対象者リストも含め、調査中も調査後も厳正な管理が必要です。回収票や電子データの保存・管理には、十分に注意しなければなりません。

(8) 教員による指導の徹底
a. 研究・調査の基本的倫理の指導

　　学生・院生が調査・研究を行う場合、指導にあたる教員は、事前に学生・院生が研究・調査の基本的倫理を学ぶことができるよう配慮し、調査の現場で研究倫理から逸脱することがないように指導監督しなければなりません。

b. 調査実習の水準の確保

　　社会調査士の資格認定制度ができ、さまざまな大学で認定のための科目が開講されていますが、とくに「社会調査実習」の内容や水準のばらつきが問題となっています。現地に行って漫然と話を聴いてくる程度にとどまることのないよう、「実習」にふさわしい教育的達成水準の確保に努める必要があります。

(9) 謝礼の扱い方

研究・調査にあたって調査対象者から常識を越える金銭や物品の供与を受け取ったり、あるいは逆に調査対象者に過大な金銭・物品等を提供してはいけません。適切なデータを得るために妥当な経費について慎重に考慮してください。

2. 統計的量的調査における配慮事項

統計的標本調査に関する倫理的問題の多くは、調査対象者のプライバシー

保護も含め、基本的には、調査方法、遵守すべき事項、細部にわたる手順、統計的検定などの統計的調査に関する知識を十分修得しているかどうかに密接にかかわっています。統計的調査では、調査者の側に、確かな専門知識があるかどうか、それに裏打ちされたモラルと責任感が問われます。

(1) サンプリングの重要性

統計的標本調査では、母集団からの標本抽出が重要な作業となります。母集団と近似する標本を得ることは調査の出発点であり、時間的金銭的にいかに費用がかかろうとも、説明可能な的確な手続きによるサンプリングを実施しなければなりません。

(2) メーキングの防止

個別面接調査法をとる場合、最も警戒を要するのは、調査員によって調査票に虚偽の情報が記入されることです。調査員が対象者宅を確実に訪問したかどうかのチェックが必要ですが、基本的には調査員のモラルを高めるよう、事前の説明で留意するとともに、調査中もつねに調査員のモラルの維持を心がける必要があります。学生・院生が調査員である時には、学生・院生との信頼関係の構築がきわめて重要です。

(3) データの保護－対象者特定の防止

対象者から収集したデータは、調査中も、分析中も、報告書作成後も、他に漏れることがあってはなりません。厳重な管理が必要です。得た情報を外に漏らさないよう調査員にも指導を徹底することが求められます。また第三者によって、調査票の個番と対象者リストが照合され対象者が特定されることのないよう、調査票、個番、対象者リストを別々に保管するなどの対策を講じることが望まれます。

(4) エラーチェック、母集団と回収票の比較

近年、回収率の低下が大きな問題となっています。回収率を上げるための努力や工夫が必要であることは言うまでもありません。また回収票の分布と母集団の分布を比較し、回収票の分布にどのようなゆがみがあるのかを正確に捉えておくことも欠かすことのできない作業です。また集計・分析に入る前に、記入ミスやコーディングのエラー、論理エラーのチェックなど、デー

タのエラーをチェックし、必要な訂正をしておかなくてはなりません。

(5) 興味深い知見・新しい考察を導くための努力

　情報機器の発達にともなって、データ入力後、集計結果が容易に算出できるようになり、図表類も短時間で作成できるようになりました。しかしその結果、学問的意義に乏しい調査や集計結果が累積されていくことにもなりがちです。

　また統計的量的調査の場合は、質的調査と異なり、入力したデータや集計から得られた知見のひとつひとつには、何のストーリーも含まれていません。研究者・対象者・分析者自身が、知見を整理するなかから、それらを学問的に意義づけるストーリーを考えてゆかなければなりません。この努力を軽視すると、単なる結果の羅列に終わってしまうことになりがちです。興味深い知見をもとに、新しい考察や仮説・理論を導くストーリーを見出すことができるように、不断に努力することが望まれます。

3. 記述的質的調査における配慮事項

(1) 対象者のプライバシーの保護と記述の信頼性

　事例調査などの質的研究法にも、これまで述べてきた原則が当てはまります。とりわけ事例調査では、対象者の生活世界を詳細に記述しなければならないことがあるため、対象者のプライバシーの保護や記述の信頼性などに、一層配慮する必要が高まります。特に調査の目的と方法、公表のしかたについて対象者に事前に説明し、了解を得ておくことが不可欠です。

(2) 事例調査や参与観察における情報開示の仕方の工夫

　フィールドワークのなかには、調査者としてのアイデンティティをいったん措いて対象の世界にとけこむことをもっとも重視するという手法があります。このような手法をとる場合、「調査対象者に事前に調査の目的を説明し同意を得ておく」ことが、対象者との自然な関係の構築を妨げることにならないかという懸念が生じることがあります。このように事前に同意を得ることが困難な手法をとらざるをえない場合には、調査結果の公表前に、調査対象者に対して調査を行っていたことを説明し、了解を得ておくことが原則で

す。

(3) 匿名性への配慮

プライバシー保護のために、個人名や地域名を匿名化する必要がある場合があります。ただし、匿名にしても容易に特定される場合もあります。他方、対象者の側が実名で記述されることを望む場合もあります。報告でどのような表記を用いるのか、対象者と十分話し合い、いかなる表記をすべきかについて了解を得ておくことが大切です。

注
1) 匿名性の程度は、社会的距離の長短、社会的可視性の程度という社会学的用語と類似する。ただし社会調査における調査者と対象者の関係の濃淡を示すには、匿名性という用語が最もふさわしいと判断する。この表現を用いるヒントは、2005年の第78回日本社会学会大会の社会調査に関する特別セッション後の懇親会場において、盛山和夫、長谷川公一両氏との議論の中で得られた。
2) 物語性については、野口 [2005]、盛山 [2005]、White [1990] を参照のこと。
3) 二校目校正中に総会で承認されたこと、本稿に掲載した案に若干の修正が加えられていることを付記する。

文献

野口裕二, 2005, 『ナラティヴの臨床社会学』東京：勁草書房.
盛山和夫, 2005, 「説明と物語――社会調査は何をめざすべきか」『先端社会研究』第2号, 西宮：関西学院大学出版会, 1-23.
White, M. & Epston, D. 1990, *Narrative Means to Therapeutic End*, Norton.（＝1992, 小森康永訳『物語としての家族』東京：金剛出版.）

Ethical Issues in Statistical Surveys and Descriptive Studies:
The Process of Developing Research Guidelines

Kiyoshi Morioka*

■Abstract

Based on the code of ethics approved by the general assembly of the Japanese Sociological Society at their annual meeting, specific guidelines for its code of ethics are now being developed by the Special Committee. In this article, I will explain the basis for devising these guidelines, especially regarding empirical research involving surveys and fieldwork.

Regardless of the methodological approach employed, there are fundamental ethical principles that must be followed when conducting a social survey. For example, researchers must have rigorous methodological training in carrying out social surveys, they must be responsible for explaining the purpose of the research to the informants, they must protect the confidentiality of the information, they must not fabricate or falsify the data, and they must be educated in ethical issues that arise in social research. However, aspects regarding the practical implementation of, and responses to these principles vary depending on the methods employed in each study. Statistical surveys (such as a sample survey) and descriptive studies (such as a case study) are clearly differentiated in this respect.

By elucidating the sources of such differences between these two approaches, the objective of this article is to systematically assess various problems in implementing ethical standards in practice. Here, I organize the issues with respect to two attributes; anonymity and narrativity. Sample surveys can be characterized by having a high degree of anonymity and a low degree of narrativity, whereas the opposite applies for case studies. Such differences generate ethical problems in practice that are specific to each method.

---

*Tokyo Metropolitan University

A researcher employing a method with a high degree of anonymity must have acquired accurate knowledge in social surveys, including how to keep a distance between researchers and informants. Data of less narrative nature would require a researcher and data analyst to construct stories that would provide a meaningful interpretation of the results. On the other hand, a researcher who employs a method that has less of a degree of anonymity needs to be concerned with protecting the informant's privacy and interests by providing a thorough explanation to each informant. Analyzing narrative data requires a cautious attitude in order to not overly depend on the informants' own construction of reality.

As I organize various issues involved in the implementation of ethical standards, given that these are still at the proposal stage, I also introduce a part of the guidelines currently under development in order that these may be of use.

Key words: fundamental ethical principles, sample survey, case study, anonymity, narrativity

社会調査活動を支えるもの

原　純輔*

■要　旨

　調査回収率の低下と、これまで標本抽出台帳として利用されてきた住民基本台帳と選挙人名簿の閲覧制限とによって、社会調査においてランダムサンプルを得ることがますます困難になってきている。このような事態の背景となっているプライバシーに対する関心の高まりは決して「望ましくない」変化とはいえないにもかかわらず、調査者は被調査者のプライバシーを知るという特権を要求することによって、しばしば強烈な協力拒否に直面する。また、調査者が暗黙の内に要求している特権として、質問という形で被調査者に対して影響を与えるという特権、社会的対立場面において自らを「中立者」の立場に置くという特権もあげることができる。

　どのような調査であれば、こうした特権を要求することが許されるのか。その基準を客観的に定めることは難しい。むしろ、社会調査を支えているのは、究極的には人びとを何らかの意味で「豊かにする」という個々の調査者の信念であり、あるいはそういう信念によって支えられていなければならない。

　最後に、調査倫理を確立して調査者－被調査者間のトラブルを防ぐための組織的な試みの例として、筆者が所属する東北大学における経験を紹介する。

キーワード：回収率、プライバシー、調査者の特権、豊かさ

1. 調査回収率の低下をめぐって

　「格差社会」とか「格差拡大」という声はますます強くなっているが、盛

---

*東北大学

山和夫氏（東京大学）は、所得格差に関する経済学者の議論が世帯を単位としており、しかも対象に含まれない世帯（職業）の存在する官庁調査データであることを批判して、研究者が独自に設計した「社会階層と社会移動全国調査（SSM 調査）」データは、有効サンプル数がやや小さい点を別にすれば、「個人を単位とする全国標本であって、サラリーマン・農業・自営などすべての職業および無職学生を含めて、その時点の当該人口からの信頼しうる標本になっている」という優れた特性をもっていると述べている。

　しかし、こうした自慢は通用しなくなってきている。つまり、調査環境の悪化の中で、ランダムサンプルを構成することがますます困難になってきているからである。ランダムサンプリングということは、教科書の中の原理ではあっても、現実には絵空事になっている。

　背景として 2 つの要因を指摘できる。第 1 は、調査不能の増大である。2005 年国勢調査の際の騒ぎは、記憶に新しいところである。1920（大正 9）年に実施された第 1 回国勢調査の際には、村長以下が羽織袴で調査員を出迎えたところもあるという話を聞いているが、昔日の感がある。10 年ごとに行われてきた SSM 調査の場合でいえば、1955 年調査の回収率が 81.7% であったものが、71.9%→69.3%→63.3%→67.5% と、基本的には低下傾向にある。2005 年調査（国勢調査の直後に行われた）の回収率は未発表であるが、さらに低下しているであろう。また、大都市であるほど、年齢が低くなるほど、また女性よりは男性の方が回収率は低いという偏りがある。

　第 2 の要因は、標本抽出台帳として用いられてきた住民基本台帳、選挙人名簿抄本の閲覧制限である。報道機関や関連学会等の努力もあって、公益性の高い世論調査と学術調査は制限を免れることが一応できたけれども、「世論調査と学術調査は公式に閲覧を認められた」と考えるのは、楽観的に過ぎるように思われる。筆者自身も、総務省における検討会の委員である同僚教授を訪ねて、制限回避の方向で発言をしてくれるよう、依頼を行うなどした。その結果としての制限回避であったが、選挙人名簿抄本の閲覧に「政治・選挙に関する世論調査や学術調査」という限定がついたのは意外であり、脇が甘かったと反省せざるを得ない。

筆者もその一員である東北大学 21 世紀 COE プログラム「社会階層と不平等研究教育拠点」でも、ワークショップなどの場においてさまざまな調査結果が報告されるけれども、おしなべて回収率は低い。そのようなデータを分析に用いることに対して、主として外国人研究者から疑問や非難の声が発せられる。それでは、彼らがどのような調査を行っているのかといえば、基本的には調査対象者に対して高額の協力謝金を約束するものであり、調査員に対しても、インセンティブとして一票あたりいくらという形で高額の賃金を支払う場合もある。まさに「情報を金で買う」わけであるが、誰もが、またどのような調査にも使用できるという方法ではない。

また、住民基本台帳、選挙人名簿抄本のような、適切な標本抽出台帳が存在しない場合がほとんどである。たとえば、電話帳をもとに目標回収数に到達するまで協力依頼をし続けるという方法をとることが多いようである。しかし、この方法では「回収率」自体を計算することができないし、「その標本の母集団として何を想定しているのか」という質問に答えることができないだろう。

2. 回収率低下の背景

調査活動への障碍、とりわけ調査回収率の低下は、調査主体である行政、企業、研究者などにとっては「由々しき事態」ではあるが、その背景となっている社会の変化は、必ずしも「望ましくない」とはいえないことを、先ず確認しておく必要がある。

大都市であるほど、年齢が低くなるほど、また女性よりは男性の方が回収率は低いという偏りがあると上で述べたが、この傾向は時代にかかわらず一貫している。大都市ほど回収率が低いのは、流出入などの移動が頻繁であること、雇用者化が進み少なくとも昼間は家を完全に離れる人が多いこと、などによるものであろう。男性よりも女性の回収率が高いのは専業主婦の協力可能性が高いことによるものであろう。また、高年齢層の回収率が高いのは、仕事をもたず在宅している人の割合が多いことによるものであろう。今

後は、雇用者化が一層進むだけでなく、朝から夕方までという標準的な形態以外の労働も増加して行くと考えられるし、有配偶女性の職業進出もさらに増大するから、回収率を上昇させる要因は存在しないわけである。

調査方法についても柔軟な工夫が必要となる。たとえば、つねに訪問面接調査にこだわるのではなく、郵送調査との混用も許容するとか、調査票を郵送した後、調査員が戸別に回収して回る等の方法は、すでに多くの調査で採用されている。

また、選挙の際の「出口調査」の経験を生かすことも考えてよいだろう。出口調査そのものは、数時間後に確実な結果がわかる無駄な調査であり、選挙報道のショーアップのための手段にすぎない。対象者の選択も、知るかぎりではランダム性にはほど遠い、好い加減なものである。しかし、これまでのところ少なくとも日本では大した破綻もなく役立ってきたことも事実である。厳密なランダムサンプリングでなくても、一定の条件の下ではかなり正確な母集団の推測が可能であるということを、標本調査の専門家が大々的に議論を展開すべきではないか。

回収率低下のもう1つの、そして最大の要因は調査協力拒否の増大である。そして、その背景にあるのは、人びとのプライバシーに対する関心の高まりであり、そのことはむしろ望ましい変化である。社会調査という活動は、多少なりとも調査対象者のプライバシーを侵害するという性質をもっている。調査対象者に対して、プライバシーが保持されるように最大限の努力を払うことを誓約するのは当然であるし、場合によっては、その方法を具体的に説明する必要がある。

社会調査において調査対象者のプライバシーを守るというのは、具体的には、調査結果の公表や調査データによって、個々の回答者が特定（逆探知）されないようにするということである。そのためには、少なくとも以下のような処置を確実にとる必要がある。

第1に、調査データの管理を厳重に行ない、他人に悪用されないようにすること、調査員同士が担当の調査対象者について必要以上の情報交換を行なうのを禁ずることなどは、当然のことである。

第2に、調査終了後は、調査対象者名簿と調査票や調査データ（調査結果をコーディングして磁気ファイルなどとして記録したもの）との間のつながりを完全に断ち切る必要がある。具体的には、調査データから、調査対象者を識別するためにつけられた番号、記号などを抹消し、調査データをランダムに並べかえて、調査対象者の並び順を変えてしまうこと、また、補充調査や再調査の必要がなくなった時点で、調査票上の回答者名や細かい住所（町名、番地など）を消してしまうこと、などを行なうのがよい。

　第3に、結果の公表の際にも、細心の注意が必要である。ある分類カテゴリーにコードされる者が1名とか2名と、ごく少数である場合、そのまま公表してしまうと、調査対象者が特定されてしまうことがある（例えば、農村とか企業における全数調査などの場合を想像せよ）。このような恐れのある場合、原則的には、分類カテゴリーを統合するなどして公表すべきである。

3. 特権を要求する調査者

　人びとのプライバシーに対する関心の高まりを当然のものとして受け入れつつ、われわれ調査者は人びとのプライバシーに踏み込もうとしている。あるいは、半ば「無理やり」人びとの生活に介入しようとしている。同じく社会について調べるにしても、遠巻きに観察しているだけならば、社会調査ほど強い反発は受けないだろう。また、実験の場合には、自発的な被験者を募るのが普通である。調査者は、他の人には許されない特権を人びとに対して要求していることになるが、この要求はしばしば強烈な拒否に出会う。

　プライバシー開示の要求だけでなく、調査者が暗黙の内に要求している特権は他にもある。

　社会調査は情報収集活動であるが、われわれが周囲をみまわして観察をするのとは決定的に異なっている。言葉による質問を行って回答を得る。質問はいわば回答者に対する刺激であり、その刺激が回答者に対して何らかの影響を及ぼす可能性を否定できない。それに対してわれわれ調査者は責任をとりきれない。調査者は被調査者に対して影響を与える特権を要求しているこ

とになる。

　深刻な例で考えてみよう。筆者は、「青少年の性行動全国調査（JASE 調査）」に長い間参加し続けて、中学・高校・大学生に対する調査を行っている。性の問題は個人の最高度のプライバシーに属するだけに、なかなか協力が得られにくい。（とくに中学生に関して）「寝た子を起こすな」というような主張は、素朴ではあるが強烈に調査の影響の問題をいいあてたものであろう。また、個々の質問では、さまざまな性的経験や性的被害などについて尋ねているのだが、それらは思い出したくないものであったり、トラウマとなっているものであったりすることが少なくない。いかに注意深く作成されたとしても、質問が二次的ダメージを与える可能性がある。

　特権要求の典型例をもう 1 つだけあげておけば、社会的対立場面における調査活動である。現代社会を特徴づける現象の 1 つは、経営者対労働者、行政対住民、企業対地域社会、生産者対消費者、男性対女性など、非常に錯綜した形で、しかも恒常的に出現する対立と抗争である。それらは、当然、社会調査の重要な主題となるが、調査者がどのような立場から調査研究を行なうのかということが、調査対象者たちによって鋭く問われることになる。「公平な中立者」として安易に自己を位置づけることは許されず、むしろ不信と拒否を招くことになるだろう。なぜなら、それは対立の渦中にあったならば許されない特権者の位置に立とうとすることに他ならないからである。

　調査者がその問題（対立）に首を突っ込もうとするならば、社会の一員としてその問題を引き受ける必要がある。問われたならば、その問題にどうかかわろうとしているのかを答える必要があるし、自己の立場を明確にした結果、調査を拒否されて引きさがるとしても、それは決して不名誉なことではないだろう。

4. 社会調査を支える信念

　さまざまな社会的抵抗、抱える問題点にもかかわらず、われわれがそれを続けるのは、社会調査という組織だった情報収集活動が、個人の耳目をこえ

た認識をもたらしてくれるからである。しかし、それはあくまでも調査者の側の都合であり、被調査者との関係でみたときに、上で述べたような特権はどうであれば許容されるのだろうか。筆者は的確な回答をもちあわせていないというのが、正直なところである。

この点で興味深いのは、関西学院大学 21 世紀 COE プログラム「人類の幸福に資する社会調査の研究」である。これまでの社会調査のありかたを反省して、本当に人びとの幸福に役立つ社会調査のありかたというのはどのようなものであるのかを、さまざまな形で追究していると理解している。筆者の理解が正しいとすれば、社会調査は人びとの幸福に役立たなくてはならない、ということだろう。しかし、「幸福に役立つ」調査とは何かを定義することが、果たして可能であろうか。

社会調査を支えるのは、用途はさまざまであるとしても、究極的には人びとを「豊かにする」という信念であると、あるいはそういう信念に支えられねばならないと、筆者はとりあえず考えている。ただし、ここで「豊かさ」というのは、物的な意味だけではない。例えば、健康もそうであれば、「この社会はどうなっているのか」という、多くの人びとがもっている知的欲求が充たされることも含まれる。また、長期的視野も必要である。すぐには役立たない情報も、長期的に累積されることによって役立つものとなる可能性がある。

具体的な例で考えてみよう。筆者が参加をしている「青少年の性行動全国調査（JASE 調査）」であるが、先に紹介したようになかなか協力が得られにくいだけでなく、個々の質問にも問題が多い。それにもかかわらず、このような調査を続けていこうという気持ちを支えているのは、その知見が青少年の精神的および肉体的健康につながるという信念にあるように思われる。

逆に、社会調査が人びとを「豊かなものにする」ということが明白であれば、協力も得やすいのではないか。たとえば、わが国で最初の本格的社会調査ともいうべき、高野岩三郎による「職工家計調査」（1916 年）が、労働者中の希望者に対して実施されたことを想起してほしい。調査に応じた労働者は、そのことが労働者の生活の向上に役立つと考えたから、協力したのでは

ないだろうか。

　もちろん、調査によって得られた情報がどう使われるかは、調査者だけで決められるわけではない。また、「豊かにする」かしないかは、簡単に決まるものではない。上でも述べたように、今はそのことに役立たないと思われることでも、将来は役立つものとなる知識もあるし、その逆もあり得る。「誰を」豊かにするのかという問題もある。

　それよりも、個々の調査者が自分で「（知的な意味で）面白い」と思う問題を追究することが、究極的には人びとの豊かさにつながるのだ、という主張にも一理ある。

　実は、筆者自身も周囲からはこの「面白派」とみられているようでもある。筆者の所属する研究室は、U、S、K、そしてH（原）という4人の教員によって構成されている。あるとき、S氏が4人の研究内容を材料に、「研究者には"役立つ派"と"面白派"とがあり、UとKは前者、SとHは後者だ」という話をしたことがある。「なるほど」と納得して、学生共々大笑いをしたのだが、そのとき筆者は「しかし、どこかで"役立つ"という感覚の支えなしに、長い研究生活を送ることができるものだろうか」という疑問を呈さずにはおられなかった。

　たしかに、「面白くない」調査はやる気が起こらないだろう。しかし、マクロにはその主張が真実であるとしても、「面白さ」だけで個々人を社会調査という困難な課題に挑戦し続けさせることができるだろうか。どこかで、人びとを「豊かにする」という信念がそれを支えることが必要だと、筆者には思われるのである。

5. 調査倫理の確立──東北大学の経験

　今日の社会調査が抱えている課題は数多いが、最も緊急を要するのは、調査倫理を確立して調査者－被調査者間のトラブルを防ぐことであろう。もちろん、倫理は最終的には個々の調査者の問題ではあるが、それには限界があるから、調査者相互の具体的な規制の行われることが望ましい。このため、

日本社会学会や社会調査士資格認定機構も倫理綱領などを定めているが、直接的な強制力をもちえないから、かけ声だけに終わってしまう危険がある。その点で、調査者が所属する大学、研究機関、企業などにおいて講じられる方策こそが、効果的であろう。ここでは、筆者が所属する東北大学における試みを紹介してみることにしたい。

東北大学大学院文学研究科では、2005年度に調査・実験倫理委員会を設置して、基本的に研究科のメンバーが実施するあらゆる調査、実験、フィールドワークを許可制とすることになった。いわゆる研究倫理一般の確立に関しては、全学的な態勢が整いつつあるが、人間に対して直接的な働きかけを行う調査、実験、フィールドワークでは、独自の問題点があると考えて委員会を設置したのである。

このような委員会が設置されることになったのは、2つの事務上の要請がもとになっている。

第1は、証明書類の発行にかかわる要請である。標本抽出のために住民基本台帳や選挙人名簿の閲覧を申請には、所属長（研究科長）名の申請書が要求されることが多い。また、心理学では、所属長による実験実施許可証の添付が投稿論文の受理条件となっていることが少なくない。これまでは、各自が個別に研究科長に願い出て判断を仰いでいたけれども、研究科長に代わって統一的な判断を下す委員会のようなものが必要だという声が強くなった。

第2は、被調査者との対応にかかわる要請である。調査を開始すると、被調査者からの質問、抗議などの電話がかかってくる。協力依頼文には連絡先が明記してあるにもかかわらず、個別の教員や大学院生では信用できず、研究科長（あるいは、場合によっては学長）宛にかかってくることも少なくない。研究科長につなぐわけにもいかず、教員や大学院生では相手が承知しないので、その中間で対応できる委員会が必要だという、事務部門からの要請があった。

こうした要請に応える形で作られたのが、（参考1）として掲げた「調査・実験に関する内規」である。これは、欧米の大学や学内他分野（医学、工学など）の規定を参考にして、作成したものである。

この内規の中心は第2条の実施原則であるが、(1) インフォームド・コンセント、(2) ハラスメント回避、(3) コンフィデンシアリティ、(4) 成果の公共性、(5) コンプライアンスを定めたもので、その内容自体は珍しいものではない。むしろ議論になるとすれば、上にも述べたように、事前許可制をとったことであろう（第4条）。この結果、たとえば標本抽出申請の場合であれば、委員会への事前許可申請→委員会による審査→実施許可証明書の発行→研究科長名による閲覧申請書の発行→標本抽出作業、という手順になる。もちろん、調査や実験のすべてについて委員会が監視できるわけはないが、実施許可証明書が発行されないから、事前許可なしでは標本抽出や論文投稿が困難になる。なお、原則についてはまったく異論は出なかったものの、処理の煩雑さも考慮して、授業の一環として行う調査・実験（卒論、修論のための調査・実験が含まれる）、および研究科等が業務として行う調査は、対象から外すことになった（第3項）。

　第4条で規定されている「実施申請書」の例も、(参考2) として掲げておく。この委員会設置の目的が、調査や実験の促進援助ということであるため、ヒアリングなどはなるべく行わずに許可できる情報を得られるよう、実施申請書はやや詳しいものを要求することになり、その準備には時間をとられた。準備の過程で、それぞれの分野では常識になっていることが他分野では必ずしもそうではないことが明らかになったり、倫理学分野の委員から疑問が出たりした末に、ようやくまとまったものである。

　このような経緯から、許可制度はやや遅れて2006年度から開始された。委員会は研究科内教員4名（倫理学、統計調査・実験・フィールドワーク関係各1名）と研究科外教員1名で構成され、月1回のペースで審査を行っているが、この制度の成否を評価するのには、もう少し時間が必要なようである。

付記
　本稿は、第78回日本社会学会大会（2005年）における報告「社会調査とプライバシー」の記録に加筆したものである。

文献
原純輔・浅川達人，2005，『社会調査』東京：放送大学教育振興会．
原純輔・海野道郎，2004，『社会調査演習［第2版］』東京：東京大学出版会．
盛山和夫，2001，「所得格差をどう問題にするか――年齢層内不平等の分析から」『季刊家計経済研究』51号，東京：家計経済研究所，17-23頁．
高野岩三郎，1916，「東京ニ於ケル二十職工家計調査」河津暹（編）『金井教授在職二十五年記念最近社会政策』東京：有斐閣，498-529頁．多田吉三（編），1991，『大正家計調査集1』（家計調査集成10），東京：青史社，1-31頁．

(参考1)

東北大学大学院文学研究科・文学部調査・実験に関する内規

(趣旨)
第1条　この内規は、東北大学大学院文学研究科及び文学部（以下「文学研究科等」という）に所属する教職員及び学生（以下「教職員・学生」という）が、人間を対象として行う調査及び実験（以下「調査・実験」という。教職員・学生が中心となって行う、他部局や他研究機関等に所属する者との共同調査・実験も含む）に関して、倫理的及び社会的諸問題に処するために、基本原則、審議組織、実施手続き等を定めるものとする。

(基本原則)
第2条　調査・実験は、以下の各号の原則に則って実施するものとする。

(1) 協力依頼対象者への情報提供と同意
　調査・実験への協力について最終的に判断するのは、依頼された対象者（以下「対象者」という）である。調査・実験への協力を依頼する際には、その判断にあたり必要十分な情報（実施主体、目的、方法、結果報告の仕方など）を提供し、対象者の理解・同意を得た上で行うものとする。
　ただし、調査・実験の性格上、やむを得ず事後的にしか調査・実験の目的をすべて明らかにすることはできない場合もあり得る。その場合には必ず、事後的に、なぜ目的を明らかにできなかったのかを説明し、対象者の理解・了承を得るものとする。

(2) 対象者の負担・苦痛の回避

　調査・実験の実施にあたっては、対象者に苦痛を与えたり、不快な思いをさせたりしてはならない。特に、セクシャル・ハラスメントや差別的な行為などが起こらないように細心の注意を払うものとする。

　ただし、調査・実験などの目的・性格によっては、やむを得ず多少の負担を対象者に感じさせることが必要になる場合も考えられる。その場合、負担のレベルが日常生活の中で感じる苦痛のレベルに比べて低いものであるようにするとともに、負担が生じうることについて、上記（1）の原則に従って相手の同意を得てから行うものとする。

(3) 個人情報の保護

　調査・実験の対象者リスト、調査・実験によって得られた資料やデータは厳重に保管し、不要になった場合には復元ができない形で廃棄し、また調査・実験の結果の報告にあたっては、対象者の個人情報が特定できないように慎重に行うものとする。

　ただし、対象者が論文・報告書などの中で積極的に自分自身のアイデンティティが示されることを望む場合には、対象者や関係者とよく相談して、適切と思われる対応を取るものとする。

(4) 研究結果の公表

　調査・実験研究によって得られた知見は、研究者や資金提供者の独占物ではなく、対象者に還元され、また広く社会的に共有された知識となるべきものである。対象者にその知見の概要を報告するとともに、対象者の個人情報の保護のために必要な措置を講じた上で、出版物等による成果公表に努めるものとする。

(5) 所属する学会等の倫理規定等の遵守

　人間に対する科学的実験に関するニュルンベルク綱領・ベルモント報告・ヘルシンキ宣言をはじめ、学会等で、倫理綱領や倫理規定などが制定されており、会員にその遵守を求めていることが多い。自分の所属する学会等の倫理綱領・倫理規定等を確認し、それを遵守して調査・実験を行うものとする。

（調査・実験倫理委員会）

第3条　調査・実験における倫理的及び社会的諸問題の発生防止、問題発生時の対処について審議するために、文学研究科調査・実験倫理委員会を置く（以下「委員会」という）。

2　委員会の所掌事項は、次のとおりとする。
　（1）文学研究科等に所属する教職員・学生が企画する調査・実験について、第2条各号の観点から、その実施の可否について審査を行う。
　（2）調査・実験において倫理的及び社会的問題が発生した場合の対処方法を審議し、実施する。
　（3）調査・実験における倫理を確立するための啓蒙及び教育活動を企画し、実施する。

3　委員の構成及び任期は、次のとおりとする。
　（1）委員は、研究科長が指名する文学研究科教職員及び文学研究科の教職員以外の者若干名とする。
　（2）委員長の選出は、委員の互選による。
　（3）委員の任期は2年とする。ただし再任を妨げない。

（調査・実験の実施申請）
第4条　文学研究科等に所属する教職員・学生が調査・実験を実施する場合には、所定の実施申請書を提出して委員会の審査を受け、あらかじめ実施許可を得ておかなければならない。
　なお、委員会は必要に応じて申請者に対するヒアリングを実施することができる。

2　実施が許可された調査・実験については、委員会は申請者からの請求に応じて「実施許可証明書」を発行する。

3　教員あるいは研究室の責任で授業の一環として行う調査・実験、及び文学研究科等が業務として行う調査に関しては、原則として申請の対象としない。

（問題への対処）
第5条　調査・実験において、事故、倫理的及び社会的問題、対象者からの苦情等が発生した場合には、調査・実験実施者は、すみやかにその内容を委員会に報告しなければならない。委員会はその対処法を審議し、実施にあたるものとする。

(参考 2)

申請年月日：2005 年 11 月 10 日

調査／実験実施許可申請書（記入例）

(1) 申請者（実施責任者）氏名（職名）、電話番号、メールアドレス：
　原　純輔（行動科学講座教授）
　022-795-XXXX、ZZZZ@sal.tohoku.ac.jp
(2) 指導責任者氏名（職名）、電話番号、メールアドレス：
(3) 調査／実験の別：①　調査　　2．実験
(4) 調査／実験名：
　第 6 回青少年の性行動全国調査
(5) 実施期間：2005 年 12 月 1 日〜2005 年 12 月 20 日
(6) 調査／実験の概要：
(6-1) 目的・趣旨
　全国の中学生、高校生、大学生約 5000 人を対象に、性行動、性意識、性被害などの実態を調査する。1974 年以来、6 年毎に行われてきたもので、今回は第 6 回にあたる。なお、本調査の実施主体は（財）日本性教育協会であるが、同協会理事である原が主査として調査委員会を組織し、実査・分析・報告書作成を行う。
(6-2) 内容・方法
　回答者の属性、友人関係、デート・性的関心・キス・性交・射精・月経・自慰等の経験の有無・きっかけ、避妊に関する意識と実際、性的被害の経験、性に関する意見、ジェンダー関係についての意識、性教育、性情報源、性のイメージ、性知識など、全 38 問（102 項目）。調査票を添付する。調査対象者はクラス単位で抽出し、調査員が各クラスに赴いて自記式集合調査を実施する（無記名）。調査員は、調査実習も兼ねて、行動科学専攻分野／専修の学生が務める。
(6-3) 対象者とその決定方法
　全国の中学生、高校生、大学生約 5000 人。まず、地域分布、人口規模等を考慮しながら約 150 校を、次に各校から 2〜3 クラスを抽出する。
(6-4) 結果の公表（予定）
　2006 年 12 月に調査報告書を、2007 年 12 月には青少年向け新書を、いずれも小学館から刊行予定。
(6-5) 終了後の資料（調査票、実験記録等）の処置
　データは統計分析用のディジタルデータのみを保存し、調査票については裁断・焼却する。

(6-6) 費用の出所
　（財）日本性教育協会
(7) 内規第2条にかかわる特記事項：
　〇調査協力はあくまでも任意であり、①調査に協力したくない人は退室して構わないこと、②回答したくない質問は飛ばして構わないこと、を調査員が開始前に説明することにしている。
　〇性の問題は個人の最高度のプライバシーに属するものであるため、本学から派遣した調査員が調査を実施し、対象校の教員は退室することになっている。また、調査票は対象校に対して開示しない。
　〇また、この調査が性行動の引き金になることを心配する学校関係者もいるため、中学生と高校生・大学生では、質問内容や用語を一部分違うものにしている。
(8) 実施許可証明書の要・不要：1. 要　　②. 不要
(9) その他

実施許可期日　〇〇〇〇年〇〇月〇〇日（第〇〇〇〇号）

The Belief Sustaining Social Research Activities

Junsuke Hara*

■Abstract

It is becoming very difficult to obtain random samples in social research because of the low level of survey response rates and restricted access to the local resident registration records and voter registration records that have previously been used to extract samples. Underlying this trend is an increasing interest in privacy issues. While not necessarily an undesirable change, this development nonetheless poses challenges for researchers, who often find that subjects are very unwilling to cooperate if they are asked to grant researchers access to their private information. The special privileges implicitly requested by researchers are the privilege of having an impact on the subject by virtue of throwing questions at them and the privilege of remaining in a neutral position in situations where social opposition exists.

What kinds of research will allow requests for such privileges to be tolerated? It is difficult to objectively set standards. Rather, social research is supported, or in any case should be supported, by the belief of individual researchers that their research is ultimately, in some sense, enriching people's lives.

Finally, I describe the experiences of Tohoku University, where I have a research office, to provide an example of an institution that takes organizational efforts to establish research ethics and prevent problems between researchers and their subjects.

Key words: response rate, privacy, researcher's privilege, richness

---

*Tohoku University

音楽聴取における「いま・ここ」性

――音楽配信サービスの可能態について

井手口　彰典[*]

■要　旨

　近年、インターネットや携帯電話を介した音楽配信サービスが活況を呈してきている。その音楽配信を巡る先行研究は、「ソフトウェアの流通形態が多様化する」といった経済学的側面ばかりを強調する傾向にあり、それが我々の音楽文化にどのような影響をもたらすのかについては殆ど論じてこなかった。だが音楽配信の登場は、単に流通経路の多様化といった点に留まらず、音楽ソフトを買ったり聴いたりするという我々の日常的な音楽実践に対しても、抜本的な変化を与える重大な契機となるように思われる。そこで本論文では、とりわけ情報通信技術に関わる先端的社会状況を睨みつつ、音楽配信の登場が我々の聴取体験にどのような変質をもたらしうるのかを検討、またそのサービスが今後どのような方向へと発展しうるのかを考察する。そのために本論で注目するのは、我々が音楽配信に見出す「欲望」のあり方である。音楽配信は「いま・ここ」であなたの好きな音楽を聴くことができるのです、と謳うが、その即時性は、これまで聴取プロセスに先だって独立的に存在していた「モノの購入」やそれに伴う「所有」の段階を端折ることによって達成される。瞬間的な「聴きたい」という欲望をその都度リアルタイムに昇華することが、音楽配信の目指す最終目標なのだ。そこで提供されるのは、これまであらゆる個人によって所有されてきた音楽ソースを遙かに凌ぐ、圧倒的な「参照による聴取の可能性」である。

キーワード：音楽配信、着うた、聴取、参照、情報ネットワーク

---

[*]大阪大学

1 はじめに

　2006年10月、Napster が Tower Record の協力を得て、日本国内向けの新たな音楽配信サービスを開始した。これに先立つ iTunes Music Store（以下 iTMS）や mora、それに携帯電話を対象とする「着うた」サービスなども合わせ、今日、音楽配信はずいぶんと我々の日常社会に浸透してきている。音楽 CD の売り上げが世界レベルで落ち込むなか、インターネットや携帯電話を介した音楽配信はそのマイナス分を相殺する形で業績を伸ばしており[1]、今後の音楽産業を支える重要なフィールドの一つとなっていくであろうことは疑いようがないだろう。

　音楽配信を対象とした国内での研究は、大手音楽企業各社による配信サービス開始に合わせ、特に 2000 年頃から一時盛んに論じられた。それらの先行研究は、音楽配信を実現する技術について説明した情報科学的な内容のものと、音楽配信の産業的な意義に主眼を置く経済学的な内容のものとの2タイプに大別することができる。

　このうち前者は、特に工学系の論文集のなかに多数発表されており、各々が書かれた時期における先端の技術状況を専門的知識を交えながら整理・説明している。だが、それらの多くはあくまで技術自体に関心を向けるものであり、それが社会にどのような影響を与えるのかといった人文学的・社会学的な問題意識とは基本的に無縁である。

　一方で後者、つまり経済学的な観点に立った論文の多くは、特に音楽の流通形態に言及しつつ、音楽配信が新しいモーションを生み出そうとしている点を肯定的に評価・分析している。たとえば遠山［2001：86］は、音楽配信には「音楽の取引構造を根本的に変えてしまうほどの影響力がある」と述べる。だが、それほど音楽配信の影響力を強調する割には、遠山の議論は商品流通におけるコスト改善や、ネット取引を視野に入れたマーケティング戦略にばかり集中している。そこで主題化されているのは売り手に関わる変化ばかりであり、買う側についてはさほど注意が払われていない。同様に沖［2000：23］も、日本で最初に本格的な音楽配信事業をはじめた Sony Music

Entertainment を引き合いに出しつつ、同社の姿勢を「音楽配信ビジネスはあくまでも現在のレコードビジネスの延長上にあるもので、構造や考え方は変わらないと位置づけ」ている、と分析する。それが本当に当時の Sony の真意であったのかは定かではないが、少なくとも沖自身は音楽配信に対してそれ以上の具体的な意味を見出すことができていない。

　それら各論にほぼ共通しているのは、音楽配信によって音楽の取引構造には大きな変化が現れるものの、それは結局のところ流通形態の多様化やコスト削減といった売り手についての問題に留まるのであり、音楽ソフトを買ったり聴いたりする行為やその意味自体は何ら変わらない、という暗黙の前提である。

　しかし、それは本当だろうか。音楽配信の登場によって、音楽を買うこと・聴くことは、その流通形態以上に重要な、より根本的な変化を被りはしないのだろうか。確かにそうした変化は、ダウンロードに長い時間がかかり、またそれ故にネットワークに有線で接続されたデスクトップパソコンからしか音楽配信が利用できなかった時代には、さほど表面化してこなかったかもしれない。だが、現在進行形で変動する社会の情報化をそこに重ね合わせて考えるならば、音楽配信には我々の音楽実践を劇的に変貌させる興味深い契機がいくつも含まれていることが見えてくる。

　もっとも、音楽売買や音楽聴取の意味それ自体を問うことは、本来情報科学や経済学に求められるべき事柄ではなく、そうした議論が行われていないからという理由で上述の各論を非難するのは、ないものねだりなのかもしれない。だが一方で、とりわけ社会学的な領域において音楽配信という新たな社会現象がこれまで殆ど論じられてこなかったのもまた事実である。そこで本論文では、情報通信技術に関わる先端的社会状況を睨みつつ、音楽配信の登場が我々の音楽体験にどのような変質をもたらしうるのかを検討し、またそのサービスが今後どのような方向へと発展しうるのかを考察する。

　だが議論を始める前に、本論で論じる「音楽配信」について、その内容を少し明確にしておく必要があるだろう。国内の音楽配信は iTMS にせよ mora にせよ、楽曲やアルバムを単位として欲しいファイルを指定し、その

ダウンロードに対価を支払う、という仕組みが一般的である。そのため、音楽配信といえばそのような個別購入ばかりがイメージされる傾向にある。しかし海外とりわけアメリカでは、もともと"Rhapsody"のように一定額を支払うことである期間そのサイトの音楽が聴き放題になる「サブスクリプションサービス」のほうが主流であり、iTMSなど個別購入サービスのほうが後追いで広まったという経緯がある[2]。

サブスクリプションサービスはオンライン配信ならではのシステムであり、そのサービスが生み出すであろう音楽文化について考えることは非常に重要だと思われる。しかしそれは、旧来的な音楽売買の場であるレコードショップなどとの比較においては一見あまりにも異質であり、いきなり比較検討を始めることは難しい。そこで本論では、差し当たっては定額聴き放題制を議論の対象から外しておき、まずは個別購入方式の音楽配信サービスについての考察から始めたい。その後、音楽配信の本質をある程度明らかにした上で、サブスクリプションサービスについても言及する。従って本論では以下、断りなく「音楽配信」という場合は、個別購入方式の音楽配信サービスを指すものとする。

2 「買うこと」と「聴くこと」

さて、本論は既に述べた通り音楽配信を主要な考察対象とするのだが、その前に少しだけ遠回りをして、通常の店頭購入といわゆるオンラインショッピングとの違いを先に考えておきたい。オンラインショッピングは時折音楽配信と混同されたまま論じられることさえあるが、その性格を正しく捉えておくことは音楽配信を考える上で極めて重要である。

黒崎［2005：98］は、自身のオンラインショッピング体験を次のように述べる。

以前なら、関連分野のテキストや研究書は当座は使わなくても、できるだけ手元に置いておくことが重要だった。蔵書の数が研究の質を決める

ところがあった。だが、ネット上に古本屋の集合体を発見してからは、その都度その都度、研究や興味に合わせて、古本屋ネットで取り寄せればよい。これはあたかも、全国の古本屋にある何百万冊、いや、何千万冊以上の書籍が、いわば自分の書籍倉庫にある感じである。

オンラインショッピングを一度でも経験したことのある者なら、誰もがこの黒崎の感想に同意するだろう。それは古本に限らず食品でも衣料でも、もちろん CD や DVD でも同じである。オンラインショッピングは、Tower Record や HMV の膨大な在庫が、あたかもパソコンモニターの奥に常時積み上げられているかのような錯覚を覚えさせる。

オンラインショッピングが我々に与えるそのような恩恵は、商品を「買う」プロセスの自由化として説明できるだろう。ごく常識的に考えて、CD に代表される商用音楽ソフトを「聴く」ためには、先行してそれを「買う」ことが不可欠である。しかし、CD を買うためにはこれまでいろいろな制限が発生していた。その CD を販売しているレコード店は私の住む家から遠く離れており、また営業時間も決まっている。揃えられているラインナップも店毎に限界があるだろう。だからこそ私は、街に出ているとき、店が開いているとき、商品が店頭に並んでいるときでなければ、購入を遂行することができない。

オンラインショッピングは、そうした「買う」ことにまつわる制限を撤廃する。我々は、目的となる商品が検索にヒットしさえすれば、いつでも・どこでもそれを購入することができるのだ[3]。だがオンラインショッピングによって撤廃されるのは、あくまでそうした購入にまつわる時間的・空間的制限だけである。我々が注意を払うべきなのは、たとえオンラインショッピングといえど、それを「聴く」というプロセスには何の影響も及ぼしていない、という点である。

買うことは、必ずしも聴くことを意味していない。HMV で店頭購入するにせよ Amazon でオンライン購入するにせよ、「聴く」プロセスは「買う」プロセスからは常に独立している。もちろん、二つの行為の間に実際にどの

程度の時間的な開きがあるのかは、極めて恣意的な問題である。極端な話、買った直後に店頭のレジ脇で CD の封を開け、それをポータブルプレイヤーで聴くということは可能だろう。しかし逆を言えば、買うだけ買っておいて全くそれを聴かないということもまた可能なのである。買った商品を一度も使用せず放置することを「積む」と表現することがあるが、おそらくは誰の家にも、一度も聴かれることなく積まれた CD が何枚かは眠っているのではないだろうか。

　ではなぜ必ずしも聴かれるわけではないのに、それが購入されるのか。オンラインショッピングが登場する以前であれば、その理由として第一に将来に向けての「備え」を挙げることができただろう。たとえ今すぐ聴かない CD であっても、今買っておかなければ次はいつ買えるのか分からない。だからこそ我々は、前出黒崎の言葉にもある通り、当座は使う予定がなくとも、必要になったときいつでも聴ける（／読める／使える）ように、今それを買っておくのである。だがオンラインショッピングによって「買うこと」にまつわる制限が劇的に緩和された今日、この「備え」を唯一の理由として採用するには無理がある。もちろんオンラインショッピングといえど、売り切れや絶版の恐怖から完全に自由になったわけではないが、そこにかつてのような切迫性はない。

　だがもちろん、考えうる理由はそれだけではない。「備え」という観点に加えてここで強く指摘しておきたいのは、「買う」ことには「買う」ことだけで完結する意味や喜びがある、というポイントである。それは散財する快感であり、好きなアーティストの作品を「モノ」として手にする快感であり、そして買った CD を自分の部屋に飾りコレクションを充実させる快感である。それらは、音楽を聴くこととは別の、全く独立した喜びとして存在している。極端な話、一度もその CD を再生しなくとも、支払った代金のうちの何割かに相当する喜び（モノを買う喜び）を、我々は手にすることができるのだ。

　そうしたモノを買う喜びは、単に聴く喜びとは別に存在しているというばかりでなく、買うことと聴くことが分離していることによって一層高められ

る、という点にも注意を向けておきたい。購入が将来行われるであろう聴取と無関係であるという事実は、その聴取の快楽が一体どのタイミングで、誰によって享受されるのかが決定されていない、ということを意味する。未だ遂行されていない聴取の可能性は、その CD を今購入した私のみならず、私以外の誰か、未知の他者に対しても開かれているのだ。それ故に、私の部屋に飾られたコレクションは他者の欲望の対象となりうる。このような場合、コレクションの所有は一種のステータスとして機能するだろう。ステータスを手にすることで、その所有者は趣味を同じくする友人から羨望の眼で眺められたり、あるいは初めてその仲間に迎え入れられたりするわけだ。

さらに、そのような欲望する他者は必ずしも現実的な存在として私のすぐ側に居る必要がない。ただその存在を私が想像できる、というだけで十分である。たとえば我々は、自分の持っているコレクションを中古ショップに持っていけば、それが一定の値段で売れるということを知っている。だがショップがコレクションを引き取ってくれるのは、それを欲望する未知なる他者がどこかにいることをショップが確信しているからに他ならない。コレクションを持つ私の喜びは、転売を介して、将来それを持つであろう誰かの喜びと容易に置き換えることができるのだ。コレクションの価値は、そうした他者の欲望（転売の可能性）を予め取り込んでいる。つまりそれは、一種の担保としても機能するのである。

3　テレビ CM のイコノロジー

以上のような議論は、経済活動を営む我々にとって半ば常識的なことである。しかし、そうした「常識」を再確認しておくことは、音楽配信を考える上で決して無為ではない。というのも、音楽配信の、店頭購入（HMV）やオンラインショッピング（Amazon）との比較における特異性は、この「買う」ことと「聴く」こととの関係においてこそ見出されうるからだ。端的に言うならば、オンラインショッピングの売り文句がいつでもどこでも「買える」という点にあるのに対して、音楽配信のそれは、いつでもどこでも「聴

ける」という点に求められる。聴きたいと思ったとき、思った場所で、目的となる音楽を即座に聴取すること、それが音楽配信というシステムに期待される欲望の形である。

　そのような欲望の現れ方を見事に映像化してみせたのが、2005 年春に放送された au（KDDI）の CM だろう。「距離の近づく曲篇」と名付けられたその CM の舞台は晴天の動物園。そこにやってくる若い男女（妻夫木聡と戸田恵梨香）。キリンに夢中になっていた彼女がふと振り返ると、男はニヤニヤしながら自分の携帯電話を操作するのに没頭中である。私を放ってなにしてるの！と言わんばかりに膨れる彼女を、あわてて追いかけ謝る男。実は彼は、彼女にある音楽を聴かせるために、au の「着うたフル」[4]サービスからデータをダウンロードしていたのだ。彼がダウンロードした曲、すなわち BoA の歌う《キミのとなりで》[5]が流れ始め、そこに「いつでもどこでも、着うたフル」とナレーション、続いてテロップで「音楽は場所を選ばず」「1 曲まるごとダウンロード」。最後に、ベンチに寄り添って音楽に耳を傾ける二人を写して CM は終わる。

　この CM が秀逸なのは、音楽配信サービスの今日的な欠点に正直に言及しつつ、その欠点を逆手にとってさらなる欲望を喚起しようとしている点だろう。誰の目にも明らかな通り、CM が喚起する欲望は「いつでもどこでも」「場所を選ばず」、まるまる一曲が聴けるのです、という謳いである。だが目的の曲をまるまる一曲ダウンロードするためには、どうしても幾ばくかの時間が必要となる。それは僅かな時間であるかもしれないが、それでも恋人のご機嫌を損ねるには十分な長さであることを、この CM は自覚している。しかし CM は、そのような損失でさえも、今、この場所でダウンロードされた音楽を聴くことがもたらす幸せな時間によって十分に補填されるのですよ、と訴えかけるのだ。通信に時間がかかるという欠点が、好きな時・好きな場所で目的の曲を聴く威力を一層引き立たせる（それは彼女の機嫌さえ治せるのです！）のである。

　この CM のなかで、男（以下、便宜上彼のことを「妻夫木君」と呼ぼう）は、今この瞬間（デートの最中）に、この場所（動物園）で、彼女と一緒に

《キミのとなりで》という曲を聴きたくなった。だから彼は、それを「いま・ここ」でダウンロードしたのである。その欲望は、好きな時に好きな曲を「聴く」ことだけに向いている[6]。

しかし、ならば「聴く」ことに先行する筈の「買う」プロセスはどうなってしまったのだろうか。もちろん、ダウンロードを開始した時点で妻夫木君にはその料金を支払う義務が発生する（＝購入が完遂される）。しかし即時的な聴取という目的のためにのみ執り行われる購入は、もはやそれ自体で独立した行為とはなりえない。それは聴取という最終地点にたどり着くための経由地、ないしは通過儀礼でしかないのだ。つまりここでは「買う」ことと「聴く」ことが互いに極めて近接しており、前者が、後者を構成する一つの要素としてその内側に取り込まれているのである。我々はそのような事態を、HMVにおいてもAmazonにおいても観察することができなかった。だとするならば、「買う」ことと「聴く」ことが共に「いま・ここ」という特定の時間及び空間において一点で重なり互いに結びつく状況こそ、音楽配信に固有の、最も重要な特質であると言えるだろう[7]。

このような分析に対して、一度ダウンロードした曲は何度も繰り返し聴くことができる、ということを指摘する声が上がるかもしれない。一度だけ遂行される購入に対して、聴取はその後無制限に反復されうるのだから、両者は必ずしも「いま・ここ」で結びつくことにはならないだろう、というわけだ。

だが我々は、そうした反復利用は少なくとも公園で音楽配信を利用する妻夫木君の念頭にはない、と断言することができる。妻夫木君にとってその楽曲は、間違いなく「いま・ここ」で聴きたくなったものである。もしも彼がデートの前夜から彼女と一緒にその曲を聴こうと計画していたのならば、予めダウンロードを済ませておき、彼女の前ではただそれを反復再生してみせさえすればよいのであって、わざわざデートの最中に（彼女の機嫌を損ねるリスクを冒してまで！）サービスを利用することには意味がないからである。「いま・ここ」でそれを聴きたい（ないしは聴かせたい）という欲望こそが、彼を音楽配信サービスの利用へと踏み切らせる原動力として働いてい

る。このような場合、妻夫木君にとって後日反復される聴取は、あくまで付随的な権利、いわばおまけでしかないだろう。つまり、音楽配信サービスの利用が決定される根拠、直接的導因としての聴取は、間違いなく「いま・ここ」に結びつけられているのだ[8]。

では、音楽配信のこうした特質は、サービスのあり方にどのような影響を及ぼすのだろうか。本論では以下、それを大きく二つの観点から検討してみたい。

論点1．サービス利用のタイミング

第一の論点として取り上げたいのは、我々はいつ、どのようなタイミングで音楽配信を利用するか、という問題である。というのも、音楽配信の利用は「いま・ここ」での聴取と不可分的に結びつこうとするが故に、HMV やAmason の利用には見られないある重要な傾向を必然的に帯びるようになると考えられるのだ。それは、「いま・ここ」で聴かないのに音楽配信サービスを利用するという事態が極めて起こりにくい、というものである。

ごく常識的に考えて、ある商品がいつでもどこでも一定の価格で買える場合、我々はわざわざそれを事前に大量に買い込むようなことはしない。そうした傾向は特に、日によって嗜好に変化が起きるような対象であるほど顕著になる。デートに出かけたその日の天候や自分の気分、あるいは彼女の興味にあわせて、好きなときに好きな曲をチョイスし聴くことがもしもできるのならば、デート前夜に、その場で聴くわけでもないのにダウンロードしておこうとは誰もしないだろう。音楽配信とは原則的に、聴きたいと感じる「いま・ここ」に至って初めて利用されるサービスなのである。

このことは裏返して言うならば、音楽配信においては時間を跨いでの「聴取の可能性の保持」が必要とされない、ということでもある。今日まで我々は、音楽を任意のタイミングで聴取するという目的を達成するために、放っておけばすぐに消えてしまう音を記録媒体に定着させることで経時的に存在せしめ（ex. 録音）、それを所有し（ex. レコード）、また持ち歩く（ex. ウォークマン）ということを続けてきた。だが音楽配信は、我々が半ば無意

識的に行ってきたそのような伝統的振る舞いにはそぐわない。音楽配信の即時性の前では、鞄にカセットテープやMDを詰め込んで持ち出すことはおろか、CDやLPといった物理的な「モノ」を我が家に保持しておく必要さえないのである。それは、音楽聴取にかかわる「所有の無意味化」と言い換えてもよいだろう[9]。

　Mann [2000] が音楽配信サービスを"Heavenly Jukebox"と呼び、またBurkart & McCourt [2004] がそれを"Celestial Jukebox"と呼んだのは、その意味において極めて適切である。我々は音楽を聴きたくなったその瞬間にジュークボックスに硬貨を投入するのだから。ただしそれは（普通のジュークボックスと違い）あらゆる時空間において利用できるという意味において、「天国的 Heavenly/Celestial」なのである。

論点2．価値付けのメカニズム

　第二の論点として検討を行いたいのは、我々は音楽配信というサービスの一体何に対価を支払っているのか、という問題である。既に確認した通り、音楽配信が我々に提供するのは、聴きたいと思った曲を「いま・ここ」において即座に聴取する喜びである。しかし「私」という存在は、自らが置かれたその「いま・ここ」という時空間、その立ち位置を、原則的に私以外の誰とも交換することができない。特定の日に、特定の動物園で、特定の女性とデートを楽しむ妻夫木君にとっての「いま・ここ」は、彼が置かれた個別的・唯一的な状況であり、彼のアイデンティティは、そのような「いま・ここ」の唯一性・交換不可能性によって保証されている。

　音楽配信を介して達成される聴取体験は、そのような「いま・ここ」と直接的・不可分的に結びつこうとする。それ故に私は、「いま・ここ」でダウンロードしてきた音楽を聴く私以外の他者を絶対に想像することができない[10]。このことは、音楽配信において我々が聴く個々の楽曲には、ステータスや担保といった欲望する他者の存在を前提とした価値の上乗せが起こりえない、ということを意味する[11]。多くの若者にとって1枚3,000円のCDは決して安い買い物ではないだろうが、それでもその価格はCDがステータ

スや担保として機能することを根拠に正当化されるだろう。だがそのようなCDの価格付けメカニズムは、「いま・ここ」と不可分に結びつく音楽配信には応用できないのである。

　こうした特性を考慮しないままに音楽配信の価格をCDとの比較で設定するとどのような結果が生じるのかを、我々は経験的に知っている。国内初の音楽配信である"bitmusic"においてSony Music Entertainmentが打ち出した1曲350円という価格は、CDシングルが2曲入りで1,000円であったことを考えれば、確かに割安であった。実際、その価格は2000年当時の経済学者によってさえ、「CDの正価を基準に割り出した」「説得力をもつもの」であり「レコード会社による配信価格のスタンダードになりつつある」[沖, 2000：21]と見なされていたのである。しかし、音楽配信が引き起こす聴取の質的な変化を熟考することなく算出されたこの価格は、世論からは決して「安い」と受け止められることがなかった。今日では、iTMSが1曲150円という販売価格を打ち出しているが（アメリカでは0.99＄から）、それですらなお「高い」と感じている利用者は多い[12]。「いま・ここ」で、それを聴きたいという利用者本人の欲望に応じて即座にダウンロードボタンがクリックされるためには、一回毎のサービス利用料は安ければ安いほど無条件によいのだ。このことは、ステータスとしての商品が安すぎることによって却ってその価値を失ってしまうこととは対極的である。社会のなかにちりばめられた諸処の契機へのリニアな反応として躊躇なくダウンロードボタンをクリックさせ、かつ、ひとたびその聴取が完了してしまえばすぐに忘れ去ることができる程度の価格、それを音楽配信はその構造故に必然的に追求することになる。

　音楽配信におけるサブスクリプションサービスの問題は、このような文脈においてこそ、その可能性が検討されるべきだろう。一定額を支払うことで特定期間の音楽聴取が何度でも許されるような状況においては、価格はもはや即時的な欲望の昇華を妨げる要因とはならないばかりか、少しでもコストパフォーマンスを高めようと考えるユーザーをさらなるダウンロードへと扇動する導因にさえなる。それは、低価格化を推し進める上でどうしてもコス

ト的な限界に突き当たらざるをえない産業の側にとっても、最も有効な選択肢の一つになると思われる[13]。

4　「いつでもどこでも」の不完全性

　我々は以上に、音楽配信が利用者にとっての交換不能な「いま・ここ」と不可分に結びついた音楽聴取体験を提供する、という状況を前提とし、そこで何が生じるのかを検討してきた。しかし、一方でそのような考察を展開しつつも、我々は他方で、議論の前提、つまり音楽配信の「いま・ここ」性とでも呼ぶべきものが、現実には未だ不完全にしか達成されていない、ということをどうしても指摘せざるをえない。

　au の CM は、携帯電話を介して音楽配信サービスを利用することで、「いつでもどこでも」、「場所を選ばず」ダウンロードできるのです、と謳った。確かに、au を含む携帯電話は 90 年代末以降の日本における最も一般的な無線通信端末であり、その電波が届く限りにおいてならば、我々はいつでもどこからでも音楽配信サービスを利用することができる。それは有線で繋がれたデスクトップパソコンとの比較で言うならば、時空間に対する圧倒的な自由度の増加と見ることができるだろう。否、ユーザーの「いま・ここ」と常に繋がっているためには、端末は必然的に無線方式を採用する他ない。だがその携帯電話にしても、いわゆる「圏外」が存在する。その範囲や条件は、とりわけ都市部においては今日急速なスピードで縮小化されつつあるが、それでも我々は「いつでも・どこでも」という売り文句を額面通りに受け止めることができないのである。

　また通信速度の問題も（au の CM が自覚的に表現していた通り）無視することができない。2006 年現在、「着うたフル」サービスは HE-AAC[14] と呼ばれる圧縮方式を用いることで楽曲 1 曲（約 5 分）のファイルサイズを 1.5 MB 程度にまで削ぎ落としているが、それでもフルコーラスをダウンロードするには約 30 秒が必要となる。有線による通信ならばそれよりも遙かに高速で通信することができるが、前述の通りそれでは「いつでも・どこ

でも」が達成されない。我々は先に、音楽配信においては購入と聴取とが「一点で重なる」と表現したが、厳密に言うならばそこには僅かな、だが少なくとも 30 秒ほどの、時間的なズレがあるのだ。

　サービスが提供する楽曲の数も重要である。「着うたフル」において利用できるのは、2006 年 5 月現在、約 80 のサイトが提供する計 15 万曲ほどだと言われている。この数字は、パソコンをプラットフォームとする音楽配信、たとえば iTMS が 1 サイトだけで 100 万曲以上を提供している事実に比べれば、非常に小さな数値だと言わざるをえない。しかもその楽曲の大半は近年に発表された J-POP によって占められており、年代的・ジャンル的に大きな偏りがある。ならば携帯電話から直接 iTMS や mora などへアクセスすればよいではないか、と思われるかもしれないが、利用される圧縮形式の違いなどから現在のところそれは不可能である。もしも iTMS や mora で購入した楽曲を携帯電話で聴こうと思うのならば、いったんパソコンでデータを取り込み、さらにそれを携帯電話へと転送するという手順を踏む必要がある[15]。そのような手間が掛かっていたのでは、とてもではないが「いつでも・どこでも」と呼ぶことはできない。

　要するに、現在展開されている音楽配信サービスは、「いま・ここ」で自分が望むままに好きな音楽を聴くことを構造上必然的に志向し、また現にそのように自らを語っているにもかかわらず、その目的を十全に達成しているとは言い難いのである。

5 「音楽配信」の可能態

　では、今日未だ不完全である音楽配信は、今後どのようなサービスを目指すのだろうか。もちろん、その方向性は単一的ではありえないだろう。今日我々が「音楽配信」と呼んでいるサービスは、将来的に複数の異なったサービスへと分化していく可能性を秘めている。

　たとえばそれは、今日までの音楽配信の主流がそうであったように、屋内に設置されたデスクトップパソコンからの利用を念頭に置いたサービスとし

ても生き残っていくだろう。そのようなサービスは、利用者の「いま・ここ」との繋がりを重視せず、これまでのオンラインショッピングにより近い形態のものとして提供される。そこでは、プロマイド写真やインタビューの模様、プロモーションビデオなどの付加価値が重視され、またそうした付加価値を根拠に、音楽は所有されるべき「モノ」としての機能を回復するかもしれない。サービスの価格決定は、先行する音楽ソフト、たとえばCDの値段などを参考にして行われるだろう。要するにそれは今日までの我々の常識の範疇に留まるものであり、我々はそこに何の違和感も感じない筈である。

しかしそのようなサービスにあっては、「モノ」の形を取らないという音楽配信の本来の性質は十分に活かされないというばかりでなく、逆に欠点としてさえ見なされてしまうだろう。事実、音楽配信に対する不満の声は、その多くが「CDジャケットや歌詞カードが無い」という点に向けられている。そのためユーザーのなかには、データとして提供されるCDジャケットのカバーアートを印刷してプラスチックケースに入れることで、店頭に並んでいるCDと同じような外観をわざわざ作り出そうとする者さえいるのだ。だが「モノ」でない形で手に入れた音楽を必死で「モノ」へと置き換えようとする努力は、冷静に考えてみればどこかしら歪(いびつ)な営みである。

しかし他方で、もしかしたら音楽配信は、前述した「不完全さ」を撤廃し、「いま・ここ」との結びつきを一層強化しようとする方向へとその歩みを進めていくかもしれない。「圏外」を持たず、再生ボタンを押してから目的の曲が流れ始めるまでに殆ど時間を要さず、そしてオンライン上のあらゆるリソースを自由に利用できる、そんなサービスへも、音楽配信は成長していく可能性を秘めている。そのためには現在よりも遙かに高速な通信インフラの整備が不可欠であるが、我々はそのような時代の到来を、劇的な速度で進歩を続ける情報通信技術の未来像、たとえばWiMAX[16]や第四世代移動体通信[17]の普及を根拠に極めて生々しくイメージすることができる。それは、決して夢物語ではないのだ。

そのような環境下において音楽配信は、録音物の機械的複製を大量生産

し、流通させ、個別に販売するという今日的な音楽産業モデルからは完全に脱却したものになるだろう。そこでは、購入や所有の喜びに代わって、様々な契機によって引き起こされる瞬間的な「聴きたい」という欲望をその都度リアルタイムに昇華することが追求される。つまり録音された音楽は、かつてのように所有され反復されるばかりでなく、それに加えて、ネットワークを介して「参照」されるものともなりうるのだ。音楽配信は、これまであらゆる個人によって所有されてきた音楽ソースを遙かに凌ぐ、圧倒的な「聴取の可能性」の提供を受けるためのサービスとなるだろう。

　だが、そうした第二の可能態として指摘しうる性質は、決して音楽配信にのみ限定的に観察されるものではない、という点を付け加えて述べておく必要がある。現代社会を構成している実に様々なファクターが（あるいはより包括的に「社会全体が」と言ってもよいかもしれない）、近年ますます同じような方向性、すなわち直接的な所有に代わる新たな対象とのつきあい方を模索し始めている[18]。情報ネットワークを介して、いつでもどこでも「参照」する、という営みは、実は音楽配信にとっての、というばかりでなく、ユビキタス・ネットワーキングの言葉で端的に象徴される高度情報化社会全体にとっての目標到達点でもあるのだ。

　誤解を招かないように補足するならば、筆者は「参照」の登場によって旧来的な「所有」が駆逐される、と主張したいのではない。所有と参照とは、おそらく音楽（や他の様々なメディア）と付き合うための異なる二つの姿勢として、今後共存するようになるだろう。それはたとえば、20世紀における録音技術の台頭が生演奏の根絶を意味しなかったのと同様である。

　ただし、人々の関心や興味の焦点について言うならば、それは今後しばらくの間、より強く「参照」へと向くと思われる。そのための新しい技術が開発され、そのための新しい規則が整備され、そのための新しいサービスが人気を集めるだろう。音楽配信は、社会全体に確認されるそのような傾向をおそらくは最も端的に、また最も早い時期に体現しようとしているサンプルの一つである。ならば、未だ不完全である音楽配信は、その流動性故に、今後の最先端的な社会文化状況を映しだす最も有効な鏡となるのではないだろう

か。

注
1）国際レコード産業連盟（IFPI）発表の統計によれば、2005年上半期におけるデジタル音楽の小売り販売額は前年の2億2,000万ドルから7億9,000万ドルへと3倍強に急増し、レコード業界全体の売り上げの6%を占めるに至っている。ITmediaニュース，2005，「デジタル音楽販売3倍に急増、CDの落ち込みを相殺」(http://www.itmedia.co.jp/news/articles/0510/04/news007.html, 2006年11月4日閲覧)
2）アメリカでの経緯については津田［2004］の第4章が詳しい。またBurkart & McCourt［2004］、Burkart［2005］、McLeod［2005］なども合わせて参照されたい。ただしこれらの文献にしても、音楽配信の登場を、業界再編に寄与したり［Burkart, 2005］、あるいは小規模レーベルや個人音楽家の表現の場を広げた［McLeod, 2005］という観点からしか分析していない。「聴く」という行為自体を主題化していないという意味において、それらは先に取り上げた日本国内の諸研究と大差はない。
3）もちろん、ここでいう「いつでも・どこでも」というキーワードには、「インターネットなどの通信ネットワークが利用できる限りにおいて」という但し書きが付く。今日では携帯電話からネットワークにアクセスしショッピングを楽しむことも珍しくなくなってきたが、本論後半で詳しく論じるようにインフラの整備は依然として不完全である。
4）「着うたフル」はSony Music Entertainmentの登録商標。他キャリアに先駆け、auが2004年11月からサービスを開始。現在はDoCoMoやSoftbankでも利用可能。
5）BoA《キミのとなりで》、"DO THE MOTION"（AVCD-30699）収録、avex、2005年3月。
6）CMでは、ストーリー展開の都合から「一緒に聴く」という場面が描かれているが、より多くの場合、携帯電話における音楽配信は自分一人で聴くことを念頭に利用されている（このことは、携帯電話で音楽を聴くための最も一般的な装置がイヤホンであることからも明白だろう）。CMにおける恋人のような「共聴する他者」の存在は、注10）で後述するとおり「聴きたい」という欲望を喚起する契機とはなりえても、それを「いま・ここ」で充足させるという音楽配信にとって決して本質的ではない。
7）利用者の「いま・ここ」と不可分的に結びつくという特性は、音楽配信のというよりはむしろ、それを提供する装置、つまり携帯電話の特徴として論じられることがこれまでは多かった。一例として、松田他（編）［2006］に収められた各論を参照。だがそれらの議論は、基本的には携帯電話を介して結びつく対人関係

のあり方を主眼に据えている。本論はそれに対して、その「いま・ここ」性をサービス自体の特徴でもありうると捉え返し、個々人の音楽聴取体験の問題へと発展的に結びつけて考えようとするものである。

8）この問題に関連して、日本国内での音楽配信はその 96% 以上が携帯電話からダウンロードされており、iTMS などインターネット経由の配信は 4% に満たない、という事実を指摘しておきたい。携帯電話で利用できる「着うた」は、インターネットのものと比べて提供されている曲数が少なく、ダウンロードにも時間がかかり、別の再生媒体へと音楽データを転送することもできない。それにもかかわらずこれほど多くの楽曲が携帯電話からダウンロードされているという事実に、我々は十分な注意を払うべきである。

社団法人日本レコード協会, 2006,「有料音楽配信売上実績 2006 年」(http://www.riaj.or.jp/data/download/2006.html, 2006 年 11 月 4 日閲覧）

9）本論の趣旨からは逸れるのでこれ以上の言及は控えるが、それは何百年にもわたる我々と音楽との関係を根本的に変革する、重大な変化とさえなりうるように思われる。

10）ただし、それは音楽配信による聴取体験が他者の欲望のあり方と全く無縁だということを意味するわけではない。私個人がその曲を「聴きたい」と欲するその契機に対してならば、他者の欲望が潜り込む可能性は十分に考えられる。各種メディアを通じて、対人関係や所属するコミュニティを介して、あるいは市街地や旅先を歩きながら、特定の楽曲が私の意識に止まる可能性は、その楽曲に既に興味を示している他者がどれほど多いかに比例するだろう。また我々は、自ら能動的に他者の欲望のあり方を調査・研究もする。音楽ランキング番組に時折設けられる「こんな時には何を聴く？」のコーナーは、我々が「いま・ここ」で具体的にどのような曲を欲望するのかという問題の解決のために、他者の欲望という変数を半ば無意識的に取り込んでいる事実を明々と示している。しかしそれにもかかわらず、私が目的の楽曲を聴取することになる「いま・ここ」は、現実には私以外の何者の「いま・ここ」でもない。それは、ある曲が欲望される根拠がどこにあったのかという問題とは全く無関係である。妻夫木君があの日、あの場所で《キミのとなりで》を欲望したのは、彼が先だって耳にした「デート中に彼女と聴きたい音楽ベストテン」の影響かもしれないし、動物園の BGM に流れていた BoA の歌声に触発されたからなのかもしれない。しかし、ひとたびそれが妻夫木君にとっての「いま・ここ」に結びつけられてしまうと、それはもはや他者と共有することが不可能な彼の個人的体験として回収されてしまう。このような、他者の欲望に陽動された欲望がいつのまにか私自身の交換不可能な欲望にすり替えられるという事態は、Adorno [1963] による次のような予言の究極的な成就と言うことができるかもしれない。曰く、「商品がつねに交換価値と使用価値とから成り立っているとすると、徹底的に資本主義化された社会にあってその幻

影をまもる役目を文化財が背負い込まされている純然たる使用価値は、純然たる交換価値に取って代わられるのであり、後者はほかならぬ交換価値として、使用価値の機能をいつわり代行するのである」（訳語はアドルノ［1998：38］、傍点は引用者による）。

11）音楽配信サービスを利用できる立場それ自体がステータスとなる、といった事態は確かに考えられる。だが、そのようなステータスは「聴く」という行為自体に付帯するものであり、本論の前半で録音物を対象に確認したような、「聴く」プロセスからは独立的に存在しうるステータスとは性質を異にする。

12）一例として、iMi リサーチバンク，2005，「10 年後も CD は使われ続ける！？音楽ダウンロード、6 割以上が 100 円以下を熱望」（http://www.imi.ne.jp/blogs/research/2005/08/, 2006 年 11 月 4 日閲覧）

13）こうした問題についての批判的検討も含む考察は、Burkart & McCourt［2004］を参照。

14）High-Efficiency Advanced Audio Coding、オーディオの圧縮符号化の国際標準化方式である MPEG-4 AAC の拡張仕様。通常の AAC に比べ、低いビットレートを選択した場合でも音質の劣化をより感じにくくなるという特徴がある。

15）ちなみに、近年頻繁に耳にするようになった「音楽ケータイ」は、パソコンでオンライン購入するか、あるいは CD ドライブから読み込むかした楽曲を、携帯電話に内蔵されたメモリに記録し、イヤホンで聴くことのできる携帯電話の総称である。その音楽機能は通信端末としての働きとは無関係であり、それ故に「音楽ケータイ」は、必ずしも「いま・ここ」に結びついた音楽体験を提供してくれるわけではない。

16）Worldwide Interoperability for Microwave Access。2006 年頃から実用化が始まった広域無線通信技術の一種。1 台のアンテナで半径 50 キロ程度をカバーし、最大 70 Mbps での通信を可能にする。

17）2010 年頃の実用化を目処に調整が続いている携帯電話の次世代規格。静止～歩行状態で 100 Mbps、高速移動状態で数十 Mbps 程度のスループットが想定されている。

18）巨視的な文化論としては公文［2004］、また携帯電話を対象とした論考としては松田他（編）［2006］を、その一例として挙げておく。また特に音楽を対象とした議論としては井手口［2005］および井手口［2006］も参照されたい。

文献

Adorno, Theodor, 1963, *Dissonanzen: Musik in der verwalteten Welt,* Gottingen: Vandenhoeck & Ruprecht.（＝1998, 長光長治訳『不協和音：管理社会における音楽』東京：平凡社.

Burkart, Patrick & McCourt, Tom, 2004, "Infrastructure for the Celestial Jukebox," *Popu-*

lar Music, 23(3)：349-62.
Burkart, Patrick, 2005, "Loose integration in the popular music industry," *Popular Music and Society*, 28(4)：489-500.
井手口彰典，2005,「参照の時代：デジタルオーディオプレイヤーにみる音楽聴取の未来」意匠学会『デザイン理論』47:19-32.
井手口彰典，2006,「音楽聴取における利用可能性の〈リスト〉：WinMX から Winny へ」『ソシオロジ』157:39-55.
公文俊平，2004,『情報社会学序説：ラストモダンの時代を生きる』東京：NTT 出版.
黒崎政男，2005,『身体にきく哲学』東京：NTT 出版.
Mann, Charles, 2000, "The heavenly Jukebox," *The Atlantic Monthly*, Sept, 2000：39-59.
McLeod, Kembrew, 2005, "MP3s are killing home taping: The rise of Internet distribution and its challenge to the major label music monopoly," in *Popular Music and Society*, 28(4)：521-31.
松田美佐・岡部大介・伊藤瑞子編，2006,『ケータイのある風景：テクノロジーの日常化を考える』京都：北大路書房.
沖さゆり，2000,「音楽配信ビジネスの経済性の一考察：日米ビジネスモデルの比較を通して」『情報通信総合研究所 InfoComREVIEW』22：19-30.
遠山正朗，2001,「情報通信技術の進化とデジタルコンテンツとしての音楽の取引」敬愛大学『研究論集』59：85-107.
津田大介，2004,『だれが「音楽」を殺すのか？』東京：翔泳社.

The Ability to Listen to Music Anytime, Anywhere:
The Possibilities of a Music Distribution Service

Akinori Ideguchi*

■Abstract

In recent years, music distribution services via the Internet or mobile phones have been gaining dramatic popularity. However, existing studies on music distribution tend to emphasize only the economic aspect of the service — the diversification of marketing channels, and reduction of margins. Conversely, the impact of music distribution on our musical culture has received hardly proper attention.

The author firmly believes that music distribution offers an important opportunity to cause radical changes in the meaning of our daily musical practices. In addition, such changes will be increasingly accelerated by the development of information and telecommunication technologies. From such point of view, the author pays attention to ultramodern technical environments, examines how our listening experiences would be transmuted by the appearance of music distribution, and considers how such a service may develop in the future.

In this paper, the state of the "desire" in the music distribution is focused upon first. If we define online shopping as giving us chances to "buy" music anytime and anywhere, then music distribution can be said to be enabling us to "listen to" music anytime and anywhere. Music distribution tempts the users to listen to music anytime and anywhere.

It should be emphasized that such immediacy of music distribution is achieved by skipping the phase of the purchase or the possession. The goal of music distribution is to satisfy all momentary desires to listen to music at any time. In that, we can recognize the appearance of a new paradigm which the author describes as being "a paradigm of reference." It breaks down the oligopoly of the

---

*Osaka University

former "paradigm of possession."

In spite of such foresight, actually, the "anytime and anywhere" –quality has not yet become completely true in the case of music distribution. This is because of seriously poor and narrow qualities of today's information network. Two music distribution methods have some critical disadvantages. Cable network restricts the radius of daily movement, while a wireless network is too narrow yet for the exchange of huge music data files in a timely manner.

However, it is believed that such imperfections will soon disappear. At that time, music distribution evolve into a service which offers an overwhelming possibility of references, and will exceed all the musical sources possessed by any individual at the present time.

Key words: music distribution, "Chaku-uta" ring tones, listening, referencing, information network

研究機関誌『先端社会研究』規約

第一条（総則）
　関西学院大学 21 世紀 COE プログラム「『人類の幸福に資する社会調査』の研究」（以下、本 COE）は、研究機関誌（以下、本誌）を刊行する。

第二条（誌名及び目的）
　本誌は『先端社会研究』と称し、本 COE による研究成果を公開することを目的として発行する。

第三条（刊行）
　本誌は、本 COE 研究期間中、随時発行する。

第四条（編集委員会及び編集事務局）
　本 COE は、拠点リーダーを含む事業推進担当者若干名からなる編集委員会を組織し、本誌の編集に当たる。また、若干名からなる編集事務局を組織し、編集委員会の業務を補佐する。編集委員会及び編集事務局の構成員は、COE 研究推進委員会が選任する。

第五条（編集委員会及び編集事務局の任務）
　編集委員会は、以下の作業に当たる。
一　本誌の企画・編集
二　本誌への執筆依頼
三　論文等の査読（投稿規定については別に定める）
四　その他、本誌編集に関わる業務
　編集事務局は、上記の編集委員会の業務を補佐する。

第六条（編集担当）
　本誌の各号の編集に際して、編集委員のうち若干名を選出し、編集実務に当たる編集担当者とすることができる。

第七条（本誌の内容）
　本誌は、本 COE の研究推進の方向性を考慮しつつ、以下の諸項に該当する投稿原稿および依頼原稿により構成する。
一　本誌特集に関わる論文
二　本 COE の研究テーマに関わる論文
三　本 COE によるシンポジウムおよび研究会等の記録
四　その他

第八条（編集者、発行者及び発行所）
　本誌の編集者は本誌編集委員会、発行者は本 COE とし、発行所は関西学院大学出版会とする。

付則　本規約は、2004 年 5 月 19 日より施行する。

『先端社会研究』投稿規定

1. 本誌は、既存の社会研究の枠組みにとらわれない先端的な研究成果を公表することを目的とする。この本誌の趣旨を理解するものは誰でも投稿することができる。
2. 投稿原稿は、原則として日本語の論文とする。分野・テーマは問わないが、1. に示した本誌の趣旨に合致する論文に限る。
3. 投稿する論文は未発表のものに限り、他誌等への二重投稿は認めない。ただし、学会や研究会の予稿集、科学研究費補助金の研究成果報告書に掲載されたもの、ならびに未公刊の修士論文・博士論文の一部などは、その旨を記載すれば投稿することができる。
4. 本誌は、「**公開研究発表会制度**」によって論文の審査を行う。以下、掲載までの過程を示すので、投稿希望者は熟読の上、間違いのないように準備すること。
    ① **投稿論文の要旨**を3部作成し、編集委員会宛に送付すること。
        ・投稿論文の要旨は 2,000 字以上 3,000 字以内とし、要旨の冒頭で「投稿論文の先端性」を簡単にアピールすること。さらに、要旨には表題および5つ以内のキーワードを記すこと。また、要旨に著者名を記載してはならない。
        ・投稿論文の表題・著者名・所属・連絡先（メールアドレスを含む）を明記した別紙を添付すること。
    ② 投稿論文の要旨をもとに、編集委員会が委託した複数の匿名の審査委員による一次審査を行い、編集委員会において**公開研究発表会**への招致の可否を決定する。招致された投稿希望者は、別に定める公開研究発表会において論文を発表することとする。公開研究発表会出席にかかる費用は、原則として支給する。
    ③ 公開研究発表会での討議内容をもとに、**論文原稿**を完成させ、別に定める締め切り日（当日必着）までに論文原稿を3部作成し、編集委員会宛に送付すること。
        ・論文原稿の長さは、原則として 400 字詰原稿用紙換算で 50 枚を限度とする（図表、注、引用文献、要旨を含む）。
        ・原稿作成に際しては、所定の執筆要項に従って作成すること。
        ・原稿締め切り、執筆要項等に関しては、公開研究発表会への招致が決定した時点で連絡する。
    ④ 投稿論文の最終的な採否は、編集委員会が委託した複数の審査委員による最終審査の後、編集委員会において決定する。

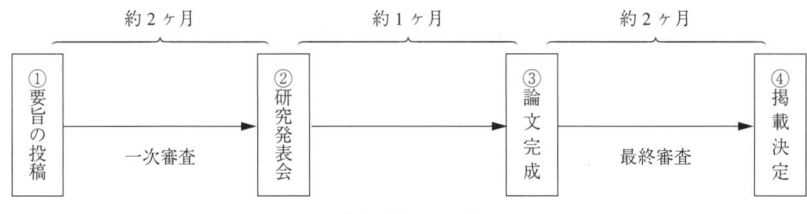

```
  ┌─ 約2ヶ月 ─┐   ┌─ 約1ヶ月 ─┐   ┌─ 約2ヶ月 ─┐
  ①要旨の投稿 →  ②研究発表会 →  ③論文完成 →  ④掲載決定
        一次審査        最終審査
```

審査の流れの目安

5．本誌に発表された論文の著作権は学校法人関西学院に帰属する。ただし、著者は自分の論文を複製、翻訳、翻案などの形で利用することができる。論文の全部あるいは大部分を他の著作物に利用する場合は、その旨を編集委員会に申し出るとともに、出典を明記する。

6．投稿に際して、使用言語・論文制限枚数等について相談がある場合は、事前に編集委員会に問い合わせること。

投稿論文についてのお知らせ

先端社会研究編集委員会
委員長　髙坂　健次

　『先端社会研究』は、「公開研究発表会制度」というユニークな審査制度のもと、先端性あふれる研究成果を広く募ってきました。

　今後は国際的な拠点として、より先端性を高め、2008年度からは英語による情報発信に移行することとなりました。そこで、『先端社会研究』につきましては、投稿論文の募集を一時停止いたします。

　また、新たな情報発信の形態として、インターネット上に設けられる"Advanced Social Research Online"等による研究成果の公表を開始いたします。

〒662-8501
兵庫県西宮市上ケ原一番町 1-155
関西学院大学社会学部内　COE 研究推進室
先端社会研究編集委員会　宛
Tel：0798-54-6655　Fax：0798-51-0955
E-mail：21coeeditor@kgo.kwansei.ac.jp

編 集 後 記

　表紙の「海面に浮かぶ光点」も本号で6つになった。小さな光点が増えていくことに秘かな励みと歩みを感じ取ってくださっていた読者も少なくなかった。しかし、拙稿の末尾の「付記」で述べたように第6号をもってひとまず休刊とする。本誌は毎号ごとの特集と斬新なレフェリーシステムとによって斯界に貢献してきたと自負しているものの、自己評価はさらに厳しい。内容はさておき言語の制約から海外発信さえ十分でなかったとの反省しきり。時はすでに「グローバルCOE」時代を迎えて、私たちも今後は英書の出版にいっそうの力を入れたい。目下 *Quest for Alternative Sociology* という本を編纂中である。▼本号は「調査倫理」の特集号である。今回も学外から多くのご寄稿を仰ぐことができた。日本社会学会でも倫理綱領や行動指針を設けたり、そのためのラウンドテーブルがもたれたりした。社会、行政、法令、大学にもここ一二年風雲急を告げるがごとき動きが見られた。研究倫理に悖る行為が国内外の世間の耳目を集めるなか、調査倫理のあり方を問うのはこのタイミングを措いてはないであろう。12本の論文すべてに流れる通奏低音は、啓蒙でも監視でも自己規制でもむろん諦念でもない。むしろ「これでいいのか」との自問自答、否自答自問の意識である。読者による更なる論争の輪舞を期待したい。▼21世紀COEプログラムの第一幕の終幕を迎えて、本学では「先端社会研究所」を2008年4月には開設する。その行方には私たち自身さえ杳としてはかり知れないものがあるが、休刊とした本誌もそれを機会に復刊できればと願っている。これまでのご愛読ご支援に感謝する。第二幕の幕開けに乞ご期待。

2007年1月20日
関西学院大学大学院社会学研究科
21世紀COEプログラム
『先端社会研究』第6号担当編集委員　髙坂　健次

編集委員

◎髙坂　健次　（関西学院大学大学院社会学研究科教授）

　阿部　　潔　（関西学院大学大学院社会学研究科教授）

　荻野　昌弘　（関西学院大学大学院社会学研究科教授）

　芝野松次郎　（関西学院大学大学院社会学研究科教授）

　武田　　丈　（関西学院大学社会学部助教授）

　古川　　彰　（関西学院大学大学院社会学研究科教授）

◎委員長・本号編集担当

先端社会研究　第6号

2007年3月6日　初版第一刷発行

編集者　先端社会研究編集委員会
発行者　関西学院大学大学院社会学研究科
　　　　21世紀COEプログラム
　　　　「人類の幸福に資する社会調査」の研究
連絡先　関西学院大学　COE研究推進室
　　　　〒662-8501 兵庫県西宮市上ケ原一番町1-155
　　　　TEL. 0798-54-6655
　　　　http://coe.kgu-jp.com/
発行所　関西学院大学出版会
所在地　〒662-0891 兵庫県西宮市上ケ原一番町1-155
　　　　TEL. 0798-53-5233

Ⓒ 2007 Kwansei Gakuin
Kwansei Gakuin University 21st Century COE Program
The Study of "Social Research for the Enhancement of Human Well-being"
Printed in Japan by Kwansei Gakuin University Press
ISBN 978-4-86283-010-4
乱丁・落丁本はお取り替えいたします。
http://www.kwansei.ac.jp/press